民俗の日本史

高取正男

法蔵館文庫

本書は一九八三年四月二五日、『高取正男著作集2
民俗の日本史』として法藏館より刊行された。

目次

I

II

民俗の日本史

I

写真・吉野の蔵王堂

大陸文化の受容

推古朝の課題

遣隋使の派遣　七世紀初頭、推古朝になされた中国隋朝に対する使節の派遣は、わが国が中国と対等の国交を開いたものとして著名であり、とくにときの摂政聖徳太子の事蹟のなかにも数えられ、高く評価されてきた。いま『日本書紀』と並んでそうした通説の主要な根拠になっている『隋書』倭国伝(1)についてみると、

開皇二十年（六〇〇年、推古天皇八年に当たる）、倭王アリ、姓ハ阿毎《アメ》、字ハ多利思比孤《タリス(シ)ヒコ》、阿輩雞弥《アメ(オホ)キミ》ト号ス。使ヲ遣シテ闕ニ詣ル。上（隋朝初代の高祖文帝）、所司ヲシテ其ノ風俗ヲ訪《ト》ハシム。使者云フ、「倭王ハ天ヲ以テ兄ト為シ、日ヲ以テ弟ト為ス。天未ダ明ケザル時、出デテ政ヲ聴キ、跏趺《カフ》シテ坐シ、日出ズレバ便チ理務ヲ停メ、云フ我ガ弟ニ委ネント」ト。高祖（文帝）曰ク、「此レ大イニ義理無シ」ト。是ニ於テ訓《オシ》

ヘテ之ヲ改メシム。

とあり、また、

大業三年（六〇七年、推古天皇十五年に当たる）、其ノ王多利思比孤、使（遣隋使小野妹子をさす）ヲ遣シテ朝貢ス。使者曰ク、「聞ク、海西ノ菩薩天子、重ネテ仏法ヲ興スト。故ニ遣ハシテ朝拝セシメ、兼ネテ沙門数十人、来ッテ仏法ヲ学ブ」ト。其ノ国書ニ曰ク、「日出ズル処ノ天子、書ヲ日没スル処ノ天子ニ致ス、恙無キヤ、云々」ト。帝（隋朝二代の煬帝）、之ヲ覧テ悦バズ、鴻臚卿（外国事務を取扱う官）ニ謂テ曰ク、「蛮夷ノ書、無礼ナル者有リ、復タ以テ聞スル勿レ」ト。

などとある。

中国隋朝の史書にみえる右の個条は推古朝に関する『日本書紀』の遺漏を補い、とくに中国側からみた記録として注目すべき内容をもっている。けれども詳しくみれば、もちろん疑問の個所がないわけではない。たとえば一読して知られるとおり、古く中国では日本のことを倭《わ》とよんでいたが、ここで倭王の名を阿毎多利思《あめたりす(し)》比孤《ひこ》と記している。これを『日本書紀』などの用字で書けば天足彦とか天帯彦となり、男性の名前となって当時の女帝推古天皇の豊御食炊屋姫《とよみけかしきやひめ》と合わない。そのため従来これについて多くの説がなされているが、「天足（帯）彦」といえば、それは奈良時代における『古事記』『日本書紀』編纂の過程で整えられた、という歴代天皇の和風諡号に「日本足彦《やまとたらしひこ》」などとあるのに通じるよび名であり、「足（帯）彦」の「タラシ」は「垂ル」で、アメタリスとかアメタラ（リ）シヒコとは、もともと天から降臨した尊い男性を意味する称呼と解せられるから、こうした言葉は和風諡号といったものの出現する相当以前から、天皇の尊称として用いられていたものであろう。そしてかような称呼が、いつしか彼の地に伝えられて天皇の名前のようにうけとられ、上記の記述になったものと思われる。

　またこの『隋書』の記事を『日本書紀』と対比すると、かならずしも『隋書』のほうが正確で詳細とはいえない。たとえば六〇〇年の開皇二十年にあたる『日本書紀』の推古天皇八年条には、遣隋使派遣のことはみられない。また六〇七年の大業三年についても『日本書紀』では、この年にあたる推古天皇十五年七月三日条に、「大礼小野臣妹子ヲ大唐《モロコシ》ニ遣ハシ、鞍作福利ヲ以テ通事ト為ス」とあるだけで、国書を持参したということは記されていない。けれども、その翌年の推古天皇十六年（六〇八）には、『日本書紀』では妹子の帰国について派遣されてきた隋の使臣裴世清が、「皇帝倭皇（王）ニ問フ、使人長吏大礼蘇因高（小野妹子の中国名）等、至テ懐ヲ具ニス、云々」の書をもたらし、裴世清の帰国に随って再び遣隋使となった小野妹子に、「東天皇、敬テ西皇帝ニ白ス、使人鴻臚寺ノ掌客裴世清等至リ、久憶方ニ解ケヌ、云々」の国書が託されたと伝えるが、『隋書』には、裴世清の派遣とその帰国に随伴した妹子の再度の来朝を記すだけで、その間に往復された書翰についての記載はなく、その後の推古天皇二十二年（六一四）の犬上御田鍬《みたすき》以下の派遣についても伝えるところはない。そしてかような両者の差違については、早く松下見林がその著『異称日本伝』のなかで見解をのべ、近くは辻善之助氏（『日本仏教史』第一巻）や津田左右吉氏（『日本古典の研究』下）が論及していられるが、充分な結論は出されていない。

したがって、これら『隋書』や『日本書紀』の所伝は、多くの検討が必要になってくるし、これをもってただちに「対等外交の開始」と断定するのも、他に多くの傍証が必要となる。しかしこうしたことを考慮に入れても、古代における大陸文化の摂取は大雑把にみて、前後二つの段階に分けてみることができ、その第一は大陸の優れた物質文明の所産を吸収するのに専念した時代で、次は技術ばかりか、法律制度をはじめ、学問・芸術・宗教以下のいわゆる文物制度全般について受容するにいたった段階であった。そして後述するように、推古朝はこの第二の段階が精力的に開始された時代であったから、こうした点からみれば、遣隋使派遣に関する上記の所伝も、この時期における大陸文化の受容について考えるとき、もっとも主要なてがかりになるであろう。

推古朝以前と以後　原始時代における金属陶冶や、農耕生産に関する技術の伝播については、考古学的研究にまつ以外にないが、三世紀末に一応の国家統一をなしとげた大和朝廷が、四世紀から五世紀にかけておこなった朝鮮半島の経略は、明らかに、大陸の優れた生産技術とその成果を獲得する目的をもっていた。この時期に半島からつれてこられた人々のなかには、単なる肉体労働に使役された捕虜奴隷というべきものも多かったであろう。しかし一方では韓鍛冶《からのかぬち》などの名から知られるとおり、金属陶冶や池溝の開発に優れた技術をもつものも多かった。いわゆる帰化人とよばれる集団が、大和朝廷を構成していた族長貴族たちの卓越した軍事力・経済力をつくりだすために、決定的な役割を果たしたことは、多くの人によって指摘されているところである。

そして五世紀から六世紀にかけて、文字や暦の知識が伝えられたという。これらは直接には農工生産と関係は薄いし、技術という言葉にあてはまらない面もあるが、この時期に部民制と氏姓制度にもとづいて、国家体制を整備しはじめた大和の族長貴族たちにより、彼らの国家統治のために、必須の技術として導入されたであろうことは、疑う余地はない。またこれとほぼ並行して、帰化人の間に仏教がもたらされ、やがて支配者である族長貴族層の信仰を集めるようになると、事態は次第に新しい様相を呈しはじめたが、そうした変化もけっして急速に現われたのではなかった。たとえば『日本書紀』欽明天皇十五年（五

五四）二月条に百済から大和朝廷に番上していた学者などの交代した記事があり、

五経博士王柳貴ヲ固徳馬丁安ニ代ヘ、僧曇恵等九人ヲ僧道深等七人ニ代フ。別ニ勅ヲ奉ジテ易博士施徳王道良、暦博士固徳王保孫、医博士奈率王有悛陀、採薬師施徳潘量豊、固徳丁有陀、楽人施徳三斤、季徳進奴、季徳己麻次、対徳進陀ヲ貢ル、皆請スニ依リテ代ルナリ。

とある。この条は百済の史籍にもとづくものらしく、説話ではなくて事実の記録とされているが（津田氏前掲書）、ここで僧侶が五経博士や易博士・暦博士・医博士・採薬師・楽人などと同列に並記されていることに注目されねばならない。曇恵以下の九人やそれと交代した道深以下の七人は、自らの意志で布教するために来朝したのではなく、彼らの君主である百済王の命によって、大和朝廷に番上していたのである。だから、受け入れた大和朝廷の側でも、彼らを五経博士や易・暦博士らと同列にとり扱っていたであろう。国家統治のための道具として、あるいは朝廷の権威を飾るためのものとして、彼らを番上させていたと考えられる。

ずっと後の文武朝（六九七～七〇七）になっても、勅命によってしばしば僧侶を還俗させた例があり、『続日本紀』大宝三年（七〇三）十月十六日条にみられる僧隆観の還俗の場合など、彼が「頗ル芸術ニ渉リ、兼ネテ算暦ヲ知ル」と註記されている。世俗の技芸に長じていれば、それを利用するため簡単に還俗を命じられ、僧侶の権威、したがって仏法の「価値」は八世紀初頭になっても、なおそれ自身として全面的に認められていなかったことが窺われる。まして古い時代にはなおさらであったろう。六世紀にもどって敏達天皇六年（五七七）には百済王が、経論若干巻や律師・禅師・比丘尼・咒禁師とともに、造仏工・造寺工六人を献じ（『日本書紀』同年十一月条）、崇峻天皇元年（五八八）には、同じく百済王が僧侶・仏舎利と並んで、寺工・鑪盤博士・瓦博士・画工を献じたと伝えられる（『日本書紀』同年条）。有名な『日本書紀』の仏教公伝の条に「西蕃《ニシノクニ》ノ献レル仏ノ相貌《ミカホ》端厳《キラキラ》シ」とあるように（欽明天皇十三年十月条）、仏教伝来の当初にあっては、人々の関心は、金色燦然たる仏像や瓦葺の荘大な伽藍に集まったであろう。僧侶は造寺・造仏・鑪盤工以下の技術者と一体不可分のものとしてとらえられ、仏法はそうした大陸の優れた物質文明の所産のなかに埋没した形で受容された。とくに世俗の技芸を利用するため、僧侶に命じて還俗させるということは、「神」の摂理も倫理的な「価値」も、物質的な「富」とともにあげて、地上の君主の手に掌握され体現されていた、古代国家の基本的なありかたに発するといえるが、わが国の初期仏教は最初は、帰化人の間に伝えられたとはいえ、なによりもまず、大和の族長貴族たちのものであったから、彼らによってその地位を飾り、一般民衆とは隔絶した貴族としての「生活」を充実させるものとして、受容されたことは想像に難くない。だからこの段階にとどまるかぎりは、僧侶が暦博士・易博士や以下一般の技術者たちと同列にとり扱われたのも当然であったといえる。

しかしながら、いわゆる仏教受容が、たとえ以上の形で出発したとしても、その一方で、やはりそれが新しい「神」を、わが国にもたらすものであったことも、見逃がすことはできない。『日本書紀』などによれば、この時期に仏を「蕃神」「他神」「客神」「仏神」などとよんでいたように記されている。こうした用語は津田氏の説かれるように（前掲書）、中国で仏を「胡神」とか「戎神」などとよんだことに先蹤をもつ単なる文字上の表現で、生きた言葉として使われたのではなかったかも知れない。しかし表現はどうあろうとも、実質的には仏法は外国の「神」についての新しい教えであった。そして異国の調度で荘厳された伽藍のなかで、金色の仏像を前にくりひろげられた法会は、異国の香煙と異国の言葉のもつ耳新しい韻律に包まれ、列席する人々を無上の法悦にひき入れたであろう。こうしたことは、新しい「神」としての仏についての想念を、人々の脳裏にしみ込ませないはずはない。六世紀も中葉をすぎ、『日本書紀』などの伝えるように、蘇我氏をはじめとする中央の貴族たちが、自らの邸宅を捨てて精舎となし、争って仏寺を営むようになれば、それは単に上述の世俗的な効用だけにとどまらず、新しい「神」としての仏に対する祈りが、ことの正しい意味でこめられていたとみるべきであろう。それゆえ最初にあげた『隋書』倭国伝のなかで、大業三、推古天皇十五年（六〇七）に隋朝に至ったわが国の使者（小野妹子）が、「聞ク、海西ノ菩薩天子、重ネテ仏法ヲ興スト、故ニ遣ハシテ朝拝セシメ、兼ネテ沙門数十人、来ッテ仏法ヲ学ブ」と述べたということも、この時期になってわが国の仏教受容が、いわば本格的な段階に入ったことを示すのではなかろうか。

この推古朝の遣使は『隋書』の記載に従えば、すべて宗教的な目的によるように思われ、辻氏の指摘されるとおり（前掲書）、『太子伝暦』『扶桑略記』『善隣国宝記』なども、そのように記しているけれど、もとよりそれだけではなかった。『日本書紀』は推古天皇十六年（六〇八）の小野妹子の再度の渡航にあたり、倭漢直《やまとのあやのあたい》福因・奈羅訳語《ならのおさ》恵明・高向漢《たかむこのあや》人玄理《ひとくろまろ》・新漢人大国《いまきのあやひとおおくに》・新漢人日文《にちもん》（旻《みん》）・南淵《みなぶち》漢人請安《しょうあん》・志賀漢人慧隠《えおん》・新漢人広済らの八人が随行したと伝える（同年九月十一日条）。これらはいずれも帰化人出身者で、大陸文化の吸収には、まだこうした人々の活動にまたねばならなかった当時の事情をよく示しているが、このうち南淵請安については、のちに六四五年の大化改新の直前、蘇我氏覆滅を決意した中大兄皇子と中臣鎌子（鎌足）の二人が「倶ニ手ニ黄巻《フミマキ》ヲ把リテ自ラ周孔之教《ノリ》ヲ南淵先生ノ所《モト》ニ学ブ」と『日本書紀』に伝えられ（皇極天皇三年正月条）、「藤氏家伝」には鎌足は青年時代に、旻法師が周易を講ずるのに出席したともいう。そしてこの僧旻が、蘇我氏誅滅直後に高向玄理とならんで国博士に任ぜられ、改新政治の顧問となったことは著名である。だから帰国後にかような働きをした人々を、留学生・留学僧として派遣した推古朝の遣使は、仏教だけにとどまらず、大陸の文物制度全般について学ぼうとするものであったことが知られる。

たとえば推古天皇三十一年（六二三）七月大唐学問者僧恵斉・医《くすし》恵日以下の四人が、おりから来朝した新羅の大使奈末智洗爾らの便船で帰国し、「唐国ニ留リ学ブ者、皆学ビテ以テ業ヲ成セリ、応《マサ》ニ喚《メ》スベシ。且ツ其レ大唐国ハ法式備定ノ珍国也。常ニ須《スベカラ》ク達《カヨ》フベシ」と報告したという（『日本書紀』）。このときの帰国者のうちには、小野妹子の再度の渡航に随った倭漢直福因が含まれていたが、当時の中国は崇峻天皇二年（五八九）に南北朝を統一した隋が推古天皇二十六年（六一七）に亡んで唐となり、統一帝国の体制は一段と整備され、まさに大唐国とよぶにふさわしい「法式備定ノ珍国」であった。だからこの時期における留学生、留学僧の派遣は、当然彼の地の優れた中央集権官僚制度について学び、それを支える法体系はもとより、進んではその背景にある中国固有の政治思想としての儒教の吸収も、その主要な目標の一つになっていたであろう。後年大化改新の指導者となった中大兄皇子や、中臣鎌足が南淵請安・僧旻らに「周孔之教」や「周易」を学んだ、という前記の伝承はともかく大化六年（六五〇）二月に長門国から白雉が献じられ、国博士僧旻らが中国周の成王の故事などを引いてこれを休祥とし、同月十五日に年号を白雉と改めている（『日本書紀』）。これなど明らかに中国の祥瑞思想であり、中国の諸制度の吸収が、その背後にある政治思想と無関係でなかったことを示している。ひとしく古代の専制国家といっても、中国にならって、諸制度の整備が企てられるということは、そうした国家体制のもとにありながらも、なおそこに「法」による支配が実現されようとすることであり、多くの限界はあるにせよ、制度を支える「法」や「政治思想」が、それ自身として認識され、求められるようになることを意味する。上記の事例はこれを裏書きするものといえよう。

したがってこのようにみれば、法体系の継受が問題となり、政治思想の咀嚼が始まろうとしているときに、仏教の受容だけが、その初期の状態にとどまっていたはずはないから、如上の事態の開始された推古朝には、仏教の受容も、かつてのように、それを物質文明の所産のなかに埋没させるのではなく、いわゆる「思想」の水準において学ぼうとする、より高次の要求を孕んでいたであろう。法隆寺に伝えられた勝鬘・維摩・法華の三経義疏をもって聖徳太子の著とする有名な伝承も、充分に根拠のあることと考えられる。だからまた、大業三、推古天皇十五年（六〇七）に、わが国の使者（小野妹子）が隋の煬帝をさして「海西ノ菩薩天子」とよび、使節の目的を仏法を学ぶにありといったということも、これを字義どおり狭くとらないで上記の経緯を踏まえ、この時期には、他の文物諸制度と密接な内的連関のうえで、仏教が求められるにいたったことを示すと解すべきである。古代における大陸文化の受容について設定した先記の区分のとおり、この時期から第二の段階が確実に開始されたのであった。そして開皇二十、推古天皇八年（六〇〇）に隋朝にいたったわが国の使者が、「倭王ハ天ヲ以テ兄ト為シ、日ヲ以テ弟ト為ス」と揚言して高祖文帝から「此レ大イニ義理無シ」と戒められ、大業三、推古天皇十五年（六〇七）の使者（小野妹子）のもたらした国書に、「日出ズル処ノ天子、書ヲ日没スル処ノ天子ニ致ス、恙無キヤ」とあって、煬帝を怒らせたという『隋書』の記事、あるいはその翌年に再度遣隋使となった小野妹子に、「東天皇、敬テ西皇帝ニ白ス」と書かれた国書が託されたという『日本書紀』の所伝などは、いずれも以上にみた歴史的な展開と、密接な関係があったと思われる。

対等外交の内容　すなわち、推古朝の遣隋使派遣に関するこれらの所伝は、最初に記したように、わが国が中国と対等の国交を開くにいたったことを示すとして、従来高く評価されてきた。しかしこれを無条件におこなうと、いささか身贔屓の誹りをまぬがれない。煬帝が怒って「蛮夷ノ書、無礼ナル者有リ」といったように、隋からみれば、わが国は東海の一小国、依然として東夷野蛮の国にすぎなかった。『日本書紀』によれば推古天皇十六年（六〇八）に遣使裴世清のもたらした国書に「皇帝倭皇ニ問フ」とあるが、これは原文に「倭王」とあったのを『書紀』編者が「倭皇」に改めたという。そしてその全文は、

皇帝、倭皇（王）ニ問フ。使人《ツカヒ》長吏大礼蘇因高（小野妹子の中国名）等至テ懐《オモヒ》ヲ具《ツブサ》ニス。朕《ワレ》欽《ツツシミ》テ宝命《オホミコト》ヲ承《ウ》ケテ区宇《アメノシタ》ヲ臨《ン》仰《ラ》シ、徳化ヲ弘メテ含霊《ヨロズノモノ》ニ覃《オヨボシ》被《カフムラ》シメント思フ。愛育《メグミヤシナウ》之情、遐邇《トホクチカキ》ニ隔《ヘダテ》無シ。皇（王）海表《ウミノホカ》ニ介居《ヨリマ》シテ民庶ヲ撫寧《ナデヤスン》ジ、境内《クニノウチ》安楽《ヤスラカ》ニシテ風俗融和《シワザトホリヤハラグ》トイフコトヲ知リヌ。深気《フカキココロバヘ》至誠《ネモゴロ》ニシテ遠ク朝貢《ミツギ》ヲ脩《カヨ》ハス。丹疑《ココロノソコノ》之美《ミサヲ》、朕嘉《ヨミ》スルコト有り。稍暄《アタタカ》ナリ。比《コノゴロ》常ノ如ク也。故《カ》レ鴻臚寺ノ掌客《マラウドツカサ》裴世清等ヲ遣シテ往意《サキノ》ヲ指シ宣ブ。幷テ物ヲ送ルコト別《コトノクダリ》ノ如シ。

と伝えられる（推古天皇十六年八月三日条）。まこと隋は宇大に君臨する大帝国であり、当時の隋とわが国の関係はこの国書を一読するだけで明らかである。

けれども大局的には、たしかにこうした関係にあったが、この推古朝の遣使をそれ以前のものと比較するとき、なおそこに画期的な相違のみられることも事実である。推古朝から一世紀半ほど遡った五世紀中葉に、倭の五王とよばれるものが中国に使者を送ったことが知られている。これは『宋書』の「本紀」や「倭国伝」[2]などに記録されているもので、五王の名は讃（賛）・珍（弥）・済・興・武と伝えられる。このうち済・興・武の三王はそ

れぞれ允恭・安康・雄略の三天皇に比定されており、はじめの讃（賛）・珍（弥）の二人については異論があって、讃（賛）には応神説・仁徳説・履中説の三説、珍（弥）には仁徳説と反正説の二説があるが、いずれにしてもこれらの王は中国宋朝に対して臣下の礼をとっている。たとえば宋朝順帝昇明二年（四七八）の有名な倭王武（雄略天皇）の上表文には先祖の功業について述べたあと、

臣、下愚ナリト雖モ忝ケナクモ先緒ヲ胤《ツ》ギ、統《ス》ブル所ヲ駆率シテ天極ニ帰崇シ、道、百済ヲ遥《ヘ》テ船舫ヲ装治ス。而ルニ句驪（高句麗）無道ニシテ図リテ見呑ヲ欲シ、辺隷ヲ掠抄シ、虔劉《ケンリユウ》シテ已《ヤ》マズ。

と記し、

若シ帝徳ノ覆載ヲ以テ此ノ彊敵ヲ摧《クジ》キ、克ク方難ヲ靖《ヤス》ンゼバ前功ヲ賛ヘルコト無ケン。

といって、宋朝から使持節都督倭・新羅・任那・加羅・秦韓・慕韓・六国諸軍事・安東大将軍・倭王に叙せられている。

当時の中国はいわゆる南北朝時代で北には北魏があり、南は四二〇年に東晋と代わった宋朝であった。この宋は倭王武の上表の翌年、四七九年に亡んで斉となったが、朝鮮半島では「句驪無道ニシテ」と右の上表にあるように北部の高句麗の勢力が伸び、好太王の後をついだ長寿王は、四七二年に大挙南進を開始し、四七五年には、わが国と結んでいた百

済は王都漢城（京畿道広州）を棄てて、南遷するを余儀なくされた。したがってこの直後になされた倭王武の上表―雄略天皇の遣使は、かような朝鮮半島の情勢に対処し、宋朝の権威を借りて、南鮮に保有してきた従来の権益を守ろうとするものであったろう。こうした外交上の措置は、たしかに焦眉の急を要するものであったと考えられる。しかしだからといって、このとき雄略天皇が、ことさら宋朝に対して臣下の礼をとったとみるのは当たらない。なにぶん中国側の記録であるから、彼の地のいわゆる中華思想にもとづく潤色もないとはいえないが、上記の上表文によるかぎり、そこにはむしろ、当時の大和朝廷の統一権力として、なお未成熟であった姿が窺われる。そしてこれに対する七世紀初頭の推古朝の遣使は、朝鮮半島における権益をほとんど喪失した後のことであったから、隋と結ぶことによって新羅・百済・高句麗三国の鼎立していた半島に対し、あらためて一定の政治的効果を収めることも、考慮されていたであろう。わが国の使者が、きわめて高い姿勢で隋朝にのぞんだという所伝の背後には、かような外交上の配慮もあったと考えられる。あるいはまた、半島からの後退を余儀なくされ、半島を通じて大陸と結ぶ従来の道がとだえたため、直接中国と結ぶ必要の増大したことも、このときの遣使の理由の一つにあげられよう。が、ともかくこうした諸種の事情にもとづいていたとはいえ、そこに「対等外交」という言葉は不穏当でも、倭の五王の時代に比べれば、はるかに独立的な態度の貫かれていたのは明らかである。かような変化の基本的な要因は、上記の国際環境もさることながら、倭の五王の時代から一世紀半の間になしとげられた、わが国の国家体制の強化と、それに導かれた民族生活の充実のなかに求めるべきであろう。

中国大陸の東辺をなす列島という地理的条件のため、わが国はつねに中国文化の影響下に立ってきた。広大な国土と莫大な人口を擁する漢民族の創りあげた豊かな生産力、その上に繰り返された幾多の民族移動は、諸階級の運動と王朝の興亡のなかに、文化的にもつねに東アジアに並ぶもののない巨大な力を培ってきた。われわれの祖先は近代にいたるまで、一貫して漢民族の創りだした文化を手本とし、それを導入摂取するなかで、自らの世界を営み、仏教やそれに附随したインド、西域の文物でさえ、中国を通して将来されたものであった。わが国が中国を中心とする大陸文化圏に属してきたということも、かような事実にもとづいている。しかしその反面、こうした現象はかならずしも、水が高いところから流れだすのと全く同じ形でなされたのではなかった。それには大陸と海を隔てて対している、という条件も考慮されねばならないが、文化的適応の単位体が種族の生活にあって、その主体性も貧弱であった原始時代はともかくとして、そうした種族生活の統合止揚を通じて民族社会が出現し、国家の形成がなされてからは、その充実と発展を基軸として文化の継受と創造がなされ、大陸文化の受容もこれと遊離してなされることはなかった。

大陸文化の伝播・伝来といわないでその受容・摂取とよぶのも、この点を重視するからであるが、古代における大陸文化の受容に二つの段階があり、その初期は物質文明の導入・消化だけにかぎられ、文物制度の受容がはるか遅れて始まったということも、詮ずるところ大和の族長貴族の創りだした古代国家の体制と、それの領導した民族生活の充実・発展の度合いにもとづいていると考えられる。とくに七世紀初頭の推古朝は、いうまでもなく六四五年の大化改新の前夜にあたり、古代国家完成の事業がその緒についた時期であった。ここにきわめて自主的な態度をもって、中国との国交が開始されたのも、至極当然であったといえる。別言すれば、わが国はこのときをもって主体的に中国を中心とする大陸文化圏に参加し、その一翼を担うにいたったとみることができよう。

原始思惟の克服

改新政治の思想　『日本書紀』によれば推古天皇十一年（六〇三）十二月、はじめて冠位十二階が制定されたと伝えられる。これも聖徳太子の事蹟として著名なもので、十二の位階は「大徳・小徳」以下「大智・小智」まで、徳・仁・礼・信・義・智という六つの儒教の徳目に、それぞれ大・小をつけてあらわされている。前節に記した遣隋使小野妹子が「大礼小野臣妹子」とか「大礼蘇因高」とあるのも、この位階によっている。しかもそうした位階の高下を示す冠は、「当色ノ絁《キヌ》ヲ以テ縫ヘリ」とあるように、それぞれ所定の色が用いられた。最高位の「徳」は五行を統べた名として陰陽を合わせた色である紫で、これに続く「仁」以下「智」までを木・火・土・金・水の五行にあてて五方に配当し、「仁」は木で東の春を意味する青、「礼」は火で南の夏を意味する赤、「信」は土用で中央を意味する黄、「義」は金で西の秋を意味する白、「智」は水で北の冬を意味する黒を用い、各階の「大・小」はそれぞれの色の深浅であらわされたという。

推古朝は推古女帝のもと、摂政の聖徳太子と大臣蘇我馬子のいわば二頭政治であったから、先の遣隋使にしてもこの冠位の制定にしても、すべて聖徳太子ひとりの事蹟とみなすのは適当ではない。だが前節に記したように、遣隋使の派遣が、この時期の外交と大陸文化の摂取を特色づけるとすれば、この冠位の制定は推古朝の内政、とくに聖徳太子と蘇我馬子の提携のもとに推進された、政治改革の方向を端的に示すものである。この二人はもちろん従来の氏姓制度を廃止する考えは毛頭なかった。しかし大和朝廷を構成してきた族長貴族相互間の序列と、その職務分掌を固定化していた氏姓制度の枠をゆるめて人材を登用し、朝廷の官人―貴族官僚制を育成しようとする方針は明確に意識されていた。かような新しい方式は、これより以前に朝廷直轄の屯倉の管理において、すでに採用されはじめている。六世紀中葉の欽明・敏達両朝に、吉備国造の支配してきた吉備（岡山県）五郡のなかに新たに屯倉が設定され、大臣蘇我稲目やその子馬子が葛城山田直瑞子《ミヅコ》を田令《タツカイ》として派遣したり、帰化人王胆津を遣わして田部の丁籍《ヨボロノフダ》（名籍）を作成させたと伝えられる。(3) 現人神としての天皇の保有した絶大な神的権能のもと、血縁擬制にもとづく本末関係によって地方族長層を統轄し、それを通して一般民衆を支配してきた部民制・氏姓制度ほんらいの支配機構にくらべれば、「田令」という役人を派遣して「田部」とよばれた耕作農民の簿帳をつくり、彼らを直接把握するやりかたは、明らかに従来とちがった官人的支配の萌芽というべきである。推古朝の内政はかようなものを受けつぎ、より一歩これを推進しようとするものであった。

　冠位十二階はいわば位階の制定だけにとどまり、それに対応する職階とか官司機構の整備についてはなお不充分であったが、当然、こうした方向は大化改新を経て、七世紀中葉以降の改新政治の展開、律令体制の形成に向かって発展すべきものであった。ここに従来の氏姓制度を離れて、中央集権貴族官僚体制の樹立に進もうとする第一歩にあたり、官人貴族の序列を「大徳・小徳」以下の儒教の徳目であらわし、陰陽五行の思想でもって整えようとしたことは注目されねばならない。もちろん氏姓制度に代わる官僚制というとき、官人体制という言葉が用いられるように、今日の意味での官僚制とはその本質を異にしている。そこには役所と私宅の厳格な分離は存在しないし、ことの正しい意味での「法」というべき抽象的規範にもとづく服務はなく、私的な人格的関係によってすべてが規律されていた。大和朝廷を構成してきた族長貴族層は、そうした天皇の支配する巨大な統一的家産国家の官僚に転身したのであった。ここに彼らの率いていた氏族の体制は、氏姓制度のもとに政治組織として機能することはやめても、社会組織として大きな機能を保有しつづける必然性はなお充分に存在したし、事実、天武天皇十三年（六八五）における八色の姓の制定が物語っているとおり、完成した律令国家の権力機構の内部にも、旧来の氏姓制度の遺産は濃厚に温存されていた。

しかしながらかような限界はあっても、旧来の族長貴族層を天皇の絶対的権力のもとに官人貴族として再編成するには、それまで存在しなかったまったく新しい理念を必要としたことも事実である。祭政一致という言葉に端的に示されるように、大和朝廷の時代には族長貴族たちは、それぞれ自己の氏族と部民を率い、政治的権力者であると同時に氏族の神を奉じ、自らも神的能力を保有する司祭者であった。さらに彼ら相互の結合のうえに、早くから世襲王制をつくりあげた天皇は、最高の支配者としてその族長的支配の論理はすべてに貫徹していた。かような体制のもとでは、地上の権威と秩序は永遠の過去に由来する宗教的伝統のヴェールに覆われて存在するのが精一杯であり、それさえ自覚的に意識される契機に乏しかった。それぞれ自らの族的世界を踏まえて立つ族長貴族と、それらを統轄して君臨した天皇の現実の呪術的権能がすべてであり、それらはこと新しく説明する必要のないもの、いわば人々の肉体の一部として存在していた。ところがこうして族長貴族やその率いる氏族相互間の序列と、彼らの職能を固定していた氏姓制度の枠をゆるめて、貴族官僚制をつくりだそうとすれば、旧来の伝統的宗教的秩序と密着した形であっても、とにかくそこには、個々の族的世界をこえた普遍性につながる客観的な統一的理念が必要になってくる。推古朝の冠位十二階の制定にあたって、最初に記したように儒教の徳目を借りて、新しく育成しようとした官人身分の序列をあらわし、陰陽五行の摂理をもってそれを整序しようとしているのは、まさしくこのことを示すとみてよい。それはカスト的な呪術宗教的背景のもと、伝統的に氏族の尊卑とその職能を示してきた呼称としての「君」「臣」「連」以下の「姓《かばね》」とは、大きく次元を異にする序列といえよう。

さらに令制では官人の位階は「正一位」以下のより抽象的な序数であらわされ、それに対応して職階は「太政大臣」以下、周知のとおり整然と完備するが、学令によれば中央の大学と地方の国学では、毎年春秋の二月と八月に孔子を祀る釈奠がなされ、教科として「周易」「尚書」「周礼」「儀礼」「礼記」「毛詩」「春秋左氏伝」と、「孝経」「論語」の学習などが定められている。大学では中央貴族である五位以上のものの子孫と東西史部の子、すなわち帰化人の倭（大和）・川内（河内）の文忌寸の後裔で、ともに十三歳から十六歳までのものを入学させ、八位以上の子も請願によってこれを許した。国学では地方土着の豪族である郡司の子弟で、同様の年齢のものを教育した。こうして律令官人たるものの教養はあげて儒教にもとめられ、それと表裏の関係にある陰陽五行説、乃至は道教の思想が学ばれた。これからみても、精緻な理論体系をもつこれらの思想が大化改新後の律令国家の形成と運営の過程で、貴族たちのあらゆる文化活動に大きな影響をあたえているのも至極当然といえよう。八世紀初頭に成立した『日本書紀』の編纂意図や、叙述のなかに儒教思想の大きな影響がみられ、とくに神武天皇の即位紀年が、陰陽五行説の一派である讖緯説にもとづいているのは著名な事実である。あるいは七世紀後半から八世紀初頭にかけての律令の編纂が、中国唐の律令を母法とし、そこでなされた中国法の継受と固有法との関係は、法制史上幾多の問題が存在するが、それらはすべて如上の儒教や陰陽思想の受容と深い関連のもとになされた。

したがって、こうした儒教思想や、陰陽思想の及ぼした影響という点に関しては、それぞれ各分野ごとに独自に追究されねばならないのはいうまでもない。けれども、そうした受容の原動力というべきものは、上述のとおり古代国家完成のために新しい秩序をもとめ、それを支える理念を獲得しようとした貴族たちの行動であったといえよう。わが国の令制と唐令との比較は、法制史学によって精密な解明がなされているが、陰陽思想の受容という観点から職員令の陰陽寮条についてみると、それは頭・助・允・大属・少属の四等官各一名につづく陰陽師六名・陰陽博士一名・陰陽生十名と、暦博士一名・暦生十名、天文博士一名・天文生十名、漏尅博士二名・守辰丁二十名、使部二十名・直丁二名からなっていたことが知られる。これに対して唐令では、わが国の陰陽師・陰陽博士・陰陽生にあたる卜正・卜師・卜博士以下は太卜署として太常寺の一署をなし、一方で暦博士・暦生にあたる司暦以下、天文博士・天文生にあたる霊台郎・監候・天文観生以下、漏尅博士・守辰丁にあたる挈壺正・司辰以下は太史局として秘書省下の一局をなしている。斎藤励氏の指摘されているとおり（『王朝時代の陰陽道』）、令制の陰陽寮は、唐の暦・天文・漏尅を司った太史局と、占方卜術を司った太卜署の二者を合併したもので、とくに令文でその職員を記すのに、四等官につづいて陰陽師以下を暦博士以下より先にあげ、陰陽寮と名づけて中務省に属させているのは、令制の独自性を示している。中国では古くから暦術・天文観測・漏尅の技術が開け、それだけで一つの部局を構成できるほど進んでいたのに対し、わが国にはそうした歴史がなかったことが、このような差違を生んだ基本的な原因であったといえよう。しかしここで、たんにわが国が後進国であったから、これらの自然科学的技術と、それにもとづく理論体系としての陰陽道を一緒にしたというだけでは、充分な解釈とはいえない。自然の観測もさることながら、それにもとづく理論体系をなにより重視せねばならなかった律令貴族の立場が、そうさせたとみるべきである。もちろんそれは占方卜術という神秘的な呪術信仰以外のなにものでもなかったけれども、改新政治の遂行のなかで、新しい国家体制と社会秩序の樹立をこころざした貴族たちにとって、そこに含まれている陰陽五行の説がなににもまして貴重な、まさに依るべき摂理とされたからであろう。

そして当時の貴族たちの仏教信仰についても、これと同様のことが考えられる。家永三郎氏は七世紀初頭の推古朝から八世紀中葉の天平期までを七つの時期にわけ、推古朝（五九三～六二八）を仏法の第一次隆盛期、舒明・皇極両朝（六二九～六四四）をその継承期、六四五年の大化改新以後の天智朝（六六二～六七一）を第一次中衰期、六七二年の壬申の乱を経た天武朝（六七三～六八六）を第二次隆盛期、つづく持統朝（六八七～六九六）がその継承期、文武・元明・元正の三朝（六九七～七二三）を第二次中衰期、神亀元年（七二四）以降の聖武朝、とくに七二九年以後の天平期を第三次隆盛期とされる（『上代仏教思想史研究』）。氏の所論を要約すれば、この時期に仏教はけっして一本調子に隆盛に赴いたのではなかった。そこにはこうした多くの起伏があり、それは主として、儒教的な法治主義との対立関係のなかで生じたもので、大化改新後の天智朝（六六二～六七一）や文武朝（六九七～七〇七）は諸制度の改革、法典の整備が強力に推進され、儒教的な法治主義が前面に押し出されたため、仏教興隆策が背後に後退したとされる。外典・内典などと対称されるように、儒教と仏教とは異質の思想体系として、前者を世間の教えとすれば、後者は出世間の教えであり、互いに反撥しあう側面をもっているのは事実である。近世における儒者の仏教批判などはその典型であり、改新政治の進展と律令国家形成の過程でも、この両者が互いに隆替したということは、充分に根拠があるといえる。しかしその反面、高度の世界宗教である仏教のもたらしたものは、伝来の氏族生活のなかに継承されてきた、祖先崇拝にもとづく固有の神とは、まったく次元の異なった、普遍的な神性としての仏に対する信仰であった。しかも今日のように倫理と宗教の区別の明らかでない当時に、出世間の教えとして仏教の説く救済の論理も、世間の教えとして儒教の説く倫理規範も、たがいに楯の両面の関係をもって新しい世界を貴族の前に示したであろう。まして神秘的・宗教的色彩の濃い陰陽五行説や、宗教としての道教となればなおさらである。仏教もまた基本的にはこれらの思想と同様の契機によって、貴族層に受容されたと考えられる。

氏族生活の論理　この時期における大陸文化の受容について考えるとき、儒教を世間の教えといい、仏教を出世間の教えとよぶ仏家の側からいわれてきた伝統的な呼称は、意味深いものがある。律令国家形成の途上にあって改新政治と総称される諸制度の改革、法典の整備といった優れて政治的な事業を推進するにあたり、儒教ははかり知れない大きな力を貴族たちにあたえた。大陸の諸制度の背景をなす政治倫理思想としての儒教は、陰陽五行説や道教と深い関連をもちつつ、貴族たちに現実の理想を描かせるもっとも有力なてがかりであった。これに対して仏教は、そうした政治行動に邁進し、あるいは邁進せざるをえなかった貴族たちの内面の生活を支え、永劫の過去から未来にわたって彼らの視野を拡大し、そのなかに魂の安息をあたえるものであったろう。聖徳太子の死後、橘夫人（太子妃多至波奈大女郎《たちばなのおおいらつめ》）が太子の死を悼んで製作した天寿国繡帳の銘文に、「我大王ノ告ル所、世間虚仮、唯仏是真ナリト」とある（『法王帝説』）。蘇我馬子と提携しつつ強力に推古朝を指導した太子が、その私生活において「世間虚仮、唯仏是真」といった言葉を妃に漏らしていたということは、注目すべき事実といわねばならない。

仏教伝来に関する所伝のうち、もっとも古い年次を示すものは、『扶桑略記』[4]に引用されている日吉山薬恒法師の『法華験記』所引の「延暦寺僧禅岑記」にみえるというもので、そこには五二二年にあたる継体天皇十六年壬寅の春二月に大唐漢人案《くら》（按＝鞍）部村主《つくりのすぐり》司馬達止《しばだつと》が来朝し、大和国高市郡坂田原に草堂を結んで本尊を安置し、帰依礼拝したので人々がこれを大唐の神とよんだとある。もっともこの所伝については、もとその出所である坂田寺の縁起に、五八二年にあたる敏達天皇十一年の壬寅の年のこととして記されていたのを、干支一巡を誤り、継体天皇十六年壬寅のこととしたとされるが[5]、仏教はこうして最初は帰化人の間に伝えられたものであろう。五五二年の欽明天皇十三年壬申冬十月に、百済の聖明王が仏像・経論等を献上したという『日本書紀』の記事は、仏教公伝として古くから著名である。これについて平子鐸嶺氏は、『日本書紀』の紀年に誤りのあることを指摘され、『元興寺縁起』や『法王帝説』の所伝にもとづいて実際は、五三八年にあたる欽明天皇七年戊午のこととされたが[6]、これが仏教渡来の最初という確証はない。そればかりか『日本書紀』のこの条の大部分は、「金光明最勝王経」の経文にもとづく机上の作文であることも明らかにされている[7]。こうして仏教伝来に関する所伝は、多くの検討が加えられた結果、いつ誰がもたらしたという具体的な年次は明らかにできない。ただ諸般の情勢から五世紀末、あるいは六世紀初頭のころに帰化人の間に伝えられ、やがて支配者層の信仰を集めるようになったことだけは誤りないとされている（津田氏前掲書）。上記の『扶桑略記』に伝えられるような、帰化人の営んだ草堂が、族長貴族層の伽藍に発展したとき、ことの正しい意味での仏教受容がはじまったといえよう。

後期古墳から出土する四仏四獣鏡にみられる仏像は、信仰の対象というよりも、単なる図案として理解されていたであろう。道教の神である東王父・西王母の像や、青龍・朱雀・白虎・玄武の四神の図像をほどこしたものについても、同様のことがいえる。しかし六世紀も中葉をすぎると、仏教は次第に社会的にも政治的にも一定の影響力をもちはじめた。そして石田茂作氏は、この飛鳥時代に建立された寺院の遺蹟について、詳細な調査をされた結果、それらが多く当時の有力氏族の居地に見出されるばかりか、その附近にはつねに古墳が存在し、有力氏族の居地と古墳と寺院址の三者は、つねに不可分の三位一体の関係にあることを指摘された(8)。このことは初期仏教のありかたを考えるとき、きわめて重要な事実といわねばならない。『日本書紀』によれば、推古天皇二年（五九四）二月に三宝興隆の詔が発せられ、「皇太子及ビ大臣ニ詔シテ三宝ヲ興隆《オコサ》シム、是時ニ諸臣連等、各々君親之恩《オヤノメグミ》ノ為ニ競テ仏舎《ホトケノオオトノ》ヲ造リ、即チ是ヲ寺ト謂フ、」とある。この条についても津田氏は、当時の政治組織ではこうした命令を四方に伝達して実施させる機関はなかったから、書紀編者の机上の製作であったとされる（前掲書）。しかしたとえそうであっても、君親《オヤ》の恩《メグミ》のために仏舎をつくるということは、それなりに当時の造寺の一般的経緯を反映しているといえよう。『日本書紀』には推古天皇三十二年（六二四）九月、「寺及ビ僧尼ヲ校へ、具ニ其ノ寺ノ所造之縁、亦タ僧尼ノ入道之縁、及ビ度ノ年月日ヲ録ス。寺四十六所、僧八百十六人、尼五百六十九人、幷テ一千三百八十五人有リ。」とある。これらの寺院はいずれも皇室をはじめとする有力氏族の私寺であり、固有の祖先崇拝と深い関係をもつところの、いわゆる氏寺であったとされている。古代における中心的な社会集団は氏族であった。とくに人々の精神生活、乃至は宗教生活の側面で、その特質はいちじるしかったであろう。だから伝来の氏族神の祭祀とならび、前代における古墳の営造と深い関連のもとに仏寺が氏族を単位として営まれ、族長たちの手で建立されたであろうことは、充分に推測できる。

しかしながらその間の事例を詳細にみると、氏族神としてのいわゆる氏神の祭祀でさえ種々の問題があり、有力氏族の私寺・氏寺といっても、それらはけっして一氏族一カ寺といった固定的なものではなかった。『日本書紀』によれば欽明天皇十三年（五五二）、大臣蘇我稲目が「向原ノ家ヲ浄捨シテ寺ト為ス」と伝え、つづいてその子の馬子が崇峻天皇元年（五八八）、「飛鳥ノ衣縫造ガ祖樹葉《コノハ》ガ家ヲ壊チ、始メテ法興寺ヲ作ル」とある。また河内国西琳寺は、のちに西文《カワチノアヤ》氏となった書氏（書首《フミノオビト》）の氏寺とされるものである。『続群書類従』（二七輯下）に「西琳寺文永注記」と名づけて収められている「西琳寺縁起」は、文永八年（一二七一）にこの寺の惣持という僧が当時伝存されていた古文書、金石文の類を書上げたもので、そこに載せられている康平六年（一〇六三）の「文清明譲状」には、「造立ヨリ以降、氏人之中、文氏寺務執行為リ」といっている。かつて井上光貞氏は荻野三七彦氏の研究[9]をうけて、この縁起の精密な考証をなしていられるが[10]、そこで指摘されているとおり、縁起所収の文書によれば康平六年（一〇六三）に西琳寺が南都興福寺の末寺になるまで西文氏が俗別当としてあり、ときには同氏の分枝氏族として近傍に住んでいた蔵氏や武生氏が政所にあってこの寺の管理に参加していた。西琳寺は典型的な氏寺の例といえるものである。ところがこの縁起に「宝蔵安置金銅弥陀居長一尺六寸□（光）銘云」として記されている銘文についてみると、その後半部はこの寺の草創の経過が書かれており、そこには、

……（前略）……是ヲ以テ、書大阿《フミノオオア》斯《シ》高君《コノキミ》ノ子支弥《キミ》高首《コノオビト》、仏法ヲ修行シ、西林寺ヲ草創ス、復以テ子栴檀《センダン》高首《コノオビト》、土師長兄《ハジノナガエ》高連《コノムラジ》、羊《ヤ》古首《コノオビト》、韓会《カラエ》高首《コノオビト》、敢テ塔ヲ寺ニ奉リ、宝元五年己未正月、二種智識弥陀仏像并ビニ二菩薩ヲ敬造ス、願クハ此ノ功徳（〔以テ〕脱カ）、現世親族、福ヲ万世ニ延べ、七世父母意ニ随テ住シ、含霊之類、斯ノ福力ヲ同ジクセンコトヲ(11)、

と記されている。

この阿弥陀像はすでに失われているため実際に見ることはできないが、この銘文全体が信憑しうるものであり、そのなかにある宝元五年己未という年が斉明天皇五年（六五九）にあたることは、井上氏が詳細に論じていられる。そして上記の銘文後半部にみられることの寺の草創の経緯についてみると、西琳寺という書氏（→西文氏）の氏寺の堂塔や本尊は、けっして一度に造立されたものではないことが知られる。そればかりか塔の建立にあたっては、土師連という異姓者さえ参加している。銘文の中には「現世親族、福ヲ万世ニ延べ、七世父母意ニ随テ住シ……」といい、七世父母の冥福を祈っている点で固有の祖先崇拝が

明瞭に表出されているけれど、そうした信仰を踏まえてなされた造寺・造像という行為は、かならずしも氏族を単位とするものでなかったことが窺われる。

書氏（↓西文氏）は応神朝に来朝した有名な博士王仁《わに》の後裔を称する帰化人氏族であったから、特別のように思われるけれど、けっしてそうではなかった。同様のことは造寺ばかりか一般の仏事法会においてもみられる。たとえば年紀を有するわが国古写経のうち最も古いとされる小川広巳氏所蔵の「金剛場陀羅尼経」の跋文には、

歳次丙戌年五月、川内国志貴評内ノ知識、七世父母及ビ一切衆生ノ為メ、金剛場陀羅尼経一部ヲ敬造ス、此ノ善因ヲ籍リテ浄土ニ往生シ、終ニ正覚ヲ生ゼンコトヲ、

教化僧宝林

とある[12]。文中の丙戌年は天武天皇十四、朱鳥元年（六八六）と推定され、志貴評内の「評」は韓語で「郡」を意味する。また知識とは仏典にある善知識という言葉に由来するが、わが国古代では造寺造塔・写経造像・悔過法会・建碑義橋など、仏恩に報謝し功徳をつむため互いに財物を浄捨し、あるいは労力を奉仕する人々を知識とよび、そうした集団的行為を知識結《ユイ》とよんだ[13]。この「金剛場陀羅尼経」の書体は中国初唐のいわゆる欧法によっており、同じ朱鳥元年（六八六）七月に天武天皇の病気平癒を祈って敬造された長谷寺の「千仏多宝塔法華説相図銅版銘」とその書風を等しくし、同一人の手によるとさえ考え

られている。[14] この時代には美しい書体で経典を書写できる人は、きわめて限られていたであろう。したがって財物をもち寄ってそうした写経しうる人を雇える階層といえば、これまた限られた範囲になってくる。ところが宝林という僧の教化勧進によって、この経典の書写を発願した人々は、「七世父母、及ビ一切衆生ノ為メ」といって、祖先の菩提追善をその目的の一つにしながら、自らを「川内国志貴評（河内国志紀郡）内ノ知識」と記している。おそらく志紀郡内の有力氏族、あるいはその代表者たちの集まりであったはずであるのに、そこには評（郡）という地域の連帯だけがあって、氏族の生活は背後に隠れているといわねばならない。

かような類例は八世紀、奈良時代に入ればさらに多くなるが、それはわが国古代の氏族とよばれるものの特質からくるものといえよう。もとより当時にあって中心的な社会集団は氏族であった。けれどもそれは、純粋な意味で血縁を同じくするものの集まりではなかった。同一血縁のものでも他所に移動し、地縁的に分散すれば互いに関係を絶ち、非血縁者でも地縁的に関係の深いものや、隷属者もそのなかに組入れるものであった。こうした事態の内部にあるものを、和歌森太郎氏はウカラ・ヤカラの関係として提示された。[15] すなわち『日本書紀』自身の訓や、『日本紀私記』『書紀古写本』のいわゆる古訓によってヤカラと訓じられているものは、多少の例外はあるが親族・宗・同族・徒衆・属・眷属・儻などで、伴党はトモガラともヤカラとも読まれている。それゆえヤカラとは一族一党とよびうる性質のもので、広い意味での族縁共同体としての同族をさし、そのなかには非血縁者も含め、またヤカラの意識を支える要件の一つには地縁があった。これに対して同じく族という字でも、それが妻や夫をよぶときにはウカラと訓じられ、『日本書紀』神代上の四神出生の段には離婚を「族《ウカラ》離《ハナ》レム」と訓じている。ウカラとは親子・兄弟姉妹の間柄をその内容とし、ウカラの概念を貫くものは日常親身の意識であり、同居共住をなす禁婚同族としての家族の間柄をさす言葉であった。そしてヤカラとはこうしたウカラの生活の外にありながらも、系類を同じくすると意識されているものに対する主観的呼称であり、そうした集団を外からよんだ客観的呼称が「氏」とか「氏族」という言葉であったとされる。

　かように古代の氏族は単純な意味での同族ではなく、内部に本末の差ばかりか支配・被支配の関係を含みつつ、それが同統意識によって結ばれた家の集団、家父長制家族の集団であった。だから個々の家族は、氏族を構成してきた伝来の同統意識と、表裏の関係にある祖先崇拝に深く依拠しながらも、時と場合によっては、氏族以外の社会的集団を構成する余地は充分にありえた。上にみた造寺・造像・写経などの事例がかならずしも氏族を単位としてなされていないことは、その現われといえよう。平安初頭の弘仁年間（八一〇～八二三）に編纂されたわが国最古の仏教説話集である『日本霊異記』は、八世紀から九世紀初頭にかけての民間の仏教信仰の実態を物語る貴重な文献であるが、その上巻第十二話と下巻第二十七話に、十二月の晦日に屋敷内に「諸霊」を祀り、飲食を供える話がある。盆と正月はもともと仏教受容以前から一年を二季に分け、ともに祖先の霊を迎えて祀る日であったことは、早くから民俗学の指摘しているところであるが、これと関連して上巻第十話に大和国添上郡山村の中ノ里にあった「椋《クラ》ノ家長《イエオサ》ノ公《キミ》」というものが、「十二月ニ当リテ、方広経ニ依リテ先ノ罪ヲ懺セン」とし、使人に「ソノ寺ヲ択バズ、遇フニ従ヒテ請ケヨ」と命じ、路行く一人の僧を請じて礼経したという話がある。

和歌森太郎氏が指摘されたように[16]方広悔過は後の仏名会の先蹤であり、懺悔を媒介として現世の福益と後世の安穏を祈る悔過法会を十二月に行なうことの背景には、新春に祖霊を迎え神を祭るために前もって潔斎し、祓いをする固有の信仰が窺われる。そして同じく『日本霊異記』の下巻第十五話には、母のために法華経を書写した伊賀国山田郡噉代《はみしろ》里の高橋連東人というものが、供養の法会を営もうとして先の話と同様に道で行き遇った僧を「縁師」とすることにし、酒に酔って路傍に寝ていた般若陀羅尼を誦持するだけの「乞者《こちざ》」を請じたとある。かように仏事法会は寺院だけでなく、しばしば一般の住居で営まれた。「延喜図書寮式」によれば、正月最勝王経斎会堂装束として、盧舎那仏ならびに脇侍菩薩壇像一龕、金字最勝王経一部以下の仏像雑具を平素は寮庫に収め、「事ニ臨ミテ出シ用フ」

とあり、同じく「玄蕃寮式」には、この御斎会を毎年正月八日から十四日まで大極殿で営むとある。また同じ「玄蕃寮式」には天皇即位のときの一代一講仁王会にあたっても、釈迦牟尼仏ならびに菩薩羅漢像一鋪、仁王般若経一部二巻以下を用意し、宮中諸殿や省寮の庁舎において「便ニ随ヒテ荘厳シ、百高座ヲ設ク」とある。これは六月・十二月の大祓いに、平素は東西史部の保管している金銀塗人像各二枚や、鉄人像を御贖《みあがもの》として用いたのに通じるが（「延喜神祇式」一、四時祭上）、かような朝廷内での法会のありかたは、一般の住居におけるそれを推測させるものがある。

たとえば平安貴族の住宅は寝殿造りとよばれるが、彼らが法会を営むときは、平素は邸内の持仏堂などに安置している仏像を、家長の日常起居する正殿である寝殿の身舎に移し、衆僧を請じて一族知友がその廂の間にあって礼拝したことが、当時の記録類から知られる。この間の事情は今和次郎氏が詳細に論じていられるが(17)、古代人にあっては住居は単なる日常起居の場だけでなく、恒例・臨事に神を迎えて祭り、神人相饗する神聖な場所であった。現行の民俗にも、屋敷の母屋のうち一室を神祭りする場所にし、普段から不浄を忌む風は、宮崎県東臼杵郡椎葉村の鶴富屋敷などにみられる。これは古代人の感覚をしのばせるものであり、彼らはあたかも、神社の社殿や寺院の本堂を建てるような心算で自らの住居を建て、そこに住んだのである。蘇我稲目が向原の家を浄捨して寺となして以来、古代貴族が邸宅を捨てて寺院とした例はきわめて多いが、それは彼らの邸宅が、もともとそうするのにふさわしい建てかたであったからである。内陣と外陣とに分かれ、仏像を内陣に安置して外陣から礼拝する今日一般の寺院の本堂が、そのまま身舎と廂の間からなる寝殿の間取りであるのも、そうしたことの名残りとみられる。そしてかような住居において営まれた法会に参列した人々は、常に特定の氏人とは限らなかったであろう。

というのは、『類聚三代格』巻一の寛平五年（八九三）十月二十九日の太政官符に引用されている高階真人忠峯らの解状によれば、高階氏が代々氏神として奉祀してきた大和国城上郡登美山の宗像神社は、天武天皇の皇子として高階氏の開祖である高市皇子が、筑前の宗像大神を勧請したのにはじまるという。なぜ高市皇子が勧請したかといえば、皇子が筑前の宗像大神を奉斎する胸形君徳善の女、尼子娘を母としたからであろう。これは外戚の奉ずる神を自らの氏神にしたことを意味する。また『続日本後紀』承和四年（八三七）二月十日条に、大春日・布瑠・粟田の三氏の五位以上のものが、小野氏の例にならって春秋二季の祭りに、官符をもたずに近江国滋賀郡の氏神社（小野神社）に向かうことを許されている。小野氏はこれより以前、承和元年（八三四）二月に同じことが許されているが、小野氏がその本貫に所在する小野神社に行くのには不思議はない。これに対して大春日・布瑠・粟田の三氏は小野氏と同族であるけれど、とくに和珥《わに》氏の後の大春日氏が本宗であって、小野氏は分枝氏族にすぎない、その大春日氏が支族の小野氏の氏神社を氏神にしているのは、太田亮氏の指摘されているように、(18) 大春日氏にとって平安京から本拠の大和添上郡に行くよりも、近江滋賀郡に行く方が距離的に近いということもあるが、もしそれならば、山城の粟田氏がわざわざ近江に向かうことの理由がわからない。当時、大春日氏や粟田氏が次第に衰運に向かっていたのに対し、小野氏が妹子以来しきりに名士を輩出していることを考えると、こうしたことは彼らの間における政治的な地位や勢力の消長にもとづいているとしか考えられない。

このほかにも例は多いが、伝来の神祭における祭祀集団でさえ種々の変動があったとすれば、仏事法会の場合でも同様であったろう。こうした事態は、畢竟、氏族が個々の家父長制家族の集合であったことに起因している。仏教は仏像によってわが国にはじめて偶像崇拝を伝え、仏の常住する永久的設備としての寺堂の建立ということをもたらした。これに対して固有の信仰では、形代はあっても神は迎えて祭るものであり、神は山嶽の頂、海表、あるいは天空の彼方に常在し、時あって地上に降臨するものであった。仏事法会においても、先記のようにわざわざ住居や宮殿・庁舎に仮設した臨時の仏壇の前で営む風のあったことは、神を迎えて祭ってきた伝来の観念との習合を思わせる。しかしかような側面はあったが、仏教のもたらしたものは固有の信仰に大きな影響を及ぼし、伝来の神についても仏寺と同様に神の常在するところとしての社殿が営まれるようになり、八世紀末（奈良時代末）には神像さえ製作されるにいたった。そして神が仏と並んで社殿や伽藍という恒久的な建造物のなかに常在することになり、それをもって氏神とか氏寺とよぶようになると、祀る人々もまた、それと対応して恒久的固定的な集団であるのが本来の姿であるかのような観念を生じたのではなかろうか。実質は古く遡るけれど、氏神とか氏寺という言葉はけっして古いものではなく、正史にあっては氏神は『続日本紀』宝亀八年（七七七）七月十六日条、氏寺は『日本後紀』延暦二十四年（八〇五）正月三日条を初見とする。このことの意味はともかくとして、かような呼称の成立には、神や仏の常在所としての社殿や伽藍のもつイメージが、強く作用したのであろう。かかる事態がからみあって、神祭にしても仏事法会にしても、それを営む集団は一応は氏族を単位としながら、実質は早くから氏族の枠を破り、きわめて流動的なものであったという事実を隠すにいたったと思われる。そしてかような事実こそ、仏教という世界的宗教を受容し、仏という族縁的世界を超えた、普遍的神性を進んで信奉するにいたったことの基礎をなすものであろう。

仏教受容の前提

あらためて説くまでもなく仏教が伝来の祖先崇拝と深く結合することによって受容されたといっても、この両者はけっして同一次元において癒着しあったのではない。先記の「金剛場陀羅尼経」の跋文に「七世父母、一切衆生ノ為メ」とあることから知られるとおり、祖先の霊は一切衆生と同列にあり、ともに仏に救済されるべきものであった。飛鳥時代の寺院址が豪族の居地と古墳と密接な関係のもとに存在し、その間に死者霊と祖先霊に対する尊崇の念のきわめて深いものがあったにもかかわらず、寺院が建立された以上は、そうした霊を超えた普遍的神性に対する信仰が、あきらかに存在したといわねばならない。しかもそうしたことは、単に仏教信仰の側面だけではなく、伝来の神に対する信仰の面においても窺われる。

　たとえば平安初期に編纂された『新撰姓氏録』は、左右京と五畿内に本貫を有する氏族を神別・皇別・諸蕃に分類している。このうち人皇になって以来の皇室の分枝を称する皇別や、帰化人の後裔である諸蕃をのぞくと、いわゆる天神地祇の子孫と称する神別は全部で四百二氏ある。この数は氏族の本宗も分枝したものもそれぞれ一氏に数えたもので、互いに同祖と記されたものも多いが、肥後和男氏の指摘に従えば[19]、大部分がムスビの神か、日の神・火の神をその祖と称している。すなわち、ムスビの神系は津速魂命《つはやむすびのみこと》・興台産霊《こごとむすびの》命《みこと》などを祖神とするもので、藤原朝臣をはじめその数は百二十三氏、日の神・火の神系は饒速日命《にぎはやひのみこと》とか火明命《ほあかりのみこと》を祖神とする物部連・尾張宿禰ら百二十一氏となっている。これらの神はいずれも文字の上ではいろいろに書きわけられ、それぞれがあたかも固有名詞のように記されているけれど、もともとムスビとか日・火の観念を神格化したものにすぎない。日や火はいうまでもなく熱と光の源泉である太陽と、罪や穢れを焼きつくし、生活の根元を支える火であるし、ムスビとは産霊という宛字が示しているように万物の生成する働きに即して考えられた神で、農耕社会では日や火と並んでもっとも重要な神格といえる。だからこれらは特定の氏族の祖神たるにふさわしい実質は備えてないといってよい。むしろ普遍的な観念であり、一般的な自然神・文化神というべきものである。かような神格を自らの祖神と称したものの数の多いことは、充分に注意されねばならない。

　また古代氏族がその氏神として祀っていた神は、かならずしも彼らの祖神だけとはかぎらなかった。藤原氏の春日社における鹿島・香取の二神、橘氏の梅宮などは著名であるが、古い氏族として多紀理毗売《たきりひめ》、市寸島比売《いちきしまひめ》、多岐都比売《たぎつひめ》の宗像《むなかた》三神を奉祀した宗像（胸形・宗形）氏は、『新撰姓氏録』では「大神《オオミワ》朝臣ト同祖、吾田片隅命《アダノカタスミノミコト》之後也」（右京神別条）と記されている。さらにこの吾田片隅命自身、中臣氏や藤原氏の祖神の天児屋根命《あめのこやねのみこと》、忌部氏における太玉命などと同じく、けっして氏族の開祖として実在した人格ではなく、氏族の根元としていわば観念の上に、信仰の上に存在したにすぎなかった。日・火の神やムスビの神といった一般的な自然神や文化神がそれ自身として独立するのではなく、それが祖神として氏族成立の根元とされているところに仏とは異なった属性がみとめられ、その間の断絶は仏教を受容するにあたって一つの飛躍を必要としたことを示す。けれども氏神とするものがかならずしも祖神とかぎらなかったこと、祖神と称するものが信仰上・観念上の存在にすぎなかったこと、それが地上における血縁とは無関係で、日・火の神やムスビの神といったものを祖神と称して一向に差支えなかったことなどは、先に記した古代氏族のありかたとの対応を示している。逆にいえばかような神々を祖神とし氏神としていたからこそ、氏族は非血縁者でも地縁的に近いもの、隷属者をもその内に含みえたのであった。伝来の神もけっして族的世界のなかに即自的に跼蹐していなかったといえよう。

しかも上記のとおり、宗像三神を奉祀した宗像氏が別に祖神として吾田片隅命の名を伝えているのは、底筒之男《そこつつのお》・中《なか》筒之男・上《うわ》筒之男の住吉三神を氏神としていたとされる阿曇《あずみ》氏が綿津見神《わだつみのかみ》を祖神として奉斎していたと伝え（『日本書紀』『古事記』神代巻）、後に藤原氏が鹿島・香取二神のほかに祖神の天児屋根命を春日社に祀り、比売《ひめ》神とあわせて春日四神となしたのと同じである。かような例は他にも多くみられるが[20]、ここにみられる氏神と祖神の関係は、あたかも当時の人々が祖先崇拝に深く依拠しつつ、その上に立って仏の加護を祈ったのに通じるものがあるのではなかろうか。そしてこのようにみれば、この時期の仏教信仰と伝来の信仰との間には互いに共通しあう連続面があるといわねばならないし、かような連続面にみられる神観念と宗教意識こそ、仏教の受容を可能ならしめ、ひいては大陸の文物制度を全面的に受容しえた基礎をなしていたといえよう。

『魏志』倭人伝によれば、三世紀、邪馬台国の女王卑弥乎は「鬼道ニ事ヘ、能ク衆ヲ惑ハス」と伝えられ、彼女の死後、径百歩に余る塚が築かれたという。この鬼道はシャーマニズムとされているが、鬼は霊魂であり、死後に大きな墳墓が築かれたことからみて、当時、草昧な原古の信仰、ナチュリズム的な自然神や、アニミズム的諸精霊の跳梁するなかに、ひときわ卓越した霊能が彼女の身体に宿っていると信じられていたことが窺われる。これにつづく四、五世紀に広範に営まれた高塚古墳は、シャーマニズムや稲米儀礼の交錯するなかに、ときに強烈な託宣をもって五穀の豊饒や戦いの勝利を約束する人間霊と名づくべきものの存在と、それに対する祭祀のなされたことを物語っている。『日本書紀』によれば六七二年、壬申の乱の最中に、天武天皇方では戦勝を祈って神武天皇陵に兵馬を献じている。この時期にはいわゆる神武東征説話も『日本書紀』や『古事記』に伝えられる形で完成していたであろうし、けっして当座の思いつきだけではなかったろう。祖先崇拝は死者霊に対する畏怖と葬送儀礼だけで成立するものではなく、その後の恒常的な祭祀を必須条件とする。高塚古墳の発生は、その構造から屍体の埋葬よりもその後の祭祀に重きをおいているのは明らかで、これをもって伝来の信仰の中核をなす祖先崇拝が、明らかに成立したとみることができよう。

埋葬後に生前に属していた集団から畏怖と敬愛の念をもって祀られたものは、なによりもまずそうした氏族・部族の長たちであったろう。彼らは原始蒙昧を脱却する過程で人々の先頭に立ち、山麓に蹲っていた原始人の臆病さを破り、凶悪な諸精霊を圧伏して広々とした平野に美しい水田をつくりだす強力な霊能の保有者であった。その霊は彼ら族長たちをこの世でもっとも怜悧ならしめたほどに個性的であり、強烈であったから、彼らの死後も墳墓に留められ、その後継者や従う人々によって生産の過程や戦いのなかでたえず回想されるようになる。かくて自らも強烈な霊能を保有し、同時に死者の霊を背景に配下の人々に臨む族長が出現し、原始古代社会に広く分布する人間を「神」に祀る死者礼拝と、人間が「神」の言行を代理する人神（man-god）の信仰が、族長たちの行動を通じて草味な自然力・精霊崇拝を克服するものとして定立する。族長たちの遺骸を収めた高塚古墳は、祖先崇拝がかような内容をもって最初にその姿を整えたことを物語っている。

しかしながら、わが国における国家形成の過程は、原始の氏族・部族の体制の解体を通じてなされたのではなかった。後に部民制という形で完成された姿から窺われるように、族長たちがそうした共同体関係を再生産し、拡大強化することによってなしとげられた。ここに彼ら族長層をめぐって出現した人間霊→祖先霊の崇拝は、それなりに独自の道を歩むことになった。堀一郎氏は六世紀初頭に記紀神話の定着が開始される以前に祖霊信仰の異状な高揚と普及がなされ、それと共に多くの種類の大小精霊が多かれ少なかれ祖霊信仰に習合され、自ら個体化して独自の神格に上昇することをやめ、精霊の段階に固定されてしまったと説かれている。[21] すなわち、国家形成の過程で繰り返された部族相互の抗争は、族長たちの背後にある死者霊・人間霊を部族の守護霊的なものに上昇さす、けれども族長たちの支配が再生産されるかぎりは被征服者との間に不断に血縁擬制がなされ、敵対者との対決は妥協に変わり、部族の守護霊は一個の人格神として凝結・個体化して部族の守護神となり、さらには部族の解体につれて地域社会の守護神にまで昇華する道を阻まれてしまう。血縁擬制によって他部族の守護霊を自らの内に包摂することは自らを没個性化し、漠然と祖先に当たるというだけの死者霊の習合体にとどめ、歪曲してしまう。そして族長たちが超越的な専制支配者になるにつれ、彼をめぐる死者霊の習合体は次第に生々しい地上性を捨てて超越的・絶対的なものに近づき、あるいは専門的職業的な司祭者や呪術師の手にゆだねられることはあっても、特殊な人格としての族長の君臨するかぎり最後的に地上性を脱却できず、彼らの身体やその背後にまつわりつづける。しかも彼らの配下の民衆は原始以来の生活にとじこめられ、共同体の枠を破って独立できないまま、自然に対しても他族に対してもその全生活においてつねに族長を媒介として思惟し、行動せざるをえなかった。ここに族長にまつわる人間霊→祖先霊は、子孫の生活を守るという点において諸種の精霊の機能をも自らの内に習合してしまう。

たとえば堀氏は折口信夫氏の説をうけ[22]、古代文献でトコヨとよばれるものは『古事記』天岩戸の段の「トコヨユク」という用例が示すように、もとは常夜であり暗黒の死の国であった。それが通常は祖先の住地として語られている点で古い意味を残しながら、いわゆる常世として豊かな国と物語られているのはトコヨ神と祖先霊の習合であると説かれる[23]。これは上記のように個々の族長の霊が習合しながら、子孫の繁栄を約束する部族の守護霊に上昇する過程で、その住所である死後の国が恐しい暗黒の世界から祖先の住む豊かな国と考えられるようになり、原始的な他界観念からの脱却がなされた。だがそれが族長の保有する地上の宗教的権威と結びついているかぎりは、独自の他界観念にまで成長する道を阻まれ、堀氏の指摘のとおりトコヨ神は依然として死の国の精霊の姿を残し、遠い国からの来訪という精霊的機能をとどめねばならなかったと考えられる。また原始蒙昧を脱却するにあたって恐しい水や火の諸精霊を圧服制御した族長の霊能は、同様の過程でそれら自然の諸精霊の機能を自らのうちに習合させ、諸精霊はそれによって一定のところまで原始的性格を捨てるが、その反面、子孫の繁栄を約束する祖先霊に自ら文化神に成長すべき要素を吸収され、独自の神格に凝結することは困難であった。『記紀』神話や『古風土記』に語られる多くの自然神が神名を有するだけで、内容的にきわめて貧弱であり、先記のように古代氏族が日や火の神、ムスビの神といった自然神・文化神を祖神と称して一向に差支えなかったことなどは、いずれも以上の展開の結果といえよう。

原始末期から国家形成期における祖先崇拝の異常な高揚とは、基本的には如上の内容をもつものであったと考えられる。族長たちの奉じた神霊は人間霊であり祖先霊であったが、それは他の諸精霊の機能を自らの内に習合させるほどに強力であり、かつ没個性的なものであった。したがって別言すれば、この過程はたしかに原始アニミズムを脱却する方向であっても、それにつづく神観念の発展、人格神の形成を一定の段階で圧殺するものであったといえる。精霊的機能を残留しつつ、神々はながく畏敬すべき霊異神であり、原始以来の共同体的関係を再生産しつつ、その上に立つ族長たちは、天上と地上の結節点に立って神人分離を一定点に押し止め、彼ら自身が霊性を保有する特殊の人格であり、人神(man-god)としてその支配的地位を再生産した。ここに原始的諸精霊は一掃されないばかりか、むしろそれが存在し、基底において再生産されることによって族長たちの権威が保たれるという関係にあった。彼らは強力な人神であり、「アラヒトガミ」とか「天皇ノ威霊《カシコキミタマ》」などの表現は、もとはけっして無意味な修飾語ではなかった。まして『古風土記』などにみられるアニミズム的精霊や、ナチュリズム的自然神の跳梁も、けっして不思議ではないのである。

しかも以上の経緯は、いち早く国家統一の主導権を握った天皇を頂点とする畿内の大族長たちの、部民支配の強化拡大によって統轄されるものであったから、事態はけっして上記のことだけに終わらなかった。たとえば『日本書紀』仁徳天皇十一年十月条に、河内国の茨田に堤防を築こうとしたとき、川の神の怒りを鎮めるため犠牲として武蔵国の強頸《こわくび》と河内国の茨田連衫子《まんだのむらじころものこ》の二人が選ばれ、強頸は川に沈められて死んだ。衫子は瓢箪を川に投入れ、もしこの瓢箪が沈んで川の神が「真神」であることが証明されたら犠牲となろう。もし沈めることができなければ、川の神といっても「偽神」だから犠牲を捧げる必要はないといい、結局、犠牲にならずにすんだという話がある。先にも記したとおり、四世紀から五世紀にかけて朝鮮半島経略に成功した天皇を頂点とする大和朝廷の大豪族―大族長たちは、蓄積した力をもって畿内を中心に大規模な屯倉・田荘の設定と経営にのりだした。この茨田堤築造の話にみられる河内平野の開拓はその典型とされるが(24)、これに投入された労働力の多くは、地方の中小族長に率いられた部民であった。彼らはもとより族長たちの命のまま労役に服したであろうけれど、働く場所は生まれ故郷とはまったく異なった大和朝廷の計画的・組織的に設定した屯倉・田荘であった。彼らはその欲すると否とにかかわらず、従来とはまったく異なった世界に接触し、いわば共同体の外の世界に自らを露呈することになる。

ここに族長たちは屯倉・田荘の設置と拡大によってその支配を強化しようとすればするほど、彼らが本来その権力の基礎としていた共同体関係の分解という事態に直面することになり、彼らは伝来の信仰を高揚し、その霊異を発揮することによってこれに対処しようとしたであろう。けれども故郷から遠く離れた屯倉・田荘に動員され、旧来の族的世界以外の世界を知りはじめた人々に対して霊異を発揮するには、それが伝来の宗教圏の外部においてもいわば普遍妥当性をもたねばならない。上記の真神・偽神の二つの神観念を基礎にした茨田堤の話は、五世紀に入って族長たちが部民を指揮しつつ獲得したより広い視野に立ち、配下の宗教圏を補強する新しい普遍的理念を獲得しはじめたことを示すといえよう。『常陸風土記』行方郡条に、茨城の国造の壬生連《みぶのむらじ》麻呂というものが孝徳天皇のとき(六四五～六五四)行方郡の西の谷に池の堤を築こうとしたら、夜《や》刀神《つのかみ》とよばれる神蛇が現われて邪魔をしたので大いに怒り、「此ノ池ヲ修メシムルハ、要《ムネ》ハ民ヲ活カスニアル、何ノ神《アマツカミ》、誰《イヅレ》ノ祇《クニツカミ》ゾ、風化《コトムケ》ニ従ハザル」といい、役民に向かって「目ニ見ユル雑《クサグサ》ノ物、魚虫ノ類《タグヒ》ハ、憚り懼ルルトコロナク、随尽《コトゴト》ニ打殺セ」と命ずると、神蛇は畏れて逃去ったと伝えられる。ここでは麻呂にとっては「目ニ見ユル雑ノ物」はもはや畏るべき「神」ではなくなっている。彼は目に見えない「神」を知っており、彼が背後にするものは目に見えないけれども正邪を判別する普遍的な神性であり、自らその摂理に立脚しているとの確信があったからこそ、怯える役民を駆使して神蛇を追払い、池の堤を完成できたのである。先の茨田堤の話での真神と偽神の考えかたは、この壬生連が背景にしていた目に見えない「神」にまで高められるものであり、伝来の族長の率いる宗教圏の枠を破り、族的世界を踏みこえた普遍世界における理念的所産であったといえよう。

もちろんこのようにいっても、壬生連が背後にしていた目に見えない神は、目に見える「雑ノ物」を追払う神であり、神蛇＝精霊の存在を前提とし、それを圧伏することによって一種の霊異を発揮していることを見逃すわけにはゆかない。族長たちの獲得した正邪・真偽を判別する神とその摂理は、壬生連において役民を励まして駆使するものであったように、放置すれば旧来の体制から脱却しようとする民衆をもとの姿のままに抑え、族長たちの保有してきた地上の宗教的権威を補強し、民衆が自ら原始思惟を克服するのを阻止しようとするものであった。しかしかような限界をもっていたけれど、なおかかる神性は、族長たちが自らの支配的地位を維持し強化するため、伝来の信仰を高揚しようとすればするほど依拠しなければならない彼らなりの普遍的神性であったし、彼らなりになしとげた原始思惟克服の結果であったことに間違いはない。必然的にかかる神性は、彼らの窮極の守護神として、あるいは救済者として祈求される神に上昇するものであったろう。それゆえこのようにみれば、先に記したような祖先崇拝を中軸としつつも超越的神性に拝跪する複雑な宗教意識は、ここに胚胎したと考えられる。伝来の信仰といい、仏教以前の固有の信仰とみられるものが、祖先崇拝を中軸としながら、けっして族的世界に即自的に跼蹐するものではなかったということの意味と内容も、おのずと明らかになるであろう。仏教受容の基礎として伝来の信仰と仏教信仰の間にみられた連続面も、以上にみた固有の信仰の歴史的展開の所産であったし、原始思惟克服の特殊性に支えられていたと考えられる。

仏教受容の基底

初期仏教の特質　繰り返すまでもなく、初期の仏教はなによりもまず大和朝廷の族長貴族たちのものであったが、そこにおいて仏・法・僧の三宝のうち、僧がとくに重視されていたことは、すでに先学の指摘されているところである。(25) 僧尼令の条文はいわゆる宗教関係法というべきものとは全く異なり、僧尼の行業に関して世俗の政府からする厳しい統制規律に終始している。また『日本書紀』推古天皇三十二年（六二四）四月条には一人の僧が祖父《おや》を殴ったため天皇が諸寺の僧尼を集めて推問し、破戒の罪を当の犯人ばかりか全僧尼に問おうとしたので、百済僧観勒が上表して犯人以外のものの赦免を願い、ようやく宥されたという話が伝えられている。このことはまず第一に、当時にあっては超越的実在としての仏・法が現実の僧を通じて把握され、僧という地上のタブー化された特殊の人格体によって体現されていたことを示すと考えられる。すなわち一人の僧の破戒悪業が直ちに全僧団の罪とされ、僧団全体に対して持戒の完璧さが要求されているのは、神聖な仏法が僧団によって現世に具現されている、と信じられていたからではなかろうか。このことは前代以来の人神（man-god）の信仰の濃厚な存在のもと、その上に立って仏法が理解されていたことを示すといえよう。そして次に第二として、僧尼の行業規定や処罰が僧尼令の条文と同様に、世俗の権威であるはずの天皇の名において行なわれている点も注目されねばならない。

『日本書紀』によれば、敏達天皇十三年（五八四）、大臣の蘇我馬子が司馬《しば》達等《たっと》の娘嶋、漢人夜菩《あやひとのやほ》の娘豊女《とよめ》、錦織壺《にしごりのつふ》の娘石女《いしめ》の三人を出家させ、氷《ひ》田直《たのあたい》と司馬達等らに衣食を調えさせ、宅の東に仏殿を営み、三人の尼を請じて大会《だいえ》の設斎《おがみ》をなしたと伝える。崇峻天皇三年（五九〇）条には大伴狭手彦連《おおとものさでひこのむらじ》が娘を得度させたとあるが、かように族長貴族たちが血縁者や配下のものを僧尼となし、彼らの仏殿で法会などを営めば、人神の信仰の濃厚な存在のもと、彼らの保有してきた伝来の宗教的権威に仏教のそれが新たに加わり、倍加することになったろう。とくに馬子の場合などは、隷下の帰化人氏族まで、その権威を及ぼそうとしたもので、采女貢進にみられる伝来のやりかた、すなわち、大和朝廷の全国統一の過程で、天皇がアラヒトガミの霊異を強化しつつ、もともと地方で独立的に自らの宗教圏を領導してきた地方族長たちに、娘を采女として貢進させ、族長支配の原理を、地方族長の率いる宗教圏の内部まで、貫徹させてきたやりかたの踏襲というべきものである。したがって、先記の推古天皇による僧団統制の動きは、同じ年になされた僧綱設置にあたって、鞍部徳積などの俗人が、僧と並んで任命されていることに示されているように、それは推古朝という、大化改新の前夜にあたり、天皇が伝来の族長的権威を背景に、族長貴族たちを官人貴族として、掌握しなおす方向が次第に明らかになりつつあった時期に、蘇我馬子のやりかたが、一段と高い意味で拡大され、僧尼は天皇に隷属する僧団に編成され、それによって仏法が天皇という地上の唯一最高の権威の支柱になりつつあったことを物語っている。こうした側面に関するかぎり、神の摂理も倫理的価値も、物質的な富とともにあげて、地上の君主の手に掌握され体現されていた古代国家の原則の前に、仏教もまた例外ではなかった。

それゆえこのようにみれば、初期仏教は、それが族長貴族たちによって受容されたかぎりは、前節にみたような、彼らの獲得してきた前代以来の宗教意識の、より一層の展開と明確化の上に立つものといえよう。もとよりその過程は、けっして単純なものではなかった。すなわち、六世紀に入ると従来の大古墳にまじり、群集墳とよばれる小古墳の群が各地に現われる。これは部民支配の強化に伴う共同体の分解ばかりか、その間隙を縫い、小さくともとにかく古墳を築造できるほどのものが、在地に成長しはじめたことを物語っている。前節に記したように氏族が、大小さまざまの規模をもつ、家父長制家族の集団にすぎなくなれば、すぐさまではないにせよ、人々は族長にまつわる霊異、彼らの保有してきた祖先霊の漠然と、子孫の繁栄を約束するだけの、性格に満足できなくなるのは当然である。人々はそれぞれ自らの意志と計画で、行動しようとすればするほど、自ら対決しなければならない個々の特殊な場で、特殊の神威を発揮してくれる霊格、あるいは神性を求めるようになるであろう。六世紀初頭の筑紫国造磐井の乱は、屯倉・田荘の設置を基礎に全国支配を強化しようとした大和朝廷に対する、地方族長の大規模な抵抗であった。それにつづく継体・欽明朝の内乱にはじまる大和朝廷内の諸豪族の抗争は、地方族長層の抵抗をのり越えた大和の族長貴族たちが、群集墳の築造に象徴される在地の新しい動向に対応し、その支配をいかに再編成するかにかかわる政争であった[26]。そしてかような政治的緊張のなかで、彼ら族長貴族の手で記紀神話の原型が定着しはじめた。

六世紀初頭には、定着しはじめたという記紀神話の原型は、族長貴族の手になるかぎり、完成した姿と同様に、天皇の祖神を頂点とする、血縁組織に各氏の祖神を組み入れた神統譜を骨子とし、未成熟な形であるだけに、すべてを血縁擬制する天皇を中心とする、族長的論理がより直截に表面に現われ、まさに大和朝廷を構成する、族長貴族たちの世界観の表出といえるものであったろう。そして神統譜を編むこと自体は、直ちに宗教的行為とはいえないにしても、そうしたものが作成されたことの背後には、祖先神という形の人格神が、明瞭に姿を整えていたことを物語っている。もとよりそうした神は、伝来の信仰を踏まえたものであるからこそ、族長たちによって祖神という形をあたえられ、完成した記紀神話の神々の姿からみても、それらは神名をもつというだけの内容的にきわめて貧弱なものので、霊異神というべきものであったろう。だがそれにしても、そこには「目に見えないもの」に神名をつけ、人格神的形相をあたえるほどに、神観念の成長がなされていたことには間違いない。そして『常陸国風土記』久慈郡条に、祟りある神を鎮めるため、朝に請うて、片岡大連なるものを派遣してもらったという話があるが、族長貴族たちは神統譜を奉戴することによって、神の子としての確信を新たにし、伝来の宗教圏を拡充し、神威を地方に浸透させて地方族長を把握しなおし、支配の危機を乗越えていったであろう。

けれども、こうして族長貴族たちが、自ら獲得した神性に祖神という形をあたえてしまったことに、問題が残ることになった。というのは、如上の神観念を基礎にして、ひとたび神統譜が形成されると、それは族長貴族たちの、世界観の表出として、それなりに力を発揮し、その中に貫徹しているところのすべてを、天皇の祖神に帰一させる族長的論理は、彼らの神観念の自由な展開、神々の個性的な発展を阻んでしまう。時代は少し降るけれども、『日本書紀』によれば皇極天皇三年（六四四）、駿河国不尽川（富士川）辺の人の大生部多《おおふべのおほし》というものが、常世神と称して虫を祭ることを村里の人に勧め、富と寿を得ると説いて、都鄙の人の信仰を集めたと伝えられる。この話で虫を祭るという点に、精霊信仰が認められるけれど、ここに説かれている常世神は、だれの祖神でもなく、祭るものにはだれかれの差別なく、一様に富と寿をあたえてくれる神である。したがって、事態がかような神を求める方向にむかって進むとき、族長貴族たちは、自ら奉ずる神の貧弱さに直面せざるをえない。単なる血縁擬制という族長的論理で、世界を説明する神統譜だけでは、確信がもてなくなったとき、彼らはだれの祖先でもない常世神をも含みうるような、より高い普遍的理念によって、彼らなりに世界を説明しなおさなければならなくなったであろう。ここに文字通りに普遍的神性であるところの仏が、それゆえに、また随時随所に特殊の神験を発揮できる仏が、外来の神であるにもかかわらず、族長貴族たちの地上の宗教的権威を支えるものとして、求められねばならなくなったと考えられる。先の虫を祭る話で、大生部多は邪信を説いたとされて秦河勝によって処罰されているが、この河勝が、山城国太秦に蜂丘寺（広隆寺）を建立した、仏教の篤信者であったことを合わせ考えると、この話は当代の仏教受容の一般的事情を暗示しているように思われる。

しかしながら、仏教はなんといっても外来の宗教であった。いかに相互に連続面があるとはいえ、また伝来の神を捨てなくともそれと並んで仏教を信ずるには、以上の展開の上になお一そうの飛躍を必要とする。事実、如上の展開のなかで祖神の観念はますます抽象化し、祖神としての個性を稀薄にしていった。前節に記したように、『新撰姓氏録』において氏族の祖神と称されているもののうち、日や火の神、ムスビの神といった一般的な神格に祖神の外被を纏わせたにすぎないものの多いのは、このことの結果である。あるいは祖神のほかに、一般的な自然神や文化神を氏の神として祀ることなども、同じ神観念の発展の方向に沿ったものであろう。したがって、六・七世紀の族長貴族たちが、伝来の信仰の内部でこうした発展の方向があったにもかかわらず、それと並んでなぜ外来の宗教である仏教を求め、仏の加護をもあわせ祈ったかといえば、そこには彼らが大陸文化全般について抱いた、憧憬といったものがあったであろう。とくに仏教があわせもたらした、大陸の物質文明の魅力といったものを考えねばならない。大陸文化の影響という面からの考察が必要である。けれども、そうしたことを一応除外して、彼らの間に存したより内在的な要因を探るならば、『日本書紀』や「法王帝説」「元興寺伽藍縁起」などに伝えられる蘇我・物部両氏の崇仏・排仏をめぐる抗争に関する伝承は、きわめて注目すべきものをもっている。

というのは、この両氏の抗争は、単に仏教を信ずるか信じないかという争いだけではなかった。それは私的礼拝の可否ではなくて、仏教を国教とするか否かの政策の問題であり、(27)さらには支配体制の再編強化という、六世紀初頭以来、族長貴族たちが対処しなければならなかった、基本的課題にかかわるものであった。すなわち、前代以来、伴造として天皇に直属し、軍事を担当してきた物部氏は、天皇の伝統的権威を背景にその強大な武力をもって、いわゆる百八十物部を構成し、地方族長を血縁擬制によって強力に配下に入れ、族長的支配の原則を強化することにより、支配体制の再編をはかっていた。これに対して大和の独立の族長として出発した蘇我氏は、同じく部民支配に依拠していたとはいえ、天皇を背景にする物部氏に対抗するには、伝来の権威という点で、相対的に劣っていたであろう。ここに蘇我氏が稲目の向原寺以来、仏教の篤信者と伝えられるのも不思議でないと思われる。蘇我氏は満智以来、三蔵のうちの大蔵を管理し、一種の財政官僚的な性格をもって、大和朝廷の朝鮮経略部門を担当し、早くから帰化人を配下にして大陸文化に接していた。またそうした相対的進歩性のもと、前節に記したように、屯倉支配にあたっても、田令山田直のもとに、帰化人王胆津を遣わして田部の名籍―戸籍をつくり、地方族長を介する在来の部民支配から、中央にあって直接掌握する方式をうちだしていた。(28)ここに、とくに屯倉支配にあたって従来の血縁擬制だけにたよらず、田令を配置して、戸籍をつくる法的支配に一歩踏みだしていた蘇我氏は、普遍的神性としての仏―それゆえにゆるみかけた従来の宗教圏を再編できる神性としての、仏を奉戴する資格を充分に備えていたであろう。蘇我馬子対物部守屋の崇仏・排仏論争も、けっして単なる伝説とはいえないと考えられる。が、ともかくとして、このように伝来のやりかたを強行することによって、自らの勢力を維持し、活路を見出そうとしていた物部氏と、いわゆる官司制に依拠しつつ、相対的に新しいやりかたで対処しようとした蘇我氏との抗争は、それ自身、この時期の族長貴族たちの置かれていた、政治的危機の深刻さを物語っている。そして彼ら族長貴族たちは、彼らの代表であるこの二つの巨大豪族の激しい争いを、眼の前で見、あるいはそれに捲き込まれることによって、自らの主導権を見失い、自らの危機、自ら保有してきた伝来の権威の減退を具さに感得したであろう。ここに彼らは自らの世界の守護者、さらに進んで救済者を求め、外来の宗教であるにもかかわらず、進んで仏教に心を惹かれるにいたったであろう。こうして最初は帰化人の間に信仰されていた仏教は、六世紀末に物部氏に対する蘇我氏の勝利の実現する過程で、族長貴族たちの間に浸透しはじめ、これにつづく七世紀に、皇室対蘇我氏の抗争の激化するなかで、彼らの尊信を集めるにいたったのではなかろうか。

もとより繰り返すまでもなく、いかに熾烈であっても族長貴族たちによって求められたかぎりは、初期仏教は、彼らの保有してきた地上の宗教的権威と深く結びついていた。聖徳太子の個人の思想については、これを詳説する準備はないが、太子は前節に触れたように「世間虚仮、唯仏是真」の諦念に立つ一方で、推古女帝の摂政の地位にあり、姉崎正治氏によれば(29)自ら菩薩大士として現世における仏法の体現者たるの信念のもと、仏国土をこの国に具現しようとする理想に燃えていたとされる。かような態度こそ飛鳥貴族の信仰を代表するものであったろう。当時にあっては現当二世の安楽を約束してくれる仏は、また「仏神ハ恐シキ者ニアリケリ」(30)といわれるほど強烈な霊異力をもつものであった。だから推古天皇三十二年(六二四)にすでに、僧尼統制機関としての僧綱を設置し、僧団の掌握を通じて着々と地上の権威を整備しはじめた天皇を頂点とし、六四五年に大化改新が断行されたとき、家永氏の説かれた仏法の第一次衰退期に入ったのも当然であったろう。すなわち、族長貴族たちは大化改新から六七二年の壬申の乱にいたる大きな変動を通じ、律令的古代天皇制のもとに官人貴族として自らの地位を見出したとき、すべての氏族と国土山川のすべてを包摂しうるほどに抽象的・観念的な神性としての天御中主神以下の神々から説き起こす形で、記紀神統譜の最後的改編を行なった。そしてそれなりに、自らの権威と主導権を確保した彼らにとって、仏法は彼らの世界の守護者となり、いわゆる官寺仏教としての姿を整えはじめ、伝来の神と並んで鎮護国家の宗教としての地位をあたえられた。それゆえここから逆にみるならば、六世紀末から七世紀初頭の推古朝前後における、仏教の受容と興隆は、自らを律令制的官人貴族に転化さすかしないかの竿頭に立たされた、族長貴族たちの苦悩の側面であったともいえよう。彼らが伝来の神のほかに、外来の宗教である仏教を進んで求めるにいたった直接の動因は、かような点に求められるし、初期仏教とよばれるものの特質、さらには飛鳥推古朝以降の大陸文化の受容全般についても、すべてこうした歴史的経緯のうえにはじめて正しく把握されるであろう。

仏教の地方普及　八世紀、奈良時代における官寺仏教の隆盛は、初期仏教とよばれる大化前代の族長貴族たちの仏教のなかに、その萌芽を孕んでいた。そして彼らによって、律令国家がつくりあげられたとき、仏教もまた律令国家のための宗教、鎮護国家の教法へと展開したのであった。けれどもその過程において、仏教はけっして中央の支配者たちのものだけにとどまらず、早くから地方民間へと浸透・伝播した。奈良時代における諸国国分寺・国分尼寺の創建は官寺仏教の精華とされるものであるが、その国分寺・国分尼寺の建立自体が、それまでになされていた仏教の地方普及を一つの前提にしているほどであった。それればかりかこうした民間の仏教は、時代の進展につれて次第に貴族のそれとは違った、新しい性格をもちはじめ、貴族の仏教を第一次受容とすれば、民間に根強く存在する伝来の信仰と習合し、いわば第二次受容というべき事態を生みだすにいたった。

地方における寺院の建立はすでに飛鳥時代にみられ、大化以後、とくに奈良時代になるとその数は急速に増加する。その実数はくわしく判明しないが、文献によっても、『出雲国風土記』には出雲一国に意宇郡舎人郷の教昊寺以下十一カ寺あったと記され、『続日本紀』によれば天平勝宝元年（七四九）に河内国だけで六十六カ寺あったことが知られる。天武十四年（六八六）三月に発せられた「諸国、家ゴトニ仏舎ヲ作リ、乃チ仏像及ビ経ヲ置キ、礼拝供養セヨ」との詔（『日本書紀』）は、個人の私宅ではなくて国衙や郡家のことと解せられ[31]、仏舎とは寺院というほどのものではなくて、仏像を安置する持仏堂の程度のもので、前節に記した朝廷での法会と同様に、法会は庁舎で営まれたと思われるが、こうした施策は仏教の地方普及を推進したであろう。

また奈良時代には国分寺・国分尼寺の創建などで多数の僧尼が必要となり、政府がひろく民間から僧尼に堪えるものを貢挙せしめたのに応えて、知識優婆塞貢進ということがなされ、そのときの文書が今日も正倉院に伝存されて知識優婆塞貢進文とよばれている。そのうちの大部分が『寧楽遺文』にまとめられているので、そこで知られる知識優婆塞のうち本貫のわかるもの百三十三名についてみると、

京畿では、左京十六、右京十二、大和七、山城十三、河内九、摂津一の計五十八名。

東海道では、伊勢五、尾張十一、参河二、遠江二、上総七、下総一、常陸一の計二十九名。

東山道では、近江七、美濃八、信濃一の計十六名。
北陸道では、若狭一、越前三、越中二、越後一の計七名。
山陰道では、丹波一、因幡二、伯耆一、出雲一の計五名。
山陽道では、播磨四、備前一の計五名。
南海道では、紀伊四、阿波一、讃岐四、伊予二の計十一名。
西海道では、筑前一、肥後一の計二名。

となる。もちろんこれは偶然に今日まで伝存されたものによっており、貢進者の実数はもとより、その出身地の分布についても実状を正確に反映しているものではない。しかしそれにもかかわらず、西国ばかりか、東国出身者も多くみられ、この時期には仏教がほぼ全国に普及していたことを示している。とくに貢進文の内容をみると、貢進者のなかに、浄行十年以上に達しているものが少なくないことは注目に価することである。出雲国分寺は先記の『出雲国風土記』にみられる十一カ寺のうち、飯石郡少領出雲臣弟山の建てたと註記している意宇郡山代郷の新造院が国分寺に転用されたもので[32]、この弟山は天平十八年(七四六)に出雲国造になっている。また『日本霊異記』中巻第三十一話に遠江国磐田郡の丹生直弟上というものが、寺塔を建立した話があるが、これがのちに遠江国国分寺になったという[33]。諸国国分寺・国分尼寺の創建は、こうした仏教の地方普及を前提としていたのであり、同時にそれが普及の度を倍加したであろうことも想像に難くない。

もちろん以上のような当時の地方民間の仏教は、いわゆる地方豪族や村落の有力者たちを直接の受容層とするものであった。『出雲国風土記』にみられる寺院は意宇郡に四カ寺、楯縫郡に一カ寺、出雲郡に一カ寺、神門郡に二カ寺、大原郡に三カ寺あり、そのうち五重塔のあるもの一カ寺、三重塔のあるもの二カ寺を数え、以下は厳堂や教堂があると記している。そして意宇郡舎人郷の教昊寺は教昊という僧の建立で、彼は散位大初位下上腹〔蝮〕首《タジヒ》押猪《カ》の祖父にあたるといい、以下の十カ寺についても、それぞれその地の豪族と目されるものが建立したことを註記している。またこうした造寺造塔ばかりでなく、写経造像・悔過法会・建碑義橋などが仏恩に報謝し功徳を積む業として、とくにいわゆる知識結をもってなされ、今日その遺物が多く伝存しているが、かようなことができたのは、相当有力な地方の豪族たちであり、財力も教養もある在地の有力者たちであったろう。常陸国新治郡新治廃寺址から郷名と思われる文字を刻んだ瓦が出土し、[34]武蔵国国分寺址などでも同様のことがみられる。[35]これらの例も郷内の人々が、平等の意志と立場で寺院建立のための知識結をなしたとは思えない。村落員のすべてが家族ごとに墓をもち、村内の寺院と寺檀関係を結ぶようになったのは、農民家族の自立が進んだ近世以後のことであった。それ以前は、神事にしても仏事による祖先祭りにしても、同族団ごとに行なわれ、その中核にあった有力者の統率のもとに営まれるのが通例であった。これは多くの民俗資料の示すとおりである。まして仏教信仰とか仏教信者というとき、漠然と仏を尊び仏像に礼拝するだけでなく、そうした行為についてある程度の教理的知識を有していなければならない。ことは単に財力の問題だけではないのであり、そうしたことを古代の一般民衆に求めることは不可能であろう。彼らは在地の有力者の信仰を通じて教化をうけていたとみるべきである。

しかしこうした在地の豪族たちの多くは、郡司などとして律令制官人機構の末端にあるばかりか、前代における地方族長層の後裔として、在地において特殊な家筋とみられていた。この時代に民衆の間で特殊とみられることは、神秘にとざされた不可思議の由来をもつものとして、聖別されていることを意味する。『類聚三代格』巻一に収められている延暦十七年（七九八）十月十一日の太政官符は、出雲国造や筑前宗像の神主らが神事に託して、部内百姓の子女を多く娶ることを禁じている。かつての采女貢進の縮小版に類することの事件は、彼ら国造家が神の子として、特殊の家筋とみなされていたことを物語っている。また山城国葛野主殿県主（賀茂氏）が、八咫烏の苗裔を称していたことは著名であるが、『日本霊異記』上巻第二話の狐直の話によると、三野（美濃）国大野郡の人が狐を妻にして子を産ませ、その子は力強く鳥のように疾く走ることができたので、氏の名を狐直とよぶようになったという。これはけっして荒唐無稽の話ではなく、威力ある人間の行動と思念とを、神力と考えずにいられなかった原始古代人の信仰と、動物をも神とみなした、彼らの意識に支えられている。そして話の末尾に「三野（美濃）国ノ狐直等ガ根本ハ是也」とあるように、これは当時の地方豪族の出自の由来を説くもので、当時の地方豪族たちは、大なり小なりこうした説話をうみだすような、特殊な家筋として在地に君臨し、一般から畏敬されていたと考えられる。そして先記の、出雲国意宇郡舎人郷の教昊寺を建立した教昊という僧は、その地の豪族上腹《（蝮カ）》首押猪の祖父であった。また群馬県多野郡八幡村山ノ上（昭和三十一年に高崎市に編入）に所在する上野三古碑の一つとして著名な山名村碑は、天武天皇九年（六八一）に建られたもので、高崎市の南郊を東南流する烏川右岸の丘陵地の末端に営まれた後期古墳の前に建てられ(36)、その墓碑と考えられているが、この碑を建てた長利という僧は、碑文によれば、この地の豪族佐野三家《みやけ》氏の出身で、母のために建碑したことが知られる。それゆえ、もともと特殊な家筋の一員が僧や、優婆塞となって一族建立の寺堂などに住めば、それが一般民衆に対してあたえた影響は大きなものがあったであろう。

そうした影響とは、もとより先記のように、仏教の教理教条の理解を通じてのものではなかった。仏教のもたらした荘厳な仏像・仏具や、異国の儀式と経文読誦のあたえる強烈な印象が、無媒介に地方豪族たちの保有する伝来の宗教的権威に支えられ、直截に人々の素朴な宗教意識をかきたてたと考えられる。いわば地方の豪族・有力者たちは、かつての飛鳥の族長貴族たちの場合と同じ形で仏教を受容したのであった。そして八世紀、奈良時代のとくに中期以降に、道照や行基の行脚をうけて民間遊行の僧侶・持経者が輩出し、その足跡は畿内ばかりか畿外に及んだ。たとえば延暦二十年（八〇一）の「多度神宮寺伽藍縁起幷資財帳」[37]には天平宝字七年（七六三）に満願という僧が、神託によって小堂と神像を造立したのにはじまると伝えるが、これは天平勝宝年間（七四九～七五七）に常陸の鹿島神宮寺を建立したと伝える、僧満願と同一人物であったと考えられる。『類聚三代格』巻二所収の嘉祥三年（八五〇）八月五日の太政官符に引用されている承和三年（八三六）六月十五日の太政官符によれば、鹿島神宮司大中臣朝臣広年の解として「天平勝宝年中、修行僧満願此部《コノクニ》ニ到来シ、神ノ為ニ発願シ、始メテ件ノ寺ヲ建テ、大般若経六百巻ヲ写シ奉リ、仏像ヲ図画シ、住持スルコト八箇年」にして去ったという。満願という僧はこうした一所不住の遊行僧であった。伊豆箱根権現には建久二年（一一九一）に別当行実の誌した「筥根山縁起」が伝わるが、そこには日に方広経一万巻を読誦したので万巻上人とよばれた僧が、天平勝宝元年（七四九）に鹿島神宮寺を創建して八年住持したのち、天平宝字元年（七五七）に箱根山に投錫して三年間練行し、霊夢によって箱根三所権現を創祀したとある。万巻は満願の転訛とみられ、これが事実であるかどうかはともかくとして、行基や役小角の創建を説く寺院が、畿内を中心に全国に分布しているように、満願もまたそうした著名な遊行僧であったかと思われる。

『日本霊異記』中巻第二十六話には聖武天皇のとき（七二四～七四九）に、上総国武射郡（畔蒜郡ともいう）出身の禅師広達（俗姓下毛野朝臣）が、吉野金峯山で修行中の話を伝え、下巻第一話には孝謙天皇のとき（七四九～七五八）、紀伊国牟婁郡熊野村に永興禅師というものがあって、海辺の人を教化したといい、続いて第二話には、この永興は興福寺の僧で俗姓は葦屋氏（市往氏ともいう）、摂津の人と記し、紀州熊野で村の病人を呪力で看病した話を伝えている。この広達・永興の名は『続日本紀』宝亀三年（七七二）三月六日条の十禅師任命のなかにみえ、「或ハ持戒称スルニ足リ、或ハ看病声ヲ為ス」とあるから、上記の話も実在の人物の事蹟を伝えたものとみてよい。薗田香融氏は奈良時代に吉野比蘇山寺を中心に「自然智宗」と、よばれた山林修行僧の一派の存在したことを明らかにされ、奈良時代の官寺仏教は学解学派の仏教で、僧侶に期待された社会的な機能は、もっぱら僧院内での学問修業の深密さのうちに得られた、呪術力にあったという、従来の通説は必ずしも正しいとはいえない。そうした宗学の研鑽をなすためにも、その前提をなすような天賦の叡智＝自然智の獲得があわせて学僧たちの関心の的となり、やがて伝来の山嶽信仰に導かれて、彼らの山林修行がはじまった。そして天平頃（七二九～七四八）から神叡、さらには道璿以下の碩学が、吉野比蘇山寺を中心に山林修行の場を構成したとされる。[38]

かつて井上光貞氏は奈良時代の官寺の学団組織は養老・天平期（七一七～七四八）に形成され、南都六宗とよばれる思弁的仏教哲学と、護国法会のための護国経典の註釈を通じ、密教への傾斜が開始されたと説かれたが、[39] 薗田氏の明らかにされた事実は、こうしたことの必然的結果であった。しかも上記の広達・永興の話などは官寺の僧の山林修行の例であり、この二人は修行ののち中央に召喚されているが、これらの例から知られるとおり、彼ら僧侶・持経者たちの修行の場は吉野比蘇山寺だけとはかぎらなかった。先の「筥根山縁起」の所伝はともかくとして「多度神宮寺伽藍縁起幷資財帳」によれば、満願が伊勢国桑名郡多度山麓の神社の東の井於道場にあって、阿弥陀丈六仏を敬造したとき、多度神の託宣があったという。有名な道鏡も若年「若木山ニ籠リ、如意輪法ヲ修」[40]したと伝えられ、吉野・熊野・葛城をはじめ、名山大山として古くから神聖視されていた地が、練行の場に選ばれたであろう。かくて有名な道照・行基の民間布教につづき、当時の仏教の中心であった官寺の僧団のなかに、官寺を出た山林に観法の場を見出そうとする傾向が顕著になったとすれば、それは仏教の民間普及の度を倍加したであろうし、従来の民間呪術者たちのなかにも、その影響をうけて、次第に僧形をとるものが現われ、官の許可を得ないで得度した、いわゆる私度僧の輩出という事態を生みだしたと考えられる。

『続日本紀』養老六年（七二二）七月十日条の太政官奏には、

近《コノゴロ》在京ノ僧尼、浅識軽智ヲ以テ罪福ノ因果ヲ巧説シ、戒律ヲ練セズシテ都裏ノ衆庶ヲ詐《イツハ》リ誘《アザム》ク。内ニ聖教ヲ黷《ケガ》シ、外ニ皇猷ヲ虧《カ》ケリ。遂ニ人之妻子ヲ剃髪刻膚セシメ、動《ヤヤ》モスレバ仏法ヲ称シテ輙《タヤス》ク室家ヲ離レシム。綱紀ヲ懲《イマシ》ムル無ク、親夫ヲ顧ミズ、或ハ経ヲ負ヒ鉢ヲ捧ゲ、食ヲ街衢ニ之間乞ヒ、或ハ偽リテ邪説ヲ誦シ、村邑之中ニ寄セ、落シ聚宿ヲ常ト為シ、妖訛群ヲ成セリ。初ハ修道ニ似テ、終ニハ奸乱ヲ挟ム。

とある。また同じく天平元年（七二九）四月三日の勅には、「山林ニ停住シ、詳《イツハ》リ仏法ヲ道《イフマネ》シテ自ラ教化ヲ作《ナ》シ、習ヲ伝ヘ業ヲ授ケ、書符ヲ封印シ、薬ヲ合セテ毒ヲ造リ、万方恠ヲ作《ナ》ス」ものを禁じている。前節に記したが『日本霊異記』下巻第十五話には般若陀羅尼を誦持するだけの「乞者《こちざ》」の話がある。上記の太政官奏は後にふれるように、行基の運動に関連するものと思われるが、村落を徘徊した遊行の僧徒は官大寺の学僧から文字通り乞食のものまで、きわめて多様であった。とくに七世紀末に大和葛城の一言主神を奉じていた著名な呪術者役小角を、『日本霊異記』上巻第二十八話では孔雀王の呪法を修する優婆塞としている。これは後の附会であるけれど、従来の民間呪術者がそのまま持経者に転身・変貌した場合もきわめて多かったであろう。そしてこうした遊行者のうち、僧侶とよびうるほどのものは地方の豪族・有力者たちの教化にあたったけれど、伝来の素朴な信仰に生きていた一般の人々からみれば、官寺の僧も乞食の沙弥・持経者も、遊行のものであればひとしく村落を訪れる「人神」であり、特殊な聖別された人として、その呪験が期待されたのではなかろうか。この時期における仏教の地方普及は、以上にみた在地の豪族・有力者たちの信仰と、民間遊行の僧徒という互いに交錯しあう二つの経路によって進展し、その末端においては教理・教条などとは関係なく、伝来の信仰と無媒介に習合していたと考えられる。

神仏習合の端緒　すなわち、すでに述べたように、わが国における古代国家の形成は、いわゆる原始の共同体関係のすみやかな解体によるのではなく、むしろ逆にその温存と強化再編を通じてなされ、律令体制もまた、原理的にはその延長線上に立つものであった。したがってこの時代の氏族の生活は前節に記したように、まったく形骸化していたけれども、そうしたものが、なお中心的な社会集団として、一定の機能を果たしていた以上は、民族と国家の始源がきわめて古く遡るにもかかわらず、その一方で原始時代における文化的適応の単位体であった種族の生活が、それなりに残留していたであろう。一定の祖神を奉ずる氏族の結合が存続するのに対応しつつ、生業や生態の相違を、あたかも種の相違のごとく感得する意識のなかに、かつての種族の意識の残影をみるのである。

たとえば『類聚三代格』巻二十所収の承和元年（八三四）四月二十五日の太政官符は、逃亡の飛騨工の捜勘を命じ、「其レ飛騨ノ民、言語容貌、既ニ他国ニ異ル、姓名ヲ変ズト雖モ理ニ疑フ可クモ無シ」といっている。飛騨工といえども律令制下の公民であり、民族社会の一員であった。ただ山林の民としての特殊技術をもって中央政府の課役に応じていたにすぎない。だがそうした人々に対して、かような表現がなされているとすれば、それは単なる地方色といったものではなく、彼らが飛騨高原という定着水田農耕に不適な地に住み、久しく山林に生活源を求めざるをえなかったものの後裔として、その生業と生態の相違が当時の人々に強く意識されており、慣習その他においてこの時期には、彼らはある程度の独自性を保持していたと思われる。また大江匡房が寛治年間（一〇八七～九三）に誌したという『傀儡子記』によれば、傀儡子は特異な集団をなし、水草を追って移動する中国の塞外民族にも似た漂泊民であった。彼らのうち男は弓馬の術に長じて狩猟を事とし、雙剣を跳し、匕九を弄び、木人を舞わすなどの芸をなし、女は化粧をこらして歌をうたい、媚を売ったとある。その数は相当多く、東国の美濃・三河・遠江のものを豪貴となし、山陽の播州（播磨）、山陰の馬州（但馬）などのものがこれに次ぎ、西海の党は下とされているが、その生態については、「一畝ノ田ヲ耕サズ、一枝ノ葉ヲ採ラズ、故ニ県官ニ属サズ、皆土民ニ非ラズ、自ラ浪人ニ限ル。上ハ王公ヲ知ラズ、傍ラ牧宰ヲ怕レズ、課役ナキヲ以テ一生ノ楽トナス。夜ハ則チ百神ヲ祭リ、鼓舞喧嘩、以テ福助ヲ祈ル」とある。彼らは狩猟採集による漂泊生活をなし、彼らだけの神を奉じて一般と隔絶した生活をなしていた。

『今昔物語』巻二十八第二十八話には伊豆守に任官した小野五友というものが、新規に召し抱えた目代を前に執務していると、傀儡子の一団がやってきて館の前で歌舞しはじめた。するとその目代は最初は拍子などをとって聞いていたが次第に我慢できなくなって、われ知らず走り出し、傀儡子の群にまじって歌舞したため傀儡子の出身という素性がわかってしまったという話があり、最後に「其レハ傀儡神ト云フ物ノ狂《タブラ》カシケルナメリトゾ」と結ばれている。生業と生態の相違は神の違い、血の違いであり、種の相違は隠しても隠しきれないものと考えられていた。あるいは吉野連山の奥深く住んだ国栖《くず》が久しく狩猟採集生活を続けて隔絶した生活を営んでいたことは、『古事記』応神天皇段や『日本書紀』応神天皇十九年条から知られるが、『類聚三代格』巻一所収の寛平七年（八九五）六月二十六日の太政官符によれば、この時期になっても彼らが吉野山中で独自の生活をなしていたことが窺われる。この官符は国栖戸の百姓や浪人たちが事を供御に寄せ、吉野丹生川上社の神域で狩猟して汙穢に触れるので、神社側の訴えでこれを禁じたものである。大化前代においては、彼らは狩猟採集を中心とする業態のまま部民として掌握され、律令制下になっても、その伝統を継いで、朝廷の節会などに供御のものを貢納し、歌笛を奏するなどの芸能をなした。雑令に「山川藪沢ノ利ハ公私之ヲ共ニス」とあるように、彼らの側からみれば山林原野はもともと無所有のものであるし、山間の狩猟民としてのマタギの部落に伝えられている「山立根元巻」からも窺われるとおり、彼らは彼らの奉ずる神の許しと保護のもとに自由に狩猟をなしてきたのであって、山林を結界して神域となす丹生川上社側の主張などは、もともと預り知らぬところであったろう。

この時期においても、定着水田農耕を中軸とする民族社会の一員になりきっていなかった人々は、東北の蝦夷とか西南の隼人など、民族社会の周辺部だけにあったのではなかった。民族社会の内部においても、山林や、自給自足をたてまえとする村落の隙間には、一般と隔絶した生活を営んだ人々の数は想像以上に多かったであろう。土地と離れがたく結びついている農民は、支配者たちしか文字の書けなかった時代でも、彼らの土地支配を通じて、しばしば文献文書類にその姿をとどめる可能性をもっていた。そのもっともよい例が土地の売買譲渡や検注などに関する文書類である。これに対して土地と直接に結びつかず、いわゆる漂泊生活を営んだ非農耕民は、自らのことを自身で書き残さないかぎりは、偶然の機会に支配者の耳目に触れたときしかその姿を記録に残さなかった。だから文献記録の類にその例が少ないからといって、彼らの存在を軽視することの誤りは、柳田国男氏がその著『山の人生』で詳論されているところである。そしてこれらの人々は所詮は歴史の進歩に遅れたものとして農民になるか、農業以外の諸職に従事しつつ、民族社会の一員として同化しきる以外に、独自の道はなかったけれども、古代にあっては、そうした民族社会の充実はなお不充分であった。もとより彼らの多くは、農民たちと同様に早くから集団ごとに大和朝廷に掌握され、吉野の国栖をはじめ文献的にその徴証を求めることもできるが、集団相互間の亀裂は律令時代になっても、上記のとおりきわめて大きなものがあり、それは永遠の過去に由来する血の相違として、互いに踏みこえられないものと意識されていた。(41)

したがって記述が多岐にわたったが、こうした事情が存在するかぎりは、その意識は必然的に村落を訪れる僧侶・持経者たちに対しても投影され、彼らの奉ずる仏も傀儡子の祀る神も、ひとしく種を異にする人の戴く、あらたかな神性として迎えられた。ただ仏の場合はそれが高度の文物を背景にし、中央・地方の支配者の支持を得ているという点で、より高い呪験力が期待されただけであろう。仏教が地方民間の末端においては無媒介に伝来の信仰と習合していたということの基礎には、かような事情が存在しており、そこには仏を異国の神として排斥するような意識の存立する余地はなかった。そうした意識の成立する以前の状態であったと考えられる。そして民族社会の頂点に立つ中央の支配者やそれに連なる人々の間では、仏教の受容過程で伝来の信仰と摩擦しあう関係もみられた。先記の崇仏・排仏をめぐる蘇我・物部両氏の抗争に関する伝承もその一例であるが、天平神護元年（七六五）十一月の詔（『続日本紀』）に「神等《タチ》ヲバ三宝《ホトケ》ヨリ離テ触レヌ物ゾトナモ人ノ念《オモヒ》テアル。然レドモ経ヲ見マツレバ、仏ノ御法《ミノリ》ヲ護リマツリ、尊ミマツルハ、諸ノ神タチニイマシケリ」とある。かような表現の背後には、神と仏の対立緊張が、一部にながく存在しつづけていたことが窺われる。けれども、この時期、あるいはこれ以後に仏教の優勢に対してとくに自己防衛につとめたものは、神祇官や陰陽寮関係の官人とか、地方の有名大社の社家神人などの一部[42]であって、全体としてみれば、仏教は中央の貴族ばかりか地方民間にいたるまで、きわめてすみやかに障害なく受容された。かような事態は、古代の民族社会の孕んでいた上記の内容と深く関連するものといえよう。

しかも仏教の民間普及の進んだ八世紀、奈良時代は、完成した古代国家としての律令体制の矛盾が激化し、その動揺と修正の開始された時期であった。養老元年（七一七）四月二十三日の詔（『続日本紀』）には、

方今、小僧行基、幷弟子等、街衢ニ零畳シテ妄リニ罪福ヲ説キ、朋党ヲ合構シテ指臂ヲ焚剝シ、歴門仮説、強テ余物ヲ乞ヒ、詐テ聖道ヲ称シテ百姓ヲ妖惑ス。道俗擾乱シテ四民業ヲ棄テ、進ミテハ釈教ニ違ヒ、退キテハ法令ヲ犯ス。

とあるが、養老、天平期における行基の民間行脚をめぐって捲き起こされた事態が、律令制の矛盾の集中的な現われであることは、すでに多くの先学の指摘されているところである。[43] すなわち、すでに記したように僧侶の民間遊行は、行基を最初とするものではない。彼以前には有名な道照の事蹟が伝えられている。また行基以後においても、民間持経者としてのいわゆる私度僧の行為は、すべて政府の禁ずるところではなかった。彼らも官寺の僧に登用される道がひらかれていたし、[44] 僧侶の山林修行と行脚もそれが如法に行なわれるかぎりは禁圧の対象にならず、むしろ先記のように官大寺の学僧さえ自然智を獲得し、天賦の叡智を磨いて呪力をたかめるため山林に修行した。[45] しかしそれにもかかわらず、行基やそれ以後に輩出した民間私度僧の行動が、地方民間を遊行するものであったという点で、しばしば律令体制の矛盾を体現するものとなり、彼らの主観的意図とは無関係に、あるいは彼らが求法と布教に熱心であればあるほど、上記の詔文にみられるような形で政府の禁圧の対象となる可能性を孕んでいた。問題は彼らのなかにあるのではなく、彼らの周囲に集まった一般民衆のなかにあったのである。

行基の行脚した養老・天平期は徭役制を中軸とする律令制の矛盾が激化し、班田農民の分解とよばれる事態の急速に開始された時期であった。ここに同じく民生慈善の事業を中心とする民間布教であっても、七世紀末の道照の場合とちがって、行基のそれが大きな社会的意味と影響力をもって、現われた根拠があった。『日本霊異記』は「行基大徳、天眼ヲ放チ、女人ノ頭ニ猪ノ油ヲ塗ルヲ視テ呵嘖スル縁」（中巻第二十九話）とか、「行基大徳、子ヲ携ヘル女人ニ過去ノ怨ヲ視テ淵ニ投ゼシメ、異表ヲ示ス縁」（中巻第三十話）などと題して行基の行業を伝えているが、そこに語られている彼の風貌は、静かな慈悲にあふれる高僧・聖人といったものではなく、天眼力をもって種々の異表を示す威力に満ちた「化身」といえる。『日本霊異記』はしばしば民間に隠れて存在する仏菩薩の化身としての「隠身の聖《ヒジリ》」について語っており[46]、行基の風貌をかようなものとして語り伝えたものは、「人神」の信仰のもと、律令制の矛盾を全身にうけていた民衆の、怒りにも似た激情であったろう。そこには彼らが、自己の救済と解放を実現してくれる、特殊な人間の出現を信じ、神通力をもった人間の現われることを祈っていた姿が窺われる。先記の養老元年（七一七）の詔から推測される行基や、その弟子を中心になされた集団的な行動は、まさしく民衆の間から彼らの希望実現のために捲き起こされたものであった。だからこそ政府は「小僧行基」と蔑称し、その行為は「百姓ヲ妖惑」するものとして禁圧したのであった。また行基以後にもしばしば民間遊行者たちの呪術的・狂信的行為が政府の禁圧の対象となっているが、事情はまったく同様であったろう。したがってこの時期における仏教の民間普及は先に述べたような一般的な事情の上に、こうした律令体制の矛盾の激化という、すぐれて社会的な問題とからんだ宗教的高揚と重なり、そのたびに普及の度を深めたとみることができる。

そしてそのなかにあって、遊行の僧徒がなにを説いたかは明らかでないが、先記の養老元年（七一七）の詔や養老六年（七二二）七月の太政官奏などに、「妄リニ罪福ヲ説」くとか、「罪福ノ因果ヲ巧説」したとあるから、おそらくごく素朴な形で仏説を説き、功徳とか因果といったことを説いたものであろう。しかも行基や、その追随者の運動の高揚した養老・天平期には、官寺において学団組織が整備されたばかりか、それと対応する形で養老七年（七二三）に有名な三世一身の法が、天平十五年（七四三）には墾田永世私財法が発布され、地方豪族や有力農民の墾田私有の要求をみたす形で事態の収拾がはかられた。かくてあれほど、政府の禁圧をうけた行基が、東大寺大仏造立にからんで都に召喚され、天平十七年（七四五）に大僧正に任じられているが、律令政府のとったこうした政策の転換は、必然的に地方村落内の生活を大きく変化させる画期をなすものであり、その意味で民間遊行の僧徒の教説は新しい意味をもつことになったと考えられる。

すなわち、従来は律令制のもと大小貧富の差はあっても、ひとしく官から口分田の班給をうけるという点では、平等な公民によって、構成されていた地方村落は、これ以後は、次第に墾田と山野の占有を基礎に零細な農民を支配する豪族・富農を中心とする村落に変質しはじめた。(47) そして『日本霊異記』に収められた説話をみると、そのほとんどが現在での果報を中心課題とし、原始的呪術信仰にみちているが、その一方で全篇の主旨は過去・現在・未来にわたる因果応報の教説によって貫かれている。こうした教説はいうまでもなく、仏教のもつ根本的な世界観であり、世界を説明し、自らも納得しようとするすぐれて理念的な活動の所産として、現在の福徳だけを追求する呪術信仰よりは一歩進んだものといえる。しかしかような形でなされる世界と人間性に対する説明は、生活の改善向上を求めてひたすら呪力にたよってきた一般民衆にとっては、本来あってもなくてもよいものであり、その因果を綴りあわせる高い論理性は、かえって現実世界を肯定させ、呪術によってもとにかく現実を拒否しようとする努力を抛棄さすものになりかねない。それゆえかかる思想は、地方村落で伝来の権威と富力に依拠して、私墾田を集積し、賃租や私出挙などを通じて、新たに周囲の農民を支配しなおしつつ、抬頭しはじめた地方豪族や富農層たちが、彼らの獲得した世界の正当性を主張するためにも、進んで求めたのではなかろうか。

けれども事態がかような方向に進みはじめると、地方村落にあって素朴な信仰にとざされていた人々の意識にも、次第に新しい神の観念が孕まれることになったろう。というのは、地方豪族たちが因果の理法といった教説に耳を傾けるようになれば、それは彼らが神の子として在地に保有してきた特殊な、したがって聖別された地位を自ら捨てることを意味する。班田農民の分解とよばれる事態は旧来の秩序を崩壊させ、天上と地上の結節点に立って神観念の成熟を、一定点に押止めていた彼らの地位は、すでに過去のものとなりはじめた。彼らが進んで仏教を受容し、因果の理法に耳を傾けた要因はここにあったし、それはまた上記のように、彼らが在地に築きはじめていた新しい地位を支えるものであったが、ここに神々もまた必然的に旧来の地上性を捨て、人格神としての姿を整えはじめたであろう。もとより「人神」の信仰そのものは、けっして消滅したのではない。自給自足をたてまえとする封鎖的な村落生活がつづくかぎり、村外は未知の世界であり、そこから訪れる僧侶・呪術者たちは依然として畏敬すべきものであった。しかしそうした信仰が、村外のものだけに限られたとき、彼らの奉ずる神は、地上とは次第に隔絶したものとなり、人間界の諸相が天上に投影され、人格神の観念が成熟することになる。しかもかかる過程はいうまでもなく仏教の受容と並行し、あるいはそれを通じてなされたものであった。ここに仏はなによりも、まず荒ぶる神を鎮めるより高い神性として迎えられ、神々もそれをうけいれ、仏法によって苦悩をまぬがれたいといったきわめて人間的な託宣を発しつつ、いわゆる神仏習合とよばれる事象が一段と進展したと考えられる。

八世紀、奈良時代における習合思想の発生から十二世紀、平安末の本地垂迹説成立にいたるまでの経過については、辻善之助氏の所論[48]が定説となっている。それによれば、八世紀中期以後に「神は仏法を悦び、仏法を擁護する」という消極的なものから、「神も一個の衆生であり、仏法によって苦悩を免かれようとする」といわれるようになり、奈良末から平安初頭にかけての延暦ごろ（七八二〜八〇六）から、八幡大菩薩とか多度大菩薩というって神に菩薩号をつけてよび、神前で盛んに読経が行なわれるようになった。そしてかような段階を経て「神は仏」となり、さらに「神は仏の化身であり、権現である」という垂迹思想が現われ、八幡大菩薩の本地は阿弥陀仏であるというように、どの神の本地はどの仏であるという垂迹説が成立した。しかしこうした展開をみると、田村圓澄氏が指摘されたように、(49)最初の「神は仏法を悦び、仏法を擁護する」という段階と、「神は仏法によって苦悩を免かれようとする」という段階の間には大きな飛躍がある。若狭国遠敷郡若狭比古神願寺の比古神は、

我レ神身ヲ禀《ウ》ケテ苦悩甚ダ探シ。仏法ニ帰依シテ神道ヲ免レンコトヲ思フ。

と託宣し、(50)伊勢国桑名郡多度神宮寺の多度神は、

吾レ久劫ヲ経テ重罪ノ業ヲ作シ、神道ノ報ヲ受ク。今冀クハ永ク神身ヲ離レンガ為ニ三宝ニ帰依セント欲ス。

と託宣したと伝える。(51)かような告白は田村氏の指摘のとおり、神々の子としての確信に立つ中央の貴族からではなく、地方民間において最初に語りはじめられ、遊行の僧徒によっ

て一般化したのではなかろうか。少なくともこうした思想を生む土壌は、この時期の地方民間に充分に成熟しつつあり、後世に大きな影響を及ぼした習合思想の端緒は、仏教の第二次受容とよぶべき地方普及の進展のなかに胚胎したと考えられる。大陸文化の受容というとき、こうした民族生活の深部においてそれが定着した過程と、その結果についても、充分な考察がなされねばならない。

（1）『隋書』巻八一東夷伝・倭国
（2）『宋書』巻九七夷蛮伝・倭国
（3）『日本書紀』欽明天皇十六年七月、同十七年七月、同三十年正月、同四月、敏達天皇三年十月条
（4）『扶桑略記』第三　欽明天皇十三年仏教公伝条
（5）関口亮仁「扶桑略記のいわゆる継体天皇十六年仏教伝来に就いて」（『歴史地理』七七巻一号）
（6）「仏教伝来の年代に就いて」（『国華』一七九、一八〇号）「継体天皇以下三皇紀の錯簡を弁ず」（『史学雑誌』一六編六、七号）
（7）飯田武郷『日本書紀通釈』・藤井顕孝「欽明紀の仏教伝来の記事について」（『史学雑誌』三六編八号）

(8)『飛鳥時代寺院址の研究』総説・「飛鳥時代寺院と其の性格」(『伽藍論攷』所収)
(9)荻野三七彦「河内国西琳寺縁起に就いて」(『美術研究』七九号)
(10)井上光貞「王仁の後裔氏族と其の仏教―上代仏教と帰化人の関係についての一考察」(『史学雑誌』五四編九号)
(11)原文は漢文。□は原本の損傷欠字の部分。荻野氏はこの部分を『続群書類従』所収の安永八年書写本にくらべればはるかに信憑しうる水戸彰考館本の藤貞幹書写本で補塡された
(12)田中塊堂『日本写経綜鑒』一一五～一一七頁
(13)竹内理三「上代に於ける知識について」(『史学雑誌』四二編九号)
(14)田中塊堂前掲書
(15)『国史に於ける共同体の研究』第一幕第三節
(16)「仏名会の成立」(『修験道史研究』所収)
(17)「住居の変遷」(『日本民俗学大系』第六巻所収)
(18)『日本上代社会組織の研究』第三編第七章
(19)「我国における古代氏族の祖神に就いて」(『日本文化』所収)
(20)注(18)に同じ
(21)『民間信仰』第二部第九章の四　『我が国民間信仰史の研究』第一三編第三章
(22)『古代研究』国文学篇　民俗学篇第一
(23)注(21)に同じ

(24)門脇禎二「ミヤケの史的位置」(『史林』三五巻三号)
(25)佐々木月樵「日本民族信仰の研究」(『無尽灯』二〇巻一一号)
(26)林屋辰三郎「継体・欽明朝内乱の史的分析」(『古代国家の解体』所収)
(27)井上光貞「神道と仏教」『日本考古学講座』六巻
(28)門脇禎二「ミヤケの史的位置」(『史林』三五巻三号)・東晶「一九五二年度日本史研究会大会報告」(『日本史研究』五十二年度大会特輯号)
(29)姉崎正治『聖徳太子の大士理想』
(30)「元興寺伽藍縁起」
(31)石村亮司「天武紀の『毎家作仏舎』について」(『日本歴史』五八号)
(32)野津左馬之助「出雲国分寺」(角田文衞編『国分寺の研究』下巻)
(33)『磐田市史』
(34)高井悌三郎『常陸国新治郡上代遺跡の研究』
(35)大川清「武蔵国分寺古瓦塼文字考」(『早稲田大学考古学研究報告』第五冊)
(36)黒板勝美「上野三碑調査報告」(内務省『史蹟精査報告』第一)
(37)原牒は延暦七年か十年と推定されている。水谷悌二郎「多度神宮寺伽藍縁起幷資財帳考」(『画説』昭和十二年三月号)
(38)「古代仏教における山林修行とその意義」(『南都仏教』四号)
(39)「東域伝灯録より観たる奈良時代僧侶の学問」(『史学雑誌』五七編三、四号)

(40)「七大寺年表」天平宝字七年癸卯条
(41)拙稿「古代の山民について」(『史窓』一六号)
(42)堀一郎「神仏習合に関する一考察」(『宮本正尊教授還暦記念論文集』)
(43)川崎庸之「上代宗教運動の一形態」(『日本宗教史研究』所収) 同『日本上代史』北山茂夫『奈良朝の政治と民衆』『万葉の世紀』
(44)佐久間竜「官僧について」(『続日本紀研究』三巻三、四号)
(45)注(38)に同じ
(46)川崎庸之「日本霊異記の一考察」(『歴史学研究』八巻一号)
(47)直木孝次郎「律令制の動揺」(『日本歴史講座』第二巻)
(48)「本地垂迹説の起源について」(『日本仏教史』上世篇所収)
(49)「神仏関係の一考察」(『史林』三七巻二号)
(50)「日本後紀逸文」天長六年三月十六日条(『類聚国史』一八、仏寺)
(51)「多度神宮寺伽藍縁起幷資財帳」

御霊会と志多良神　京都の歴史と民俗 1

御霊会の成立

御霊の意味

御所を中心とする一帯を氏子区域とする上御霊（上御霊前通烏丸東入ル）・下御霊（寺町通丸太町下ル）の両社は「ゴリョウさん」などとよばれ、その祭礼は現在も観光行事化しておらず、郷土的な親しさを保っている。この両社に祀られている「八所御霊」というのは、平安遷都に先立つ長岡京遷都に関連して起こった藤原種継暗殺事件に連座して乙訓寺に幽閉中に憤死し、のちに崇道天皇と追称された廃太子早良親王、平城天皇即位にあたって謀反の疑いをうけて退けられた伊予親王と、その母で藤原南家出身の藤原吉子、嵯峨天皇の死んだとき、伴健岑《こわみね》らと皇太子恒貞親王を擁して謀反をはかり、伊豆に流謫中に没した橘逸勢、これにつづいて謀反の罪に問われ、おなじく伊豆に流された文室宮田麻呂のほか、のちになって奈良時代に九州に左遷されて反乱を起こし

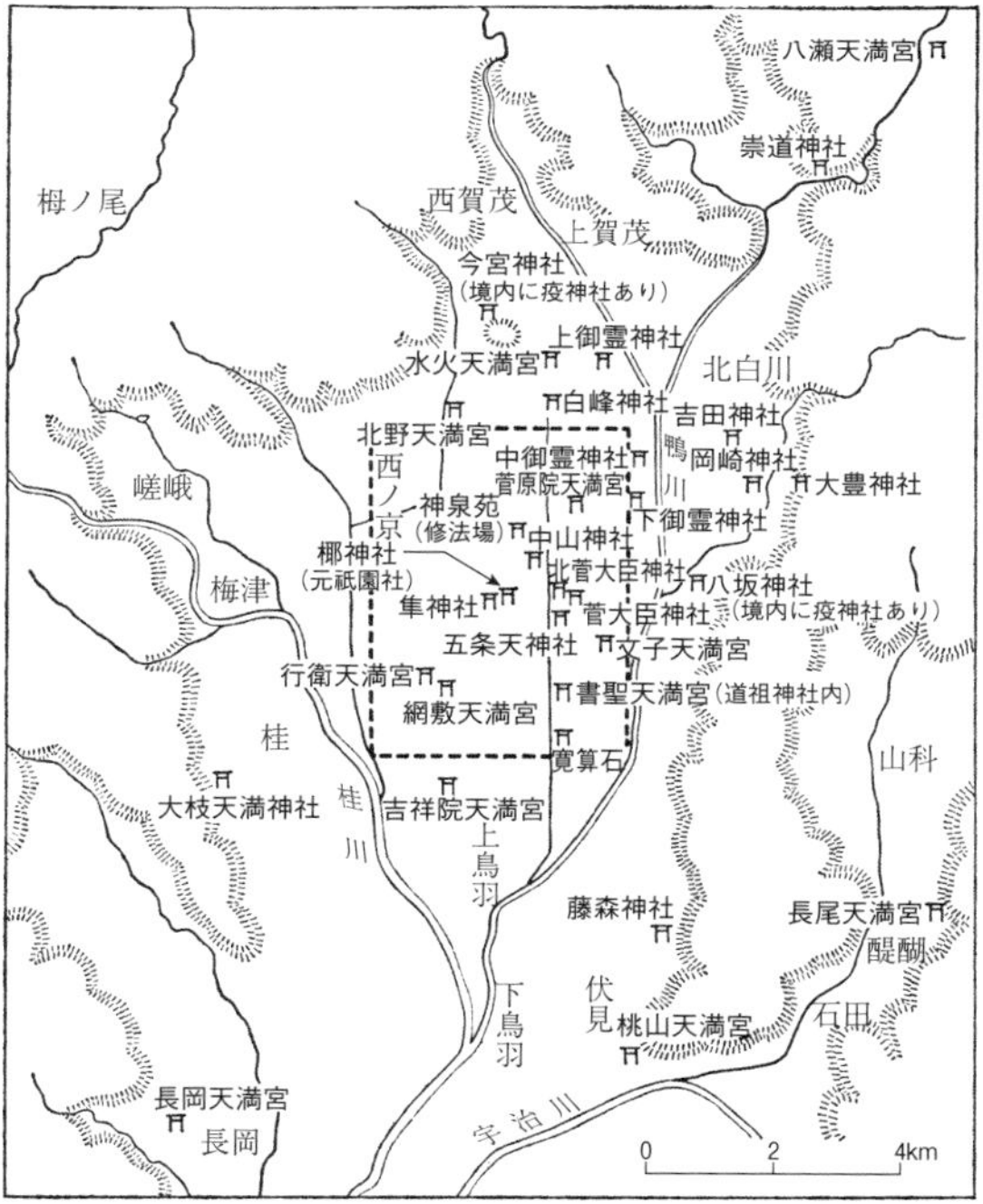

図1　京都の御霊社

御霊信仰とかかわりのある社寺を選んでみた。御霊の恐怖が平安京の住民の心を，いかに深くとらえたかがわかる。

て殺された藤原広嗣とか、吉備大臣（真備）や、九州大宰府に左遷されて配所で幽憤のうちに死んだ菅原道真などの霊を加えたものである。

御霊という言葉は、一般の用例に従えば天災や疫病、戦争などのため非業の最期をとげ、この世に怨みを残して死んだものの霊魂のほか、後世の例では鎌倉権五郎のような並はずれて勇猛な武士とか、佐倉宗五郎のように農民のために一身を犠牲にし、世のため進んで人柱になったような、常人とはちがう特別な死にかたをした人たちの霊魂を含んでいる。このことは、古い時代でも同じであったろう。しかし、上・下両御霊神社の社伝ばかりか、文献史料によるかぎり、平安時代の初期に御霊とよばれ、はじめてその霊威が説かれたのは、上記のような平安初期の中央政界における政争の犠牲者である崇道天皇以下の霊魂であり、その怨霊であった。そして、当時の平安京の住民たちは、しばしば繰り返される疫病の流行が、いずれもこれらの御霊のせいであるとし、御霊を慰撫する祭礼としての御霊会を盛大に営んだ。

この御霊会に関する文献上の初見は、『三代実録』貞観五年（八六三）五月二十日条で、その大意は、この日、神泉苑で挙行された御霊会は左近衛中将藤原基経と、右近衛権中将兼行内蔵頭藤原常行の両名が勅命によってすべてを監督し、王公卿士はみな列席した。霊座六前には几筵を設けて花果を供え、恭しく祭りをなし、律師慧達を講師として金光明経一部と般若心経を講ぜしめ、雅楽寮の伶人に音楽を奏させ、天皇近侍の児童や良家の稚子を舞人として大唐舞や高麗舞を奉納させた。そのうえ、雑伎・散楽などにも競ってその能を尽くさせ、当日は神泉苑の四門を開放し、一般庶民にも自由に出入して縦覧するのを許した、というものである。

そして、この記事につづけて『三代実録』編者の注解ともいうべき文章があり、それを要約すると次のようなものである。

(1) 一般に御霊とよばれているのは崇道天皇以下、事に座して殺された六人の怨霊である。

(2) この六人の霊魂は厲《たたり》をなし、近年、疫病が流行して死ぬものが多いのは、いずれもこれらの御霊のせいであるといって、最初は平安京から、のちには地方にいたるまで、夏から秋のはじめにかけての疫病流行の季節に、御霊会を営むようになった。

(3) この御霊会には仏をまつり、経を説き、御霊を慰撫してその祟りを鎮めるため、歌舞・演劇・相撲・騎射・競馬などの歓を尽くす。

(4) このことはすでに一つの習俗になって社会に定着しているが、今年は春以来、とくに咳逆(流行性感冒)が流行して死ぬものが多かったので、今までは民間で私的に行なっていたのを、この際、はじめて朝廷の手で御霊会を修することになったものである。

この記事をみると、御霊会は九世紀中ごろにはすでに平安京の住民のあいだで恒例の祭礼になっており、濃厚な神仏習合の風潮のもと、都市民のあいだで発生した祭礼らしい華麗な行粧をととのえ、その風はしだいに地方にも波及し、勢いの赴くところ、朝廷までがそれを営むようになった事情がうかがわれる。しかも、ここで疫病流行の原因とされた崇道天皇以下六人の御霊というのは、いずれも当時の人たちにとっては記憶に新しい中央政界での政争の犠牲者たちの怨霊である。したがって、こうした信仰は人間の霊魂に対するものといっても単なる死者礼拝ではないし、偉人崇拝でもない。まさに御霊信仰とよぶ以外にないところの、特別の死にかたをした人、非業の最期をとげた人たちの霊魂に対する畏怖と畏敬の念に発するものというほかない。

御霊信仰の先駆形態

とすると、こうした信仰は、この時代になってはじめて出現したものとは思えない。たとえば『日本書紀』の「崇道天皇即位前紀」には、有名な物部守屋の討伐にあたり、非常な奮戦のすえに戦死した守屋の資人《とねり》の捕鳥部萬《ととりべのよろず》の死骸を八段に斬り、八国に散し梟せんとしたところ、にわかに雷が鳴り、おおいに雨が降ったという話がある。萬はたぐいまれな勇猛の士であったため、死後の祟りが怖れられ、その死骸を分断し、怨霊の復讐をあらかじめ防除しようとして、かえってその霊威が示されたわけである。この話は事実ではなかったかもしれないが、こうした話を伝承してきたことの背後には、特別な死にかたをした特殊な人物の霊魂に対する畏怖感がある。逆磔や八裂きなど、古くどの民族でも行なわれた残虐な刑罰は、もともと刑死者の霊魂の再生と復讐とをあらかじめ防除するための呪法の意味をもっていたという。捕鳥部萬の死骸が八裂きにされたのも、彼が朝敵守屋の臣であったからではなく、彼がまさしく異能の士として奮戦力闘のすえに死んだからであったと思われる。

また、奈良時代になると、天平の宮廷を牛耳った僧玄昉が、のちに筑紫観世音寺に左遷されて死んだことについて、世間では政敵藤原広嗣の怨霊にとり殺されたといっていると、『続日本紀』に記されているし[1]、橘奈良麻呂の変でその一党が多く獄死した直後の勅には、このたびの事件で死んだものの亡魂に仮託して流言をまきちらすものは処罰するとある[2]。宝亀元年（七七〇）に完成した有名な百万塔陀羅尼は、藤原仲麻呂の乱の直後に称徳天皇によって発願され、『東大寺要録』には乱の犠牲者に対する懺悔料と記されているし、『日本霊異記』には、神亀六年（七二九）二月の長屋王の変に、自殺した王の死骸を焼いて灰を捨てたところ、それが土佐国に流れつき、その祟りで土佐国の百姓が多く病死したという話が伝えられている。

御霊というよび名とか、御霊を慰撫するための御霊会といった特別な祭礼は、平安時代になってから平安京の住民たちのなかから発生したと考えられる。だが、そのようなものの背後にあるのは明らかに伝来の信仰であり、とくに奈良時代にはいくども繰り返された中央政界内部の政争をめぐり、平安初期の御霊信仰の直接の先駆形態といえるものを出現させていた。もっとも、上記の例のうち、長屋王に関する話は、『日本霊異記』に伝えられるもので、正史である『続日本紀』には長屋王の屍を生馬《いこま》（駒）山に葬るとあり、遺骨を河に捨てたとは書かれてない。おそらくこの話は、奈良末・平安初期になって説かれるようになったものであろう。また、玄昉の死について説かれていることも、このときの広嗣の怨霊は玄昉個人に祟ったのであり、中央の政治的失脚者の怨霊が、のちの御霊のように疫病の原因などになって社会的な畏怖の対象になりはじめた最初の事例は、橘奈良麻呂の変に関するものということができ、御霊信仰の直接の先駆形態は、奈良時代の後半になって政界の動揺が深刻になるにつれ、その姿をしだいに明確にしはじめたといえる。

しかしながら、御霊信仰の先駆形態が奈良時代までさかのぼれるとしても、貞観五年（八六三）という年にはじめて朝廷の手で神泉苑で営まれた御霊会と、それまでのものとの違いは充分に確認されなければならない。というのは、この段階にあって民間の御霊会はすでに毎年恒例の祭礼になっていて、その風はしだいに平安京ばかりか地方まで波及しており、かつて橘奈良麻呂の変に際しては、亡魂に仮託して郷邑を擾乱するものを厳しく処罰するといった律令政府当局が、この貞観五年には自らの手で御霊会を主催し、すすんで御霊の慰撫と疫病の防除をはかっているからである。しかも、このことと関連して問題にしなければならないのは、奈良末にはじまって平安初期に至るまでに、なぜ中央の政治的失脚者の怨霊が疫病の原因とされ、中央の政争とはまったく関係のなかったはずの一般庶民を含めて社会的畏怖の対象となり、彼らのあいだで祭祀の対象になったのかという点である。たとえば、崇道天皇といい、伊予親王といい、これらの人の怨霊はその政敵にとってこそ畏怖されてしかるべきもので、一般の平安京の住民たちにとっては本来は無関係のものであったはずである。実際に『日本紀略』の所伝をみても、崇道天皇の祟りはその死後まもなく代わって皇太子となった安殿《あて》親王（のちの平城天皇）の病気をめぐって取沙汰されており(3)、この時期の政治的失脚者たちの怨霊は、最初は宮廷内部という一般庶民とは隔絶された場所で、政争に直接関与した貴族たちのあいだに存在していたらしい。それがいつのまにか御霊というよび名で疫病流行の原因とされ、貴族と庶民の両者を含めた全社会的な畏怖の対象となり、その祟りを防除する祭礼が貴族ではなくて庶民のあいだから発生し、勢いの赴くところ、貴族たちまでがそれにならったのである。

御霊と民衆生活

たしかに、律令体制のもとでは、中央貴族たちの生活圏は一般庶民のそれとは隔絶した特殊世界であった。しかし、この両者のあいだの通路はまったく遮断されていたのではなかったし、中央と地方を結ぶ紐帯も、単に中央から地方に向けて支配者の圧政だけを伝えるものでもなかった。たとえば平安遷都直後の延暦十五年（七九六）、生江臣家道女という女性が都の人の集まる市で妄に罪福の因果を説いて人々を惑わしたとして、その生国の越前に強制送還されたという記録がある。[4] 彼女は越前国足羽郡の人であったため、都ではその生国の名をとって越優婆夷《こしのうばい》とよばれていたと伝えるが、『正倉院文書』によれば、彼女は天平勝宝九歳（天平宝字元年、七五七）に母親の生江臣大田女とともに「本願経」九百巻、「法華経」一百部八百巻、「瑜伽論」一部一百巻を書写し、聖武天皇の一周忌の忌日に、これらの経典を東大寺に寄進していることが知られ、その書状に「願主」として「越前国足羽郡江下郷　生江臣家道女」と署名している。[5]

越前国足羽郡の生江氏といえば、天平勝宝元年ごろには造寺司史生として中央にあり、やがて帰郷してからは足羽郡大領となって東大寺の越前国荘園の経営に参画した生江臣東人をだしたこの地の名族である。この時期から抬頭しはじめた地方の有力豪族たちは、在地での地位を確保するためにさまざまな形で中央と結ぼうとしたが、生江臣家道女の経典寄進や上京も、彼女の主観的意図はどうであれ、客観的にはこの時代の地方豪族一般の動向と深く結びつくものであったろう。『政事要略』に収められている三善清行の「善家異記」によると、寛平九年（八九七）に百十九歳で没した春海連貞吉は、若年のとき、大同三年（八〇八）の平城天皇即位の大嘗会に由基所で風俗舞を舞った功労で左近衛府に採用され、のちに雅楽寮の唐儛師に転じてながくその任にあったが、元慶六年（八八二）百四歳で雅楽少允従七位上であった貞吉は、皇太后（藤原高子）四十の賀宴に五位以上の子弟が舞をするにあたり、左兵衛府で彼らに舞を教授した功で外従五位下に昇叙され、さらに雅楽助にまで進んだという。彼の立身のいとぐちは武技や馬術といったものではなく、舞の技能によって左近衛府に任用されたのにはじまったが、おなじ大同三年には、画師の百済河成も左近衛府に任用されている。

平安時代になると地方豪族たちは前代にも増してさまざまなつてを求めて入京しようとし、なかでも衛府の舎人となって郷国と都とを往復するものが多かったが、その場合、彼らは単なる武人として京内・京城の警備にあたるだけではなく、上記のように諸種の芸能、それも伝統的な宗教的意味の濃い芸能によって登用され、その任にあたるものも多かった。たとえば、はじめは宮中の清暑堂で、のちに平安時代中期の長保四年（一〇〇二）から内侍所の前庭で行なわれるようになったいわゆる内侍所御神楽で、左近衛府の将監が部下を率いて人長という名の宰領役を勤めたことなどは、その一例といえるものである。しかも衛府の舎人たちは宮中の警備のほか、番を結んで京内の巡察に任じたから、京内の一般住民との私的な接触も多く、そのことから単なる警備・警察ということ以上に、物資の交換・調達をはじめとする各種の経済・営利行為の管理・監督をめぐり、東西の市などに活動地盤をもつ京内の有力住民と特別の関係をもったらしい。たとえば承和元年（八三四）の官符は、(6)市廛《いちみせ》の百姓が多く衛府の舎人となり、その力を借り、市で不当に安く品物を調達することを禁じているし、貞観六年（八六四）の官符は、(7)市に籍のあるものが勝手に諸種の官衙の下級役人になったり、有力貴族に私的に仕えることを禁じている。

また貞観八年の官符には、(8)諸種の官司や諸院・諸家に仕えるものがしばしば口実をもうけて酒盛りをし、とくに衛府の舎人や放縦の輩が六月と十二月の末に諸家・諸人の営む祓《はら》除《え》の神宴にあたり、招待もうけてないのに、かねてめぼしをつけていた家に押し掛けて酒食を強要し、はては帰るときに手土産や祝儀の品を要求し、それを断ると暴言をあびせ、神言に託して呪咀し、主人を恐喝するとある。衛府の舎人たちは京内巡察という職掌から、所司の豪民とよばれたような諸種の官衙の末端に仕えながら、役職を通して富を蓄積したものと結びつき、のちの時代に地回り・愚連隊とよばれるようなものに早くから変身しはじめていたことが知られる。こうしてみると、貞観五年五月二十日にはじめて御霊会が朝廷によって神泉苑で挙行されたとき、左近衛中将藤原基経と、右近衛権中将藤原常行の両名が行事を統轄したということの意味も、納得できるように思われる。

崇道天皇をはじめとする中央政界での政争の犠牲者たちの怨霊が、疫病の原因として、本来はまったく縁もゆかりもなかったはずの平安京の住民たちのあいだで信じられ、そこで発生した御霊会が、逆に朝廷や貴族たちの信仰を捲きこんだことの背後には、衛府の舎人たちをはじめとする中央諸官衙の下級官人たちが、上記のような形で平安京の住民たちの生活と密着し、そのなかに混在していたことがあったと思われる。また、そうして発生した御霊会が、その当初から都市の祭礼として華麗な行粧と芸能を伴っていたらしいということも、それを担った人たちの上記のような姿から説明できるであろう。

北野と祇園社

天神信仰

天満天神の信仰とよばれるものは、先にのべたような一般的な意味での御霊信仰が、菅原道真という特定の歴史的人格に対する追慕尊敬の念と結びついて高度の人格神の観念にまで発展したものであるが、そうした道真の霊を北野に祀るにいたった北野天満宮草創の経緯は、御霊信仰そのものの一つの典型を示すものであった。

北野というのは平安京大内裏の北にあたる野という意味で、紫野や平野などとならんで京都七野のうちに数えられているが、『続日本後紀』承和三年二月一日条には、遣唐使の出発にあたり、その海路平安を祈って天神地祇を北野に祀るという記事がある。また『西宮記』巻七の裏書には、延喜四年（九〇四）十二月十九日、左衛門督を北野に派遣して雷公を祀らせたとあり、この祭りは故太政大臣昭宣公（藤原基経）が元慶年中（八七七〜八八五）に豊年を祈って雷公を祀り、感応があったため毎年秋に祭るようになったものであると記されている。ちょうど平城京東郊の春日野が、奈良時代後期に藤原氏の手で春日神社が創祀される以前から、もともと御蓋《みかさ》山の神を迎えて祭る聖なる場所であったのと同様に、平安京北郊の北野も、道真を祀る天満宮草創以前から、天神・雷公を祀る神聖な祭場であったことが知られる。

「竜」という漢字の訓を「タツ（辰）」というのは、夕立の「タチ」と同じといわれている。北関東の農村などでは落雷の跡をオカンダチ（お神立）とよび、注連縄を張って天の神の降臨した聖なる場所として祀る風習があったというが、タツとかタチというのはこのオカンダチ、すなわち神が降臨し、降り立つことで、竜巻きなどは逆に神が昇天する姿と考えられていたらしい。要するに雷は神鳴《かみな》りであり、天にある神がその猛威を発揮する姿で、とくに夏の雷鳴を伴う驟雨《しゅうう》が稲作にとって旱天の慈雨であるだけに、それは畏敬すべき神であるとともにその降臨の願われる神でもあったし、イナズマ（稲妻）はイナツルビとして雷鳴の発する瞬間の閃光のなかで、稲の実が孕まれると信じられてきた。天神とか雷公に対する信仰は、もともとこうして生産と深く結びついていたが、一方、農業生産から相対的に隔離された都市生活が展開するにつれ、そこでは落雷による建造物の破壊や感雷死という自然の猛威だけが畏怖され、生産に対する恩恵の面が忘れられるのも当然のなりゆきであった。田舎にくらべれば避雷針の代わりになるような大きな樹木や森も少なく、ただ人家の稠密するだけの都市では、雷は地震や火事とならんで人々を一瞬のうちに不幸のどん底におとし入れるものとして、ひたすらその猛威が怖れられたわけであるが、筑前の大宰府で憂悶のうちに死んだ菅原道真の霊は、はじめはこうした雷を駆使する猛烈な御霊として平安京住民の前に現われ、天満大自在天神の名で、古くから天神・雷公を祀った北野に社殿が設けられたのである。

北野聖廟の成立　『菅家御伝記』所引の「外記日記」永延元年（九八七）八月五日条には、朝廷の手ではじめて北野聖廟を祀るとあり、北野天満宮創立者の一人に数えられる僧最鎮（珍）の遺した『最鎮記文』所収の貞元元年（九七六）の官符には北野寺とあり、北野の社は聖廟とも寺ともよばれるものとして出発している。このことは、貞観五年（八六三）はじめて朝廷の手で神泉苑で挙行された御霊会が、前述のように濃厚な神仏習合の信仰のもと、僧侶が参加して行なわれた祭礼であったことと同じといえるであろう。そして道真の霊は日本太政威徳天ともよばれ、十六万八千の眷属のうちから第三の使者火雷天気毒王とよぶものを遣わして天火を降らすともいい(9)、道真自身が、醍醐天皇や藤原忠平らの信任を得ていた天台座主尊意の前に姿を現わし、加持祈禱によって自分の復讐の行為をさまたげないでほしいと頼み、尊意のすすめた柘榴《ざくろ》の実を口にふくんで吐きだすと、それが火炎となって戸板を焦したという有名な柘榴天神の伝承もあるが、(10)道真の怨霊についての記述がはじめて文献にみえるのは、道真の死後二十年を経た延喜二十三年(九二三)で、『日本紀略』同年三月二十一日条に皇太子保明親王が二十一歳の若さで死んだのは、菅帥《かんのそち》の「霊魂宿忿」の仕業であると記されている。

そればかりか、翌四月二十日には詔して道真の本官右大臣に復し、兼ねて正二位を追贈するとともに昌泰四年(延喜元年)正月の道真左遷の詔書の破棄がなされ、閏四月には長雨と疾疫鎮圧のため年号が延長と改められ、天下に大赦の令が発せられている。道真追放に成功した左大臣時平は、早く延喜九年に三十九歳の若さで死んでいたが、道真左遷事件の最高責任者である醍醐天皇の、道真の怨霊に対する畏怖の度がうかがわれる。また、翌々年の延長三年(九二五)の春から天然痘が流行し、六月には皇太孫の慶頼王がわずか五歳で死去した。保明親王の御息所《みやすんどころ》は時平の娘の仁善子であり、慶頼王はその所生の王子であったから、道真の怨霊が時平の子孫や縁故者、さらには醍醐天皇に祟るだろうとの噂は、このころから固定したらしい。そして延長八年六月二十六日、旱天がつづくので諸卿が殿上に侍して請雨の件で会議していたところ、にわかに雷鳴がとどろき、清涼殿西南の第一柱に落雷し、殿上間の東北隅に坐っていた大納言藤原清貫・右中弁平希世らが震死し、紫宸殿にいた右兵衛佐美努忠包らが髪を焼かれるなどして死亡した。この突発事件によって醍醐天皇ははげしい衝撃をうけて病床につき、咳病を患って病勢がつのり、九月二十二日に寛明親王に譲位のことがあり（朱雀天皇）、左大臣藤原忠平に摂政のことを依託して二十九日に死去した。

おそらく天皇は、道真の怨霊が自分に祟り、そのために落命するであろうと予感し、それが病勢を悪化させたと推測されるが、人々もまた、そうしたことが充分にありうると考えたろうし、道真の怨霊が雷神・天神と結びついて説かれるようになったのも、この延長八年の内裏落雷事件が契機になっていると思われる。そして、こうした道真の怨霊の活動によって、もっとも大きく政治的な利益を得たものが、もともと兄の時平と拮抗する立場にあった忠平であり、彼らの父の基経のときに雷公を祀って感応があったと伝えて摂関家とは因縁の深い北野に道真の霊が祀られたこと、さらに天徳三年（九五九）の社殿増築に忠平の次男の右大臣師輔が援助したと伝え、この師輔は道真と親交のあった右大臣源能有を母方の祖父にもち、摂関の職がやがてこの師輔の流に固定したことなどから、道真の霊に対する信仰と北野天満宮の創立には、菅原氏ばかりか、その背後に藤原氏のうちの忠平の一統が大きく関与していたと推測されている。

天神の託宣

たしかに、道真の怨霊のすさまじさに畏怖したのは政争当事者の縁故者たちであり、上級貴族層であったろう。しかし、このような道真の怨霊が、いわゆる御霊となり、雷神・天神となって一般の信仰をあつめるには、より多くの人たち、少なくとも平安京の一般住民の信仰が加わらねばならない。「北野縁起」や先に紹介した『最鎮記文』などによると、道真が配所で死去してからまもなく、味酒安行《うまざけやすゆき》というものが託宣によって廟宮を建て、道真の霊を慰めたという話はともかくとして、天慶五年（九四二）七月、右京七条二坊十三町に住む多治比文子《たじひあやこ》（奇子）というものに天神（道真）の託宣があり、生前に親しく遊覧した北野の右近馬場に自分を祀るようにとのことであった。文子は、はじめは自分の家に禿倉《ほくら》（叢祠）を構えて五年ほど祀っていたが、神託のほども黙しがたく、これを北野に移したという。また、このあと数年して近江国比良宮の禰宜神《みわ》良種《よしたね》の男子で七歳になる太郎丸というものにも同じような託宣があり、良種が朝日寺の最鎮（珍）らとはかって北野に社殿を設けたのが北野寺・北野社のはじめで、のち、天徳三年（九五九）に右大臣藤原師輔が屋舎を造増し、神宝を献じてから、その姿がととのったらしい。

こうした託宣という祭神の威徳や奇瑞に関する伝承は、ほかの史料で確認する手段がないため、あとで捏造されたものではないかと疑問視する人もある。しかし、多治比文子の住んでいたという右京七条二坊は、西の市町に近い雑閙の地で、現在の下京区天神町の文子天満宮はその跡といい、天暦元年（九四七）六月九日に叢祠を葛野郡上林郷の現在の北野へ移したのを記念し、北野天満宮では毎年六月九日に宮渡祭とよぶ祭典がなされている。また、北野天満宮の旧社家のうちの上月氏は多治比文子の子孫といい、桂女と同じように女系でもって相続し、累代「文子」の名を称し、明治の初年ごろまで天満宮の巫女として奉仕してきたという。人々の群集する市と市神、市神を祀る巫女についての伝承は各地で聞くことができる。文子はもともと西市の辺りに居住していた巫女の一人ではなかったろうか。そして右近馬場といえば右近衛府の舎人たちの使用する練兵場と考えてよいものである。とすると、葛野郡上林郷の右近馬場に祀れと文子に下された託宣の背後には、日ごろ市辺で活動する巫女たちと、市を巡察する衛府の舎人たちのあいだにあった密接な関係が暗示されているように思われる。「伴大納言絵詞」には、応天門の炎上に駆けつける物見高い京童の姿がいきいきと描かれているが、道真という朝廷の中枢にあった一人の上層貴族の怨霊を御霊として社会的畏怖の対象とし、これを雷神・天神とよぶにいたったことには、律令諸官衙の下級官人との日常的なつながりを通して朝廷上層部の動向にも敏感に反応し、あるいは反応せざるをえなかった平安京の一般住民のありかたが、深くかかわっていたといえるだろう。

ところで、以上にみた貞観五年（八六三）に神泉苑で挙行された御霊会から、十世紀中期以降、後半にかけてなされた北野天満宮草創の過程は、早良親王（崇道天皇）から菅原道真という、八世紀末年から十世紀初頭にかけて輩出した中央政界における政争の犠牲者たちの怨霊をめぐって、御霊信仰が噴出したものとみることができる。別のいいかたをすれば、こうした現象は非業の最期をとげた人の霊魂の祟りを怖れるという、当時の平安京住民たちの抱いていた伝統的な信仰が爆発し、その勢いが貴族たちをも巻き込んで現われたものではあったが、そこでは庶民たちの信仰はまだそれ自身として自立した形をとらないで、早良親王以下の貴族中の貴族というべき選ばれた個人の怨霊をめぐり、その祟りを説く段階にとどまっていた。しかし一方、この時期を通じて進展した平安京における都市生活の充実は、より一般的な形で御霊信仰を展開させ、毎年のように襲来する天災地変によって無数につくりだされるところの、貴族たちとは限らない不特定多数の非業の最期をとげた人々の霊魂、さらには知られない神や魂の祟りに対処しようとする信仰が祭儀をより豊かなものにし、そのことについて文献類に記録される機会をしだいに多くした。そして、のちに疫病防除のための御霊会といえば祇園御霊会をさすようになった祇園牛頭天王《ごずてんのう》に対する信仰は、先の北野天満宮の場合とはちがうもっと一般的な形での御霊信仰のなかから、それを代表する形で現われたものである。

神泉苑での御霊会があってから十年ほどのち、貞観十四年正月に京中に流行した咳逆病は、前年の五月に来朝した渤海国使一行がもたらした「異土ノ毒気」によるものといわれた。(11)『本朝世紀』によると、道真の霊が単なる怨霊の段階を脱して雷神・天神とみなされるようになった天慶元年(九三八)に、京中の町々では木でもって男女一対の神像をつくり、その前に八足台のような机を置き、これに幣帛を捧げ、香花を供えることが盛んに行なわれたという。この神像を岐神(ふなどの神)とよび、彩色によって衣冠を表わし、顔を描いたうえ、臍下には陰陽も刻してあったというから、これは後世の道祖神のようなものであったとも考えられるが、一方で、ときの人はこれも御霊とよんだというから、この神像は礼拝の対象としての偶像であるにしても、そこには祓いのための形代《かたしろ》としての性格を濃厚にとどめていたろう。(12)たとえば『日本紀略』によると、正暦五年(九九四)六月二十七日に疫神のために行なわれた御霊会では、朝廷の木工寮修理職が神輿二基をこしらえて紫野の船岡山に安置し、僧侶を請じて仁王経を講説せしめ、伶人を招いて音楽を奏し、参詣するものはそれぞれ幣帛をもち寄り、礼拝が終わってから難波の海に送ったとあり、これは朝議の決定にもとづくものではなく、民間から自然発生的になされたものであると注記されている。

疫神に対するもっとも素朴な伝来の祭儀は、水辺における禊ぎ祓いであり、人形などの形代に悪しき霊をのりうつらせ、これを流水に送り流すことであった。難波の海まで送ったという前述の正暦五年の御霊会は、伝統的な神やらい、悪神送りを大規模な形に拡大したものといえるが、貞観五年に朝廷の手で行なわれた御霊会も、神泉苑を祭場に選んだという点で、古い水辺での祭儀の俤をとどめているといえるだろう。たとえば、正暦五年の疫病は九州からはじまって全国に流行し、平安京では五位以上の貴族だけでも六十七人の死者を数えたといい[13]、町を疫神が横行するというので公卿以下、庶民にいたるまで門戸を閉ざして家のなかに籠り[14]、左京の三条の南・油小路の西にある小さな井戸は、水が渇いて泥に埋まり、平素はだれも使わないのに、ある男がこの水を飲むと疫病を免れるというと都中の人が手桶をさげて汲みにきたという[15]。御霊会はいつもこのような異常事態を契機として盛行し、毎年の恒例になったものであるから、御霊を慰撫するため歌舞芸能を尽くすというだけではなく、もっとせっぱ詰った形で、水辺での禊ぎ祓いというような原始以来の祭儀もその中に含み、あるいは「異土ノ毒気」というような、外から襲来し、渡来してきた知られざる神への畏怖も、その中に含んでいた。

祇園社の成立

少し時代は降るが、『春記』永承七年（一〇五二）五月二十九日条には、西京に住む人が夢のなかで唐から渡来してきた神のお告げをうけ、その神ははるばる日本にやってきたが止住するところがないため疫病を起こしている。そして自分が奇瑞を示すところに社を建ててくれれば疫病はやむだろうといい、その人が道を歩いていたら鉤の形をした「光りもの」がみえたのでその場所に社をつくり、人々は今宮とよんで盛んに参詣しているという記事がある。このようなことは、いくども繰り返されたであろう。そして記録に現われているだけでも、平安時代を通じて御霊会の営まれた地として、出雲路・船岡・紫野・衣笠・花園・天安寺・東寺・西寺・城南寺・白川などの名が知られ、のちに御霊会の中心になった祇園・八坂の地は、御霊会を営む多くの祭場のうちの一つであった。『類聚符宣抄』に収められた天徳二年（九五八）五月十七日の官宣旨には、西寺御霊堂・上出雲御霊堂とともに祇園天神堂の名がみえ、疫病防除のため石清水・上賀茂・下鴨以下の諸社とならんで仁王般若経の転読が命じられている。天徳二年といえば右大臣藤原師輔が北野天神の殿舎増築をなす前年であるが、祇園の天神堂という場合、それは天満天神のような特定の神ではなく、一般的な天つ神と解されている。御霊は新来の渡来神であるばかりか、天つ神でもありえたわけで、天延二年（九七四）に祇園感神院が天台別院になったのちでも、[16]『本朝世紀』長保元年（九九九）六月十四日条には、祇園御霊会と書かないで祇園天神会と記している。御霊会と御霊信仰といっても、その当初は固定したものではなくて内容的にきわめて多岐にわたり、かつ流動的であった。祇園社・感神院と牛頭天王に対する信仰はこうしたなかでしだいに姿をととのえ、その祭礼が疫病防除を主眼とする御霊会の代表になったのである。

祇園社の創始・感神院の濫觴については、八坂造の神としての前史は別として、正史に準ずべき『日本紀略』に延長四年（九二六）六月、修行僧が建立した祇園天神堂を供養したとある。[17]『一代要記』はこれを承平四年（九三四）とし、あるいは五年と注記しているが、『東大寺雑集録』はこれを承平四年とし、修行僧とは円如とよぶ興福寺の僧侶で、天神堂は春日社の水屋を移建したものといっている。また、社伝によると貞観十一年（八六九）の悪疾流行にあたり、日本六十六カ国の数に準じて六十六本の鉾をつくって牛頭天王を祀り、これを神泉苑へ送ったのが祇園御霊会のはじめといい、祇園社の創始は貞観十八年という。この伝承は日本六十六カ国という国数から考えてもそのまま信憑できないが、祇園御霊会の起源を神泉苑での祓いといい、神社の創始を祭礼の起源よりのちにしていることが注目される。これは御霊信仰の展開のなかで祇園社・感神院のつくられたことを反映しているといえるだろう。そして『二十二社註式』には、牛頭天王ははじめ播磨明石浦に垂迹してから同じ国の広峰に移り、やがて北白川東光寺に移り、元慶年中（八七七〜八八五）に感神院に移し祀られたとあるが、『山城名勝志』によれば岡崎東天王社（現、東天王町岡崎神社）は東光寺の牛頭天王社の後身であるという。

こうして所伝がいくつかに分かれ、たがいに関連するところがないため、どれを採用すべきか判断に迷うが、少なくとも祇園社が天竺の祇園精舎の守護神である牛頭天王を祀ると古くから称してきたことは、祇園社と祇園御霊会の濫觴を考えるうえで重要な意味をもつと思われる。というのは、『祇園牛頭天王縁起』が説くように、牛頭天王の信仰というのは、南海に赴く途中に日が暮れ、宿を借りようとした牛頭天王がこころよく迎えて歓待してくれた蘇民将来の善意を褒め、以後は蘇民将来の子孫たるものを疫病から守ると約束したという神話にもとづくものであるが、こうした話は奈良時代から平安初期にかけ、僧侶や仏教と深く結んだ陰陽家の手で一般に流布しはじめていた形跡がある。そればかりか、牛頭天王の縁起の眼目は「蘇民将来子孫」という六字を書いた札を身体につけることによってよく疫病を免かれるというのであるが、この札は単なる木札ではなく、東の方に向かってさし出ている柳の木の枝を切って四角に削り、その首部を五形の体にするという特殊な呪法を伴っていた。五形の体とは五稜星のことであり、これは柳とともにヨーロッパにも行なわれた魔除けの呪法である。また、牛頭天王の名は天竺の牛頭山に関係があり、その山には熱病に効のある栴檀香を産するといい、牛頭天王の信仰は大陸との交渉のなかでもたらされた新しい呪法と、医術をも含んでいたと考えられている。

こうしてみると、牛頭天王がはじめ播磨の明石浦に垂迹し、広峰を経て都に動座したという『二十二社註式』の所伝も、暗示するところが多いように思われる。祇園ばかりか、出雲路・船岡・紫野をはじめ、平安時代に御霊会の営まれた地はほとんど平安京の条坊を少し出はずれた郊外にあたっていることは、朝廷の大祓いの儀が朱雀門や羅城門外で行なわれたのと同じように、悪疫から免かれようとする御霊会は、それ故に穢れや悪霊を祓おうとする伝来の神やらいの祭儀に依拠していたことを示すものであるが、その一方、すでにのべたとおり、御霊会は疫病をもたらすものとして非業の最期をとげたものの霊魂ばかりか、新米の渡来神の霊威に畏み、慰撫しようとするものであった。だから、こうしたなかに大陸伝来の新知識をもつ僧侶・陰陽家たちの手でもたらされた疫病防除のための新しい呪法と医術をあわせもつ牛頭天王の威力は、はかりしれないものがあったろう。御霊を慰撫し、鎮送しようとする御霊会が、やがて牛頭天王の加護を祈る御霊会に転化するのも必然のなりゆきであったと考えられる。『二十二社註式』によると、天禄元年（九七〇）に祇園御霊会がはじめて行なわれたとあるが、これは、このときはじめて官祭として朝廷の手で牛頭天王を祀る祭礼が祇園で行なわれたことを示しているように思われる。そして時代は少し下るが、『百練抄』の永承七年（一〇五二）五月二十九日条に、天安寺・東寺で行なわれた御霊会のために設けられた新造の神社を、人々が「祇園社」とよんだという記事がある。このことは、御霊会というものがしだいに祇園・八坂の地に祀られた牛頭天王の信仰によって統轄され、御霊会といえば祇園社を勧請するという形が多くなりはじめたことをものがたっているのではないだろうか。

志多良神の上京

御霊信仰の発展　九世紀後半から十世紀にかけ、平安京の住民のあいだから発生した御霊会と御霊信仰は、都市生活の充実につれ、豊かな内容をもって展開しはじめた。なかでも天満天神と牛頭天王をめぐる信仰がその中核となり、ここに御霊会は都の祭礼として華麗な行粧をととのえ、地方にまで大きな影響を与えた。すでにのべたように、貞観五年（八六三）神泉苑で行なわれた御霊会についての『三代実録』の記事のなかで、都で発生した御霊会がいち早く地方に波及していることが指摘されているが、延喜二十二年（九二二）成立という「和泉国大鳥神社流記帳」によると[18]、花摘祭という名で現在も行なわれている大鳥神社の四月七日の例祭に、「十烈（列）」「細男《さいのお》」「田楽」などの役を郡ごとに人々が交替で奉仕していると記されている。十列にしても細男にしても、都市で成立し発展した祭礼の風流と密接不可分の関係にある芸能であり、都の風がいかに早く地方に波及し、定着していったかをものがたっている。

一方、地方から中央に向けてなされた人々の移動と神々の動座も、年を追って顕著になりはじめた。先に紹介したように、平安遷都直後の延暦十五年（七九六）に都の人の集まる市でみだりに罪福の因果を説いたとして、生国の越前へ強制送遷された越優婆夷こと生江臣家道女も、おそらく彼女の奉ずる神仏のお告げにより、はるばる都に上ってきたものであろう。そして、地方の人が都の空をのぞんだのに対応し、平安京に住む人たちも、彼らの営む都市生活が充実するにつれ、より多くの地方から上ってくる人や物資を求め、新たな霊威をもつ畿外、外つ国の神々の動座・上洛を待ちうけた。筑紫の配所で没した菅原道真の霊を新たな御霊として北野に迎えて祀ったのも、祇園社の祭神牛頭天王が最初は播磨の明石浦に垂迹し、広峰を経て都に移ってきたとの所伝とならんで、より強力な神霊の出現を異国・辺域に求めるという共通した心意の表出といえるだろう。このことは、奈良時代に東大寺大仏造顕にあたって西陲の守護神たる宇佐の八幡神を迎え、その後に藤原氏がその氏の神として東国鹿島・香取の明神を春日野に勧請し、貞観元年（八五九）大安寺僧行教がふたたび宇佐八幡神を石清水に勧請したことと同列であり、その延長線上に位置するものといえる。

しかし、これら手向山八幡・春日明神、ないしは石清水八幡の勧請は、いずれも律令支配者たちの発議や承認のもとになされたものであり、いずれも彼らの国家体制、律令国家護持のためのものであった。ところが平安京にあって御霊信仰の展開しはじめた九世紀後半から十世紀になると、一般庶民たちが国家の体制とは関係なく、彼らの生活の安定を願ってより強力な神々を彼らの住地の外に求め、神々の勧請と動座をはかるようになった。このことは御霊信仰の事例のなかで、たとえば唐より渡来した新しい神などを例として指摘したことであるが、この時期に庶民の手でなされた神の動座と遷移としてもっとも有名なのは天慶八年の七月から八月にかけて出現した志多良神上京とよばれる事件である。

志多良神の道　『本朝世紀』によってその大要を記すと、まず天慶八年（九四五）の七月ごろに平安京内に流言があり、東西の国々から平安京をめざして神々が入京するということで、その神の名は志多良神とも、小藺笠《こいがさ》神とも、八面神ともいわれた。ところが、同じ月の二十八日になって摂津国の国司から次のような解文（上申書）があり、今月二十六日に管下の豊島郡の郡司から提出された上申書によると、志多良神とよぶ神の神輿三基が二十五日の辰刻（午前八時ごろ）に河辺郡のほうから数百人のものに担われ、鼓を鳴らし、歌舞しながら行列をつくって当郡に来着した。そこで、道俗男女、貴賤老少がその日の朝から翌日の朝まで山のように集まってきて踊り狂ったが、二十六日の辰刻にはお供えの菓物をはじめ種々の雑物を数えきれないほど神輿に積みあげ、島下郡に向けて出発したが、現地からの報告によれば第一の神輿は檜皮葺で鳥居をつくり、「文江自在天神」

と書かれているが、ほかの二基は檜葉葺で鳥居がないという。また、別に今日二十八日の巳刻（午前十時ごろ）に使者が摂津の国衙にやってきていうには、上記の三基の神輿は、また歌舞しながら、河辺郡の児屋寺に担ぎ送ったとのことであった。

七月二十五日から二十八日まで、淀川下流の北岸地域をぐるぐる回っていた三基の神輿は、ここで一時消息を断ったが、やがて八月三日になって石清水八幡宮から次のような上申書があった。それによると、先に三基あった神輿はいつのまにか六基となり、そのなかの一つは明確に宇佐宮八幡大菩薩と号しているが、八月一日に淀川中流右岸で、山城と摂津の国境にあたる山城国乙訓郡山崎郡から淀川を渡り、にわかに石清水に移座してきた。そのありさまは幣帛を捧げ、歌舞しながら神輿の前後をとりかこむもの数千、万人に及んだ。その日、石清水では八月十五日に行なわれる恒例の放生会の諸役の分担のことを定めるため、社務を分掌している神人たちが寄り集まって会議していたので、三綱らは驚いてさっそくやってきた人たちのところへ行き、そのなかの主だったものや山崎郷の刀禰たちをよんで事情を聞いたところ、彼らの答えには、七月二十九日の酉刻（午後六時ごろ）ににわかに隣接する摂津国島下郡から数千、万の人たちがこのようにして神輿をかついできたので、ただ恐れ入っていると、亥の刻（午後十時ごろ）になって神が群集のなかの一人の女性に憑き、我は早く石清水に参らむと申されたので、近郷近在のもの貴賤上下となく自然に沢山の人が集まり、こうして神輿を動座させてきたとのことであった。このようなことは石清水八幡はじまって以来かつてないことなので、とにかく謹んで言上するというのである。そして、このあとに神輿のもとに集まった人たちが歌舞するにあたっての童謡《わざうた》として、次の六首が記録されている。

月は笠着る　八幡種蒔く　いざ我等は荒田開かむ
志多良打てと　神は宣まふ　打つ我等が命　千歳したらめ
早河は　酒盛らば　其酒　富める始めぞ
志多良打てば　牛はわききぬ　鞍打敷け　佐米負はせむ
朝より　蔭は蔭れど　雨やは降る　佐米こそ降れ
富はゆすみきぬ　富は鏁懸けゆすみきぬ　宅儲けよ　畑儲けよ　させ我等は千年栄えて(む)

志多良神を迎える人々　以上『本朝世紀』の記事はもっぱら朝廷に言上された摂津国司や石清水護国寺三綱などの上申書にもとづいて記されたもので、前後の脈絡を欠き、とくに八月一日以後、事態がどのように進展したのかわからない。しかし、少なくともこの記事から、淀川中・下流の北岸に住む人たちが、天慶八年（九四五）の七月から八月にかけ、志多良神という名で総称されるような新しい神の示現に日夜熱狂し、集団で歌舞しながら村から村へと神輿を担いで歩き回ったさまが窺われる。このような集団的狂熱ともいうべき事態は、結局のところ、ある日、突然と今まで知りもしなかった威力ある神が示現し、人々の前にその名を告げたことによっているというほかない。たとえば、現在も鹿児島県下の各地に伝承されている疱瘡踊りというのは、通常の盆踊りのような輪躍りではなく、婦人たちが縦隊をつくり、歩きながら踊るもので、近い時代まで疱瘡神を送るときに踊るものであった。

老人たちの記憶によると、むかし疱瘡（天然痘）の患者が発生したとの噂が伝わると、どこからともなく疱瘡神送りということがはじまる。それは、ある日、突然に隣り村から三味線・太鼓ではやし、疱瘡踊りをしながら神送りの一隊が繰り込んでくる。そうすると村中の婦人が総出でもてなし、疱瘡団子とよぶ団子を供え、ていねいにお祭りしたあと、同じように三味線と太鼓ではやし、辻々で踊りながら神さまを隣り村まで送った。この神はおそろしい、あらたかな神で、ていねいにお祭りすれば疱瘡から守ってくれるが、うっかり御機嫌を損じると祟りがあり、疱瘡がはやるので、大切にお祭りするとともに、罰のあたらないうちに急いで隣り村へ送ったわけである。婦人、なかでも家々の主婦が総出でしたというところに、主婦が神のよります巫女となり、神を祀った信仰の古い姿がうかがわれるが、これは疱瘡のときだけではなく、明治十年（一八七七）の西南戦争のときなども、出征する西郷軍を迎えた村々では婦人たちが総出でもてなし、雪の道を肌脱ぎして注連縄をつけ、三味線・太鼓にあわせて踊りながら軍隊の先導をして送ったという。疱瘡ばかりか、軍隊・軍神も味方につけば頼もしいが、敵に回せばたいへんなことになる。人々は必死の思いで歓待につとめ、早々のうちにこれを送ったわけで、天慶八年の志多良神の事件も、これと同じようなものではなかったろうか。

先の『本朝世紀』の記録によると、神々の名は最初は志多良神といい、小藺笠神とも八面神ともよんだらしい。志多良とは調子をそろえて拍手をすることで、この名はおそらく群衆が手拍子をそろえて歌舞することからでた名であろう。また小藺笠神とか八面神というのも、歌舞する際に綾藺笠をかぶったり、種々の面をつけるところから名づけられたものであろう。ある日、突然に神憑りがなされ、知られざる神が示現したとき、なによりもまずしなければならないことは、審神者《さにわ》の役をするものが神に向かって問いかけ、神の名を明らかにすることであった。このことによって、その神が真神か偽神かのみきわめがつき、その正しい祭りかたも明らかになるからである。そして大切に祭り、神意をそこねないうちに次々と動座を重ね、そのたびに新たな神憑りがなされ、新しい神が現われる。この志多良神の場合も、神輿の動座がなされているうちに文江自在天神という菅原道真の神名である天満大自在天神に近似した神の名が現われ、やがて宇佐宮八幡大菩薩が示現し、石清水へ参ろうとの託宣が下されている。

未知の神の新しい示現にあたっては、祭りを重ね、託宣を重ねるたびに、より高い位次の神が現われ、そのことによって神の霊威力がしだいにやわらげられるのが通例であるし、逆に古くから知られた神は、未知の神々の新たな示現と託宣を傘下に収めることによって再生し、霊威力を回復してきた。志多良神の事件の場合、文江自在天神についで宇佐宮八幡大菩薩が現われてその名を顕示してからは、それまでの未知の神々はすべてこの神の眷属となって霊威力をやわらげ、人々の興奮も醒めはじめたろう。逆に王城鎮護、護国の神として朝廷や貴族の尊信をうけていた石清水八幡宮は、この志多良神一行を迎え入れることによって神威を増益し、信仰の底辺を深化拡大させたであろう。志多良神の一行が歌い囃したという「月は笠着る」以下の六首の童謡は、その文意は難解であるが、農耕の拡大をねがう祝歌《ほぎうた》であることはたしかである。この事件は一時的な世直しの狂熱であったかもしれないが、そこには富豪の輩などとよばれ、地方村落内で新しい地位を確保してきた人たちの希望がこめられていたといえるだろう。もちろんこうはいっても、地方村落庶民のすべてが志多良神入京を行なうような立場にあったわけではなく、その村落内部の階層構成は複雑なものであった。富豪の輩たちの農業経営への讃歌のかげにかくれて、多くの隷属民たちが自分の土地さえ持たず、そのもとで呻吟していた。

　またこのことが都市民にも影響を与えたのであろうか、志多良神などの新しい神々が東西の国々より入京するという噂が、平安京中に盛んであった。十世紀に入って平安京は都市的様相を整えてきて、市民生活も多様なものになってきたことは、前にのべたとおりである。東西市を中心として経済活動も活発になり、人々の交流も増えてきた。そしてそれにしたがって、御霊信仰を生みだすような都市の情況が現出されるようになってくる。洪水が起これぱいままでなら人家が流失するぐらいですんでいたが、人口が増加して人々の接触が多くなってくるから、当然流行病が発生して蔓延し、人々がそれに苦しむような事態となる。悪霊の魂を鎮めようとする御霊会が盛行することには、こうした都市庶民たちのやりきれない悩みというものがあったことにも、注意しておくべきであろう。志多良神の入京を都市民が狂喜して迎えたというのも、けっして都市自体を明るくするような要素があってのことではなく、時の政府の都市政策や疫病蔓延という情況の中で、やりばのない苦しみを地方からの志多良神の入京に託したのである。都市民にとっておそらくは未知の地方からの神々の入京は、都市民の苦しみを救い、また明るい未来をもたらすのではないかという、深い期待をもたせるものであった。苦しみの情況を一時の狂熱の中にでもよいから脱け出したいという希望が、都市民たちをして神々の入京を迎えさせたのであった。

そして、地方からの神々がけっして都市民たちを救うものではないということを知ったとき、彼らは念仏をひたすら唱えることによって、浄土を求めるという動きを示すようになってくる。今度は単に、向こうからやってくるという神々を他動的に迎えるのではなしに、念仏を唱えることによって積極的に浄土を求めるという都市民たちの意識が、めばえてきたわけである。

(1) 天平十八年六月十八日条
(2) 天平宝字元年七月八日条
(3) 延暦十一年六月十日条
(4) 『日本後紀』延暦十五年七月二十二日条
(5) 『寧楽遺文』下巻
(6) 『類聚三代格』巻二十　承和元年十二月二十二日官符
(7) 同前　貞観六年九月四日官符
(8) 同前　貞観八年正月二十三日官符
(9) 『扶桑略記』巻二十五「道賢上人冥途記」
(10) 『元亨釈書』巻十
(11) 『三代実録』貞観十四年正月二十日条

(12) 同前　九月二日条
(13) 『日本紀略』正暦五年七月末条
(14) 『日本紀略』正暦五年六月六日条
(15) 『本朝世紀』正暦五年五月十六日条
(16) 『日本紀略』天延二年五月七日条
(17) 延長四年六月二十六日条
(18) 『平安遺文』二一八号

貴族の信仰生活　京都の歴史と民俗 2

送終の礼

深草山の埋葬　平安遷都の前々年にあたる延暦十一年（七九二）八月四日、山城国紀伊郡深草山の西斜面は京城に近いとの理由で、人の遺骸を「埋葬」してはならないという禁令がでている。[1] また、平安遷都後の延暦十六年正月二十五日、朝廷は新たに都城の周辺域になった山城国愛宕・葛野両郡の農民たちが、それぞれ自分たちの家の側に死者を葬っているのを禁じ、今後の違犯者は畿外に追放または移住させると命じている。[2]

延暦十一年当時の京城といえば長岡京であるが、その遺跡のある乙訓郡向日町の台地からみると、京都市伏見区深草の地はちょうど真東にあたり、直線距離で七キロほど隔たっている。深草山というとき、『日本紀略』は天長三年（八二六）七月二十六日に藤原冬嗣を愛宕郡深草山に葬ると記しているのに対して、『延喜式』は冬嗣の墓を「後宇治墓」と

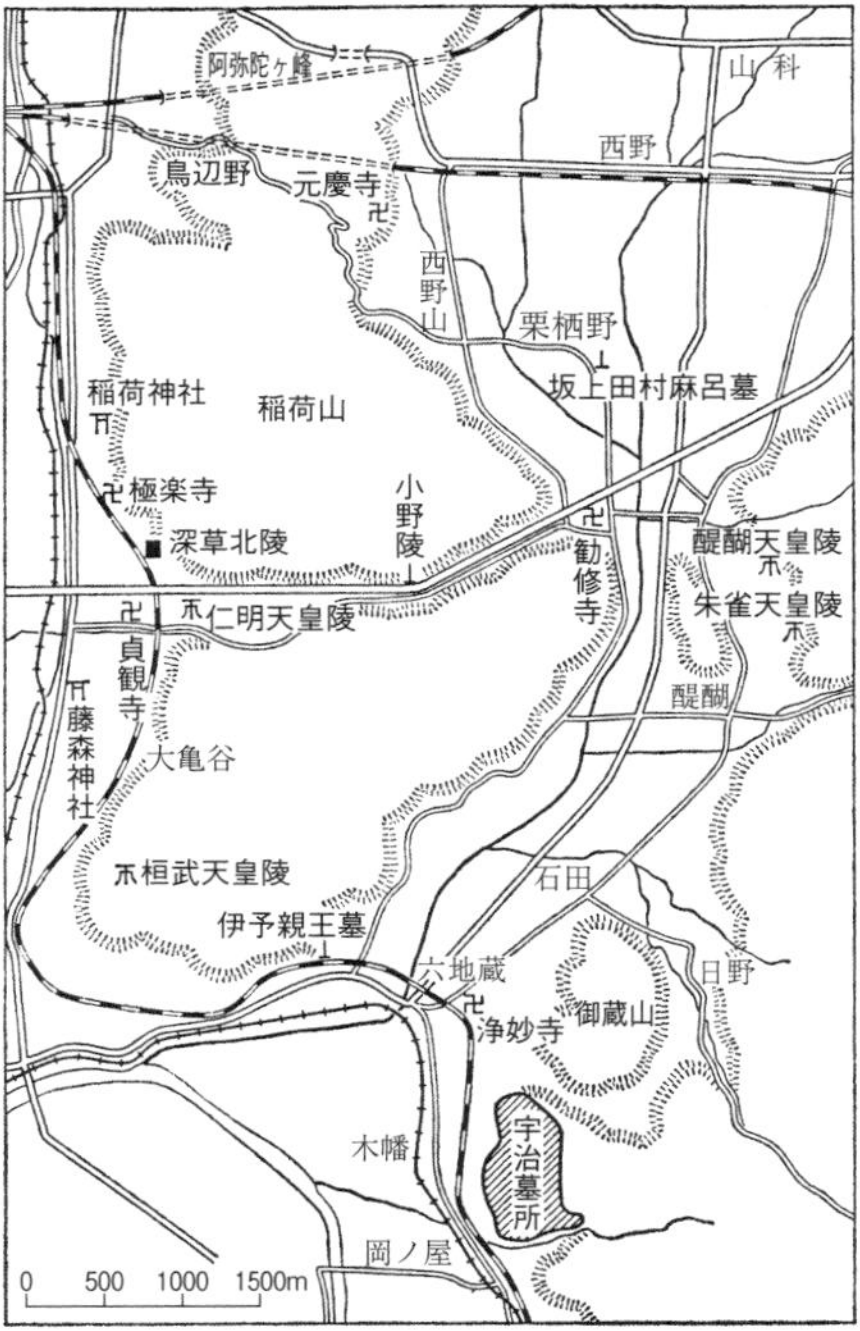

図２　深草野辺と宇治墓所

山城国紀伊郡深草の地は平安京の東郊にあたり，葬送の地としてよく利用されていた。しかし平安京の右京がすたれて左京が東に都市化していくにつれ，深草は葬送にふさわしい地ではなくなってきた。そこで葬送地はさらに東に移って宇治あたりがかわって利用されるようになる。この宇治の中心になるのは御蔵山西麓を含む木幡地区であって，主として藤原氏一族の人々の墓所として有名である。いまは私鉄経営の住宅地となってしまい，昔をしのぶよすがは図示の部分にとどまるのみである。道長は木幡に浄妙寺を築いて藤原氏の墓所を顕彰した。しかしこの寺もいまはない。

よび[3]、十陵四墓のことを定めた『三代実録』天安二年（八五八）十二月九日条とともに、宇治郡内にあると記している。愛宕・紀伊・宇治三郡の境界も曖昧であったようで、深草山といえば深草の地の東、今の稲荷山を中心に、阿弥陀ケ峰の南から桃山にかけての山々の総称であったかと思われるが、そのなかでも稲荷山の南の大亀谷は、古く難波の地から淀川を遡航してきた旅人が伏見辺りで上陸し、墨染・深草から大亀谷を経て東国に向かう重要な交通路にあたっていた。このような場所は、たとえば平城京の北、奈良山の谷間を経て山背（城）に向かう道筋とか、飛鳥の古京から東に向かって進んだところの隠国《こもりく》の泊《はつ》瀬《せ》とよばれた地がそうであったのと同様に、古くから深草をはじめ巨椋《おぐら》池東北岸に住む人たちの葬地となっていたろう。

『行基年譜』によると、行基は天平三年（七三一）紀伊郡深草郷に法禅院（檜尾寺）を建立したとある。また、『日本霊異記』は、行基が紀伊郡の深長寺にあったときの話というのを伝えている[4]。『和名類聚抄』に深草を「不加乎佐」と訓じているから、深長寺はフカオサデラと訓み、これは『文徳実録』嘉祥三年（八五〇）三月二十七日条に檜尾寺（法禅院）などと並挙されている深草寺のことで、伏見区深草西伊達町二番地の白鳳瓦の出土する廃寺跡がそれと推定されているが、このような寺々に行基が一時的であれ止住したことがあったとすれば、彼の布教活動の性質上、そこにはかなり有力な豪族がおり、深草の場合は秦氏と考えられるが、その地が交通の要衝であると同時に、かなりの規模の葬地のあったことを推測させる。深草に居住した秦氏は和銅四年（七一一）秦伊呂具によって稲荷神社を創祀したと伝えるが、稲荷三ノ峰上の古墳や祭地と、その麓の大亀谷の葬地とはけっして無関係ではなかったろう。仁明天皇の深草陵や、冬嗣の墓地など、平安初期の貴顕の墓所が少なからずこの地にみられるのも、理由のないことではなかったと思われる。

ともあれ、第二次大戦中に干拓された巨椋池は、河川の沖積の未熟な時代には広大な水域を占めていたから、上記の禁令のだされた時代には、京都盆地西南隅の台地上に営まれた長岡京の内裏からみると、深草の山、なかでも今日の稲荷山などは湖水を隔てて朝日の昇る大切な目印の山であったかもしれないし、その麓に大きな葬地があったとすれば、それが長岡京の貴族たちから忌避される理由は充分にあったかもしれない。だが、それがたとえ古くからの大きな葬地であったとしても、直線で七キロも離れた場所の死穢を気にした神経は、少しく異常とはいえないだろうか。二番目にあげた延暦十六年（七九七）の禁令をみると、貴族たちは平安京という新しい都城を営むにあたり、その名のとおり千年の平安を保つよう、細心の注意をもって穢れを祓おうとしたものと解せられる。しかし、このような禁令のだされたことは、死穢に対する感覚が農民と貴族とで大きく違っていたことを示しているように思われる。貴族たちは、おそらく自分たちの家居の近くに死者の遺体を葬っていた愛宕・葛野両郡の農民たちに対し、それを今まで都から遠く離れた地域に住んできたものたちの心ない未開の風習とみなし、あらためて矯正しようとしたものであろう。けれども、貴族たちほど死穢に敏感でなかった農民たちにとって、この禁令はまことに迷惑至極であったにちがいない。貴族たちは、死の穢れに対する過敏症であったといえそうである。

藤原氏の墓所

藤原師輔の日記『九暦』の承平六年（九三六）九月二十一日条によると、師輔の父の忠平は、この日、太政大臣就任報告のため醍醐先帝の後山科陵と、父親基経の宇治墓所に詣り、帰邸してからも喜びのあまり、師輔を前にして深更まで懐旧談にふけったことが知られるが、そのなかで、兄の左大臣時平が亡くなるとき、自分の骨を父基経の墓所の東南の方に置いてほしいといったのは、自らを皇太子宮になぞらえたものかといい、また、前々太政大臣（良房）や、内麻呂大臣（右大臣）の墓も父の墓の近くにあると聞いているが、確かなことは知らないといっている。清和天皇のとき、臣下として最初に摂政になった良房は基経の叔父であるが、基経は良房の養子になっているから、時平、忠平兄弟からみると良房は大叔父であり、義理の祖父にあたる。また、内麻呂は嵯峨天皇に仕えて藤原北家興隆の基を開いた冬嗣の父で、良房は冬嗣の子であるから、これも藤原氏北家の歴史のうえで重要な人物である。生活に追われて祖先のことまで考える暇のない庶民ならいざしらず、忠平のような貴族中の貴族である藤原氏北家の当主とあろうものが、たいせつな祖先、それも遠い先祖ではなく、祖父の墓さえその在り場所をよく知らず、また、知らないことを別に恥とも思っているふうのないのは、不思議というほかない。

『三代実録』貞観十四年(八七二)九月四日条に良房を愛宕郡白河辺りに葬るとあり、『延喜式』(巻二十一諸陵寮)もそれを「後愛宕墓」とよんでいて、基経の宇治墓所の近くに良房の墓があるという忠平の談話は、まったくの記憶ちがいによるものということができる。そして、承平六年に忠平が詣ったという基経の宇治墓所について、『日本紀略』寛平三年(八九一)正月十五日条に、堀河院第に没した基経を山城国宇治郡に葬るとあり、『延喜式』に「次宇治墓」として山城国宇治郡にあると記しているが、『西宮記』裏書には「延喜六年(九〇六)六月六日御記」として、時平が父基経の柩を小野墓所に送ったと語った旨が記されている。基経の宇治墓所とよばれるものが宇治郡小野郷(東山区山科小野)にあったとすれば、忠平が醍醐天皇の後山科陵参詣の途次に基経の墓に詣ったとの『九暦』の記事も自然に了解できる。だが、延喜五年に撰述された『古今和歌集』巻十六の哀傷歌に、「堀河太政大臣(基経)身まかりける時に、深草の山にをさめて後に詠みける」

との詞書のもと、僧都勝延と上野岑雄の二首があげられ、後者は、

深草の　野辺の桜し　心あらば　今年ばかりは　墨染に咲け

として、人口に膾炙している。そればかりか、寛平・延喜のはじめから一世紀を経た道長の時代になると、基経は生前に宇治の木幡の地を相して一門埋骨の所となし、基経以後、歴代の霊がここに鎮まっているといわれるようになった。

十陵四墓

伏見大仏で知られる伏見区西桝屋町の欣浄寺は、北隣の墨染町の墨染桜寺とともに貞観十六年に建立された貞観寺の旧地といい、関白基経を葬った地と伝えている。墨染の地名は前記の上野岑雄の歌に由来するというが、この歌でいう「深草の野辺」と「小野墓所」とは、大亀谷の道でつながっているとはいっても、相当な距離である。まして基経は宇治の木幡の墓地に眠るというのは、のちにいいだされたことであった。とすると、このような混乱が生じたのは、結局のところ、当時の貴族たちが現在のわれわれのような展墓・墓参の風習をもたなかったからではあるまいか。この点に関して平安時代の皇室・朝廷における陵墓祭祀の習慣についてみると、いわゆる「十陵四墓」の制の定められたのは天安二年[5]（八五八）であった。これは荷前《のさき》の制度の確立を意味するもので、その原型は少なくとも弘仁十三年（八二二）まで遡ることができるが[6]、荷前というの

は毎年十二月、陵霊を祀るために陵墓に奉幣することで、その使者は荷前使とよばれる。だから、これは現在の感覚からすれば至極あたりまえの制度のようにみえるが、荷前の奉幣が天皇・皇后の陵墓のすべてになされるのではなく、十陵四墓にかぎって奉幣されたというところに問題がある。

というのは、清和天皇の天安二年（八五八）に定められた十陵四墓は、天智天皇・施基皇子・光仁天皇・同妃高野朝臣新笠《にいがさ》（桓武天皇母后）・桓武天皇・同皇后（藤原乙牟漏）・早良親王（崇道天皇）・嵯峨天皇・仁明天皇・文徳天皇の十陵と、藤原鎌足・同冬嗣・冬嗣室美都子（文徳天皇外祖母）、藤原良房室源朝臣潔姫（清和天皇外祖母、なお、当時、良房は生存）の四墓であった。だから、天皇の代がかわるたびに、十陵四墓の内容も血縁に基づく政治的配慮によっておおいと変化するわけであるが、奈良時代から平安時代にかけて陵墓祭祀のために使者の派遣された事例をみると、この十陵四墓に奉幣するための荷前使の派遣以外のものは、すべて陵墓の鳴動を鎮めるためとか、祟りを鎮めるためという異常事態によるものである。そればかりか、『続日本後紀』承和十年（八四三）四月二十一日条には、承和六年の旱天の原因であったという神功皇后陵の陵木伐採事件にはじまり、(7) しばしば繰り返された神功皇后陵の鳴動をめぐって、それまで神功皇后陵と思って奉幣やら宝剣供進などをしてきたのが、実は成務天皇陵の誤りであったことが判明したという事件が記録されている。もし十陵四墓とか荷前使の制の確立される以前に、それと類似し、その先蹤形態になるような制度が古くから存在し、天皇・皇后の陵墓に平素から恒常的に奉幣するという習慣があったならば、このような誤りは発生するはずはなかったであろう。

承和七年五月六日、淳和太上天皇の有名な散骨の遺詔がだされた。そのなかに「人の歿するや精魂は天に帰す、而るに空しく冢墓を存して鬼物これに憑き、終に乃ち祟りを為し、長く後累を貽す」とあり、これに対して中納言藤原吉野は「我国、上古より山陵を起さざるは未だ聞ざる所なり、山陵は猶ほ宗廟のごときなり、縦し宗廟無んば、臣子は何の処を仰がん」と奏言したと伝える。(8) 律令国家は法制のうえでは中国の家族・婚姻制度、相続制度を導入しようとしたが、実際にはそれは皇位継承をめぐる一部でなされたにとどまり、貴族たちの生活のなかに入ったとは思えない。これと同様に、中国の宗廟の制にならって十陵四墓の制が定められても、その運用はけっして円滑になされていない。先に紹介した弘仁十三年の荷前使の初見の史料からして荷前使の闕怠に関するもので、その後もおなじような史料は枚挙にいとまない。「鬼物これに憑」くという言葉の示すように、陵墓は恐るべきところであり、めったなことで近寄るところではなかったらしい。

この時代の貴族たちの葬儀の様子をみると、多くは火葬で、火葬場までは大勢の親類縁者が参集して哀悼の意を表する。だが、いよいよ荼毘にかかるころには大部分のものは鴨川などで祓いをすませて家に帰り、あとは故人の乳母の子といった、縁者ではあるが身分的に下のものが骨を拾って壺に納め、それを首にかけて持ち、わずかの僧侶が随行して墓所に納める。その墓所も石の卒塔婆を建て、周囲に忌垣とよぶ木柵をするくらいの簡素なもので、今日でいう喪主にあたるような肉親のものは、かえって骨納めなどに参加しないのが通例であったらしい。これは一般の貴族たちだけでなく、天皇・皇后などの場合もおなじ形で執行され、人々が火葬場まで送る第一次の葬儀と、荼毘以後、納骨までの第二次の葬儀に分け、後者を簡略にすますのが貴族たちのいう送終の礼であった。

葬送の儀礼

『栄華物語』には、長徳二年（九九六）、叔父の藤原道長のために大宰権帥に左遷されることになった伊周が、夜ひそかに邸をでて宇治の木幡に赴き、月明りをたよりにようやくの思いで前年に死んだ父道隆の新しい墓標を探しあて、恨みをのべる話が伝えられるが、これはけっして作者の文飾ではなく、一年前に死んだ父親の墓でさえ、墓標の立ちならぶ墓原をあちこち探さなければ見つからないというのが常態であった。墓参りは忠平のように太政大臣就任といった得意の絶頂とか、逆に伊周のように政争に敗れた失意と悲歎のどん底といった異常なときでなければ普通はしなかったし、荷前使の闕怠も、貴族たちがもともと陵墓祭祀になじまず、不熱心であったからであろう。藤原忠平が父親基経の墓は知っていても、祖父良房の墓の所在についてはいいかげんな放言をし、その基経の墓も、息子の時平や忠平たちだけが正確に知っているだけで、ほかのものは深草のあたりといった形で漠然としか知らず、やがて直系の子孫でさえ所在を忘れてしまったというのも、以上のような葬送儀礼や陵墓観に基づいていたと考えられる。

穢の思想

平安時代の貴族たちは、壮大な古墳を築造した大和朝廷の貴族たちの直系の子孫である。それなのに、彼らの陵墓はまことに貧弱であったし、彼らはめったなことでは陵墓に近寄らなかった。この間の宗教思想史上の変化はまことに大きなものがあったといわねばならない。なぜこのような変化がなされたのか、その理由を簡単に解き明かすことはできないが、ただ最初にのべたように、平安時代の貴族たちは当時の一般庶民たちにくらべても、死穢について、あるいはもっと大きく、もろもろの宗教的な意味での罪と穢れに対してひどく敏感であったことはたしかである。大和朝廷時代の祭政一致とよばれる神権政治の延長線上に律令政治を運用してきた貴族たちは、仏教や儒教そのほかの大陸思想の直接の影響もさることながら、彼らのあいだで温存されてきた政治をもって祭事とする伝統的意識のうえに、ことあらためて法式整備された新しい廟堂に立つとの自覚が加わり、彼らの日々の行為は神と神の子である天皇に対して重大な責任をもつゆえに、あらゆる穢れを避けねばならないとして、いっそう厳しい禁忌をみずからに課し、それが彼らの習い性になったのではなかろうか。

貴族たちは律令支配者として、彼らの営んだ優雅な宮廷生活そのものの聖性を維持するためにも、罪、とくに穢れに対する鋭敏な感覚を芸術的といえるほどまでに磨き上げたし、そのような過剰な禁忌の思想が、彼らの信仰と行動のすべてを内部から律し、外部から呪縛したといってよいだろう。そして、平安時代の天皇・皇后の陵墓が後世になるにつれて多く所在不明に帰したことについて、蒲生君平をはじめとする近世末の勤王家たちはすべて皇室の式微、摂関家の増長、武門横暴のあらわれとみなし、幕末から明治初年にかけて不明になっていた陵墓の治定が強力に推進された。けれども、こうした勤王家たちの慷慨は、儒教の影響をうけた近世の武士的な家と祖先墓・祖先霊についての常識に基づく的はずれの憤慨にすぎなかった。栄華をきわめた摂関家も、その当時から歴代祖先の墓所を正確に記憶していなかった。彼らの関心は自邸や寺院における祖霊・亡魂供養の法会や祭祀に集中し、墓前祭祀はもともと多く関心の外にあった。彼らが後世の勤王家たちから責任を糾弾されても、それは彼らが最初から与かり知らないことであったというべきであろう。

神事と仏事の関連

貴族の住宅と機能　宇治平等院などの例をあげるまでもなく、平安貴族たちはしばしばその邸宅を浄捨して寺院にしている。このことは、彼らの平素の信仰生活のありかたに起因するものではあるが、より直接的には彼らの住宅の構造と居住様式とに深く関連していた。結論を先にいうならば、この時代の住宅建築は社寺建築とのあいだに構造的にはっきりした区別がなく、家の住みかたとか、使いかたにしても、貴族たちは自分の住居でありながらまるで神社の本殿やお旅所、お寺の本堂などに住むようなつもりで日常の生活を営んでいたから、邸宅を寺院に改造するのは、技術的にも、心理的にも造作のないことであった。

貴族の邸宅は寝殿道とよばれているが、その正殿である寝殿の内部はほかの殿舎と同様に広い板床で、寺の堂の内陣に相当する身舎《もや》（母屋）と、外陣に相当する廂の部分からなっている。このうち、廂のほうは障子・遣戸や几帳の類で間仕切りし、曹司などともよんで家族員や使用人が使うのに対し、身舎は家長が日常に使用する部屋であり、そこは同時に恒例臨時の神祭に使う場所であった。日本の神道にはもともと偶像崇拝はなかったから、神祭の日には寝殿の身舎の中央に神の依代を設け、そこに神霊の降臨を願って供物をそなえ、神人相饗して祭りを行なった。そして、このような伝統的な感覚は仏事法会にも顕著に認められ、貴族たちはその邸内に持仏堂をもち、平素はそこに仏像を安置して礼拝したが、一門一家の法要をそこで営むということはなかった。彼らは法会の日になると、伝統的な神祭の日とおなじように、寝殿の身舎・廂を開放して清掃し、身舎の中央に仏像・仏具を運びこんで臨時の仏壇を設け、招かれた僧侶は身舎の仏壇の前に坐って読経し、家長

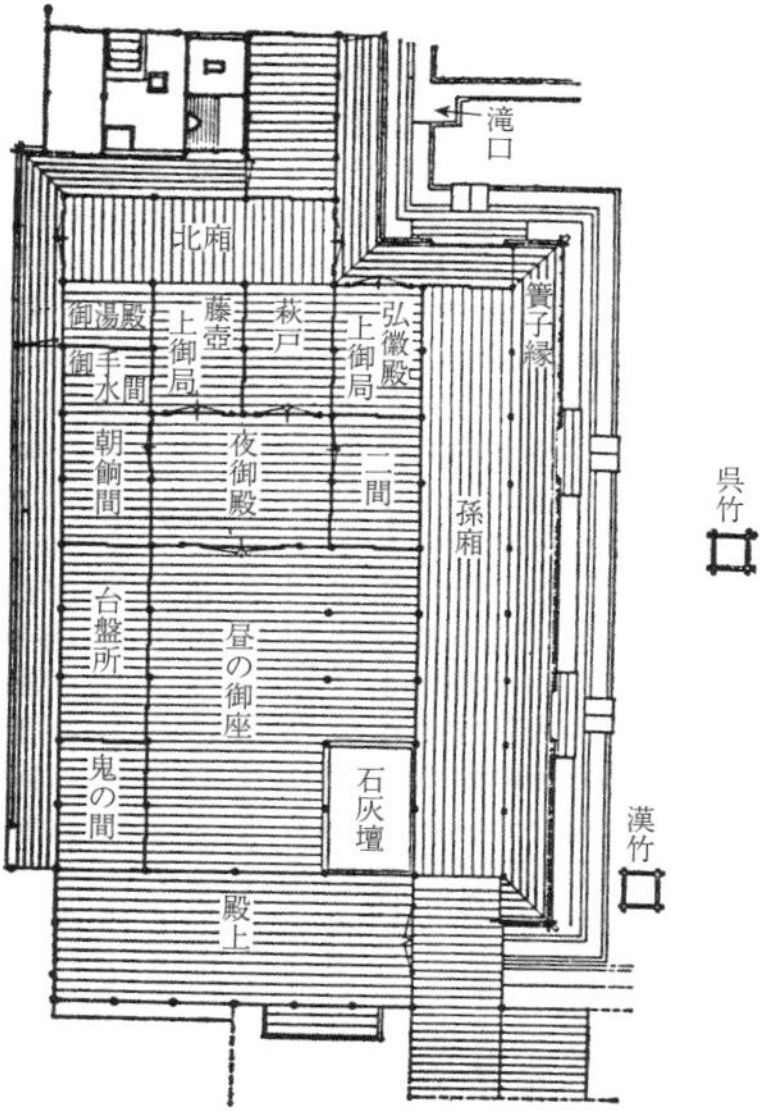

図3　清涼殿

平安京内裏の中の建物である。紫宸殿が前庭をひかえた儀式用の建物であったのに対して、清涼殿は天皇の私的な居所であった。現在の京都御所の清涼殿は江戸時代末期の建物ではあるが、よく平安時代の面影を伝えている。

以下は廂の座にあって礼拝し、その形式は現在の寺院の本堂で、内陣と外陣を使って営まれる法会と異なるところはなかった。彼らの法会は、伝統的な神祭では家長が神主役をして神霊を招禱するのに対し、専門の宗教家である僧侶を請じて法会の主役を勤めてもらうという点で特色をもつだけで、あとは伝統的な神祭と形式的にはおなじ原理の延長線上にあったということができる。

寝殿内部のもっとも発展した形の間取りは、今日の京都御所の清涼殿で実地にみられる。この建物は東向きになっていて、図のように身舎・廂のほかに弘廂が付加されているが、身舎は天皇の昼の御座所で、その北に扉を開いて入る夜の御座（寝所）がある。さらにその北に局の間が三つあり、それらには中宮・女御・更衣が伺候する。そして西廂には御湯殿・御手水・朝餉・台盤所に鬼の間がつづき、南廂に殿上人の伺候する殿上間があり、彼らは東廂の外の弘廂にまわって天皇に拝謁するようになっている。一般貴族の寝殿の場合も、規模は小さくとも機能的に同じであったろう。現在でも家のなかの板の間の部分を「御家《おいえ》」とよぶ地方は多いが、とくに古い農家の囲炉裡のある広い板の間には、寝殿の身舎のもっていた機能が濃く伝承されている。この板の間の中心を占めるイロリの周囲の座席をみると、家長は正座である横座に坐り、外来客は下座にあたる客座に坐り、主婦はその反対側に坐る。家長はよほどのこと、たとえば一族本家の主人や檀那寺の住職などが来たときだけ正座である横座を譲るが、そのほかはめったなことでその席を余人に譲ることはない。このことは、家長がその家の神を祀る責任者であり、横座がその家の正座として神祭りをするものの座席であるからと考えられている。横座の後ろの長押《なげし》の上に神棚の祀られることは多いが、それよりも大切なのはイロリの火であり、イロリの火は一家の存続を象徴する神聖な火として年中絶やさないように注意し、正月には特別の薪を燃すかわりに、家内に不幸があれば火を消して灰をとりかえ、塩で清めてから新しい火をつける。これはイロリの火が家の中心として神のよります座であるからであろう。そして、イロリのある板の間から寝所であるナンド（納戸）やヘヤ（部屋）に入れるようになっているのは、寝殿にあって身舎の一部を寝所にし、ツボネ（局）を設けているのと同じといえる。

まつりと穢れと

神が人の住居のなかに住み、人と神とが常住同居するのは原始時代の姿であったが、屋敷内の正殿の中心部を神祭りの場所とし、同時にそこを神祭りの責任者である家長の日常起居する場所として平素から不浄を忌み、いつも神祭りのできるように心づもりしているのが、平安貴族たちの住居に対する基本的な思想であった。彼らの住宅である寝殿造はこうした思想と信仰に基づき、構造的にもそのように設計され、その伝統は現在も古い農家のイロリのある板の間にうけつがれ、逆にそうした板の間の機能から平安貴族の住居様式を考える手懸りが得られるのである。しかも、これとともにもう一つ注意しなければならないのは、こうした住居に住んでいた平安貴族たちは律令制下の官人貴族として国政の当事者であり、国家のまつりごとの執行者であり、司祭者であった。だから彼らの身辺は一般の庶民とはちがい、はるかに厳重な物忌みが平素から要求され、あらゆる意味で穢れを避けねばならないと考えられていた。

先に平安貴族たちは死穢に対する過敏症であったと記したが、京都御所の清涼殿についてみると、天皇の昼御座の東北にあたる廂のところ、夜御座の隣りに二間《ふたま》という室がある。ここは宿直の護持僧が観音菩薩の絵像などを掛けて玉体護持の祈禱をしたところという。また、昼御座の西南の廂の室の鬼の間は、南の壁に白沢王が鬼を斬る故事にちなんだ絵が描かれていたというが、これも邪鬼を払うまじないという。要するに東北と西南とは陰陽道でいう鬼門と裏鬼門にあたり、二間での読経と鬼の間の絵はそれを押えるためのものである。こうした信仰はたわいのない迷信といえばそれまでであるけれども、このような陰陽家の説に耳を傾け、真面目に信じたのは、かならずしも平安貴族たちの心の弱さの現われとは思えない。彼らの私宅もさることながら、内裏・大内裏の郭内とその殿舎は国政の中枢であり、あらゆる努力を払って神聖さを維持しなければならなかったし、神祭りの障害となる悪しきものは、罪といい穢れといい、すべてを排除する必要があった。彼らが内裏への出仕の途中に犬の死骸を見ただけで触穢と称して解除の手段を講じ、外出にあたっても吉凶を占って方違《かたたが》えなどをし、とくに家相そのほかを重視したのも、いずれも彼らの官人貴族として有していた異常に強烈な禁忌意識の発現であった。

陰陽道の所説に発している各種の俗信・迷信のうち、縁組みの日取りとならんで家相に関するものは、今でも物堅い老人たちの間でかなりの影響力を有しているが、その背後には家をもって単なる人の住居だけとはみないで、そこは人が住むとともに神を祀る場所であり、それゆえに清浄を保持して異物の侵入を防がねばならないとした古代以来の信仰が潜んでいるといえよう。そして平安貴族たちは、この種の信仰をもっとも強固に有していたから、伝統的な神祭りを行なうためには仏事法会でさえ、簡単に朝廷内やその自邸で営まなかった。仏教が日本に流伝したのは六世紀初頭であったし、八世紀、奈良時代における官寺仏教の興隆のあとをうけて、なおこのような現象のみられるのは不思議ではある。しかし、それは官寺という国家が特別に建立した寺院や、私寺とはいえ、貴族の私邸とは離れた場所での法会ではなく、それを貴族の私邸や大内裏の殿舎で行なうことに対して障害と抵抗があったのである。

貴族たちは、その邸内に持仏堂をもち、平素は仏像をそこに安置したと記したが、朝廷にあっても、仁王会をはじめとする護国法会のための仏像・仏具・装束の類は図書寮に保管されており、(9)法会の日に大内裏内の所定の殿舎に安置し、僧侶の読経・講説がなされた。そのため、内裏の殿舎や貴族の私邸における神事と仏事の連関はきわめて微妙で、平安末、藤原頼長の日記『台記』天養二年（一一四五）三月七日条には、伊勢神宮への勅使の役を命ぜられた左大将雅定が、邸内の仏像・経文の類を邸外に出して精進潔斎していたところ、にわかに寝殿の屋根から煙があがったので放火かと思い、あわてて天井を破ってみたら、天井裏に絵像の仏五体と法会に使う色旗などがあったので、それらを門外に運び出したら煙が消えたという話が記されている。これなどは、おそらく典型的な事例といえるだろう。

貴族の日記類をみると、内裏で神祭りの行なわれる日には忌みのかかっているものと同様に、僧侶を参内させなかった例はきわめて多い。おなじ趣旨からなにか神事の役にあたっているものは、それが終了するまで寺院に参詣したり法要に列席するのを遠慮し、逆に仏事に参列するものは、その直前と直後に神社の前を通るのを遠慮したりした。また、灌仏会とか盂蘭盆会など、かねて宮中で営まれることになっている法会の日が、なにかの都合、とくに卜占の結果でどうしても神事を行なわねばならなくなると、仏事のほうを廃止したり、時間的に神祭りに障害のないよう短縮したりした。神事も仏事もその性格上、どうしても廃止したり短縮できないときなどは、その場所を別にし、両者がたがいに障りあいしないように配慮された例もある。そして十世紀中ごろから、重要な神事のなされる六月や十一月、十二月でも、緊急の目的をもつ修法読経にかぎってこれを営む例がみられるようになり、神事と仏事とが同じ日に並行してなされることもはじまった。また大殿祭などの伝統的な神祭りで営んできたものを仏式に改めるようになったり、延暦寺の大火のために賀茂・平野・松尾の三社の祭りを停止し（承平五年）、大宰府四王寺の鳴動で伊勢神宮に奉幣したり（天慶六年）、神事に神社と縁の深い寺院の僧侶の参列するふうもはじまった。

こうしてみると、この時代に進行した神仏習合とよばれる事象も、けっしてスムーズに進展したのではなかったことがわかる。それは各種の障害を越えながら、屈折した形でなされたのであるが、そうした障害のなかでもっとも大きかったものは、内裏・大内裏の殿舎や貴族の私邸の寝殿が伝統的に神を祀る場所として平素から清浄が保たれ、それをめぐって貴族たちのあいだで強固な禁忌意識が存在し、彼らが先例を容易に改変しようとしなかったことであったと考えられる。彼らが仏教を信ずる一方で陰陽道の諸説に真剣に耳を傾け、さらには伝来の山岳信仰と深く結び、山中に練行してその霊気を感得し、呪験力を身につけようとする山岳修験に大きな関心を寄せたのも、つまりは現人神としての天皇を奉戴した彼ら律令官人としての禁忌意識が、すべての底辺をなしていたからといえるだろう。そして、このような禁忌意識がしだいに弱まり、朝廷における公の行事（神事）に対して貴族の私邸での行事の比重が相対的に増加するにつれ、神事と仏事の融和もしだいに進行し、それが寺院のありかたをも大きく左右することになった。

貴族と寺院

殿舎の作法

朝廷・大内裏における儀式というとき、われわれは現在の学校の入学式や卒業式のように、公卿以下百官がひとつの殿舎のなかに集まって行なったように考えやすいが、実際はその反対に屋外に列立して行なった。たとえば、もっとも重大な儀式とされた朝堂院における元日朝賀の儀をみると、天皇は大極殿中央の高御座につき、皇后はその斜め後ろの御座につき、周囲に内親王以下、女官らがひかえる。そして、大極殿の前面はすべて吹き放ちで、皇太子以下の文武百官はすべて中庭に立つ。その庭は龍尾壇で二部分に分かれ、皇太子と閤内大臣は壇上、親王、閤外大臣以下はすべて壇下の南庭に左右に分かれて列立し、拝礼がなされる。このとき左右の十二堂も回廊も用いられず、その建物はすべて吹き放ちでテントを恒久的にしたようなものであるが、これらは中庭を縁どる補助施設で、雨天のときに人々がその中に入って儀式をするためのものではなかった。降雨・降雪などを理由にして、しばしば朝賀の儀が廃されているのはこのためである。そして、このような儀式のありかたは寺院や一般貴族の邸宅でも原理的には同じであった。

寺院における法会のありかたをみると、興福寺など奈良時代以来の巨大寺院の法会では、金堂の吹き放しの裳階《もこし》に施主や公卿、声明を唱える唄師《ばいし》の座が設けられ、金堂の前の中庭に導師・呪願師の礼盤と高座を置き、舞台の周囲に舞人や諸役人の座席を配当する[10]。そして、中庭をとり囲む周囲の回廊に参詣者・僧侶・楽人の席やら休憩所を設けて中庭を中心に法会が執行され、金堂の内部には人の座はなく、人が金堂の内部に入るのは花を供えるときだけで、これは元日朝賀のときに皇太子以下が大極殿の基壇の上、軒の下まで進んで奏賀するのと同じである。また寝殿造の邸宅にあっても、天皇が上皇や皇太后のもとへ新年の挨拶にいく朝勤《ちょうきん》行幸や、臣下が上皇に新年の挨拶にいく院拝礼《いんのはいれい》、大臣や大将が客を饗応する大臣大饗・大将大饗など、すべて公式の訪問は南庭の挨拶を行ない、主人が寝殿内に坐り、来客は南庭に立ち、整列して挨拶する。そして主人のすすめにより、あるいは主人が南庭に降って誘うことによって、客ははじめて南階から寝殿に昇る。

南庭はこのように利用されたから、寝殿への正式の出入りは南階から行なわれ、主人・家長の外出・帰宅・転居、正式の来客はすべて南階が用いられ、必然的に邸内の正式の門は寝殿の南階の正面にあたる南門であった。だが、このような形式は貴族たちの私的な住宅からしだいに崩れはじめた。それは彼らの住宅の別荘化とよばれるものであり、別荘の本宅化によるものであった。そのような別荘的な邸宅では南庭に広大な池や中島が造られ、遣水などが設けられる。すると、南門から寝殿の南階に向けて真直ぐに進む従来の正式の作法はしだいに堅苦しく感じられるようになり、寝殿の横の対屋から南庭を囲む形で出ている廊に設けられている東西の中門から出入りするようになり、さらに、よほど公式の訪問や家長の正式の外出・帰宅でないかぎり、この中門廊から昇って寝殿に入るようになった。そして貴族たちの住居様式がこのように変化しはじめると、その正殿である寝殿はしだいに外からの来訪者に開放されることになるが、このような邸宅を浄捨して寺院にしたり、あるいはこうした邸宅形式に準じて寺院が建立されると、その本堂はかつての官大寺の金堂とちがってその内部空間を人間のために開放し、公開するようになりはじめた。

神社の場合、神殿はいつまでも閉鎖的な性格を維持し、今日も人は社殿の外から礼拝する形になっているが、寺院の場合はすでにのべたとおり、寝殿の身舎の部分に仏像を安置してこれを内陣と称し、廂の部分に人が坐って仏像を礼拝する形をとり、ここを外陣と称するようになっている。このような形式の寺院本堂が成立するには、そのもとになった貴族たちの住宅である寝殿の前述のような変質、彼らの居住様式の変化の起こることを前提としている。したがってまた、こうした変化に基づいて成立した新しい寺院のありかた、その本堂の内部構造は、必然的に中国大陸の寺院建築をそのまま模した官大寺から直接に発展したものではなく貴族たちが個人的な祈願によって建立した寺院において始まり、公的な法会によらないで私的な祈願を表白するため仏前で参籠することが一般の風潮になるにつれ、これが寺院の様式の主流を形成することになったのである。

山城の定額寺

寺　名	建立者	定額寺に列した年
安祥寺	仁明皇后	斉衡2年(855)
観空寺	嵯峨天皇	貞観12年(870)
貞観寺	清和天皇	貞観16年(874)
大覚寺	淳和太皇太后	貞観18年(876)
元慶寺	陽成天皇	元慶元年(877)
嘉祥寺	文徳天皇	元慶2年(878)
円覚寺	清和太上天皇	元慶5年(881)
神応寺	紀内親王	仁和元年(885)
浄福寺	班子女王 光孝皇后	寛平8年(896)
醍醐寺	醍醐天皇	寛平9年(897)
勧修寺	醍醐天皇	延喜5年(905)
東光寺	皇太后高子 陽成天皇母后	延喜5年(905)

定額寺と御願寺　そして、このような意味を内包している貴族たちの私寺の成立過程についてみると、まず定額寺と御願寺の問題がある。御願寺というのは皇室を檀越《だんおつ》とする皇室の私寺で、そのかぎりでは僧綱などによる国家統制をうける義務はなかった。これに対して定額寺は、貴族・豪族を檀越とする私寺が官に登録され、定額寺という名のもとに官寺の取り扱いをうける。したがって、こ

れは国家の統制をうけるわけであるが、その反面、僧侶の定員、灯分の稲、修理料の施入や、墾田百町の開発権などが付与される。この定額寺の具体例は天長元年（八二四）高雄神護寺が定額寺に列したのを文献上の初見とし[11]、律令国家の財政力の減退しはじめる十世紀末まで行なわれる。ところが、平安時代初期の山城で、御願寺でありながら定額寺に列しているのが上表の十二カ寺ある。

この時代、定額寺に列したものとして、山城国以外では河内国観心寺があるが、史上、定額寺と判明するものはおよそ六十カ寺である。そのうち十九カ寺が山城にあったことを考えると、山城の場合は御願寺でありながら同時に定額寺であった場合がきわめて多かったといえる。この場合の御願寺は皇室の私寺にはちがいないけれども、この段階ではなお定額寺として官寺的色彩の濃い寺院といえるだろう。これに対して定額寺の制の衰退した十世紀の末、たとえば円融天皇によって建立された円融寺などは、皇室の私寺としての御願寺の性格をはじめから備えていたと考えられる。洛西仁和寺の近傍に七仏薬師を安置した円融寺は、永観元年（九八三）に落慶供養が行なわれ、寛和二年（九八六）円融天皇は堀河院よりここに移り、その後一条天皇は二度にわたってこの寺に行幸したが、正暦二年（九九一）二月、円融法皇はこの寺で逝去し、北原に葬したと伝える。また、一条天皇は生前に円融天皇の陵側に土葬するようにとの遺志があったが、寛弘八年（一〇一一）逝去のときは北山で火葬し、遺骨は方違いによって円成寺に納め、寛仁四年（一〇二〇）円融寺北方に移し、円融天皇陵の近傍に埋葬された。

円融天皇が仁和寺に近いこの地に寺院を営んだのは、父の村上天皇の御陵に近いという理由もあったらしいが、同時に仁和寺を建立した宇多天皇にあやかりたいとの意志もあったといわれている。仁和寺は仁和四年（八八八）宇多天皇が先帝の光孝天皇の遺志を継いで大内山麓に建立したものであるが、寛平九年（八九七）に譲位し、昌泰二年（八九九）に落飾した宇多法皇は、延喜十九年（九一九）に大内山に登って自らの陵地を定めたと『貞信公記』に記されている。[12]こうしたことは、これらの寺院が天皇譲位後の後院の一種として一定の政治的役割を有していたこともさることながら、同時に建立された天皇自身の菩提ということも充分に念頭にあったと思われる。それも、宇多天皇は父光孝天皇の、円融天皇は父村上天皇の陵墓近くに寺地を選んだことは、いずれも朝廷という神政の中心から離れたのちに、とくに自らも法体をとることによって自由に陵墓に近づき、世俗の禁忌から離れて父帝の菩提を弔い、あわせて自らの信仰を表明しようとしたものと考えられる。この後、一条天皇の円教寺、後朱雀天皇の円乗寺、後三条天皇の円宗寺もこの地に建立され、円融寺とあわせて四円寺と称されるようになり、後朱雀・後冷泉・後三条の三帝陵とよばれる円乗寺・円教寺・円宗寺陵をはじめ、多くの陵墓がここに営まれたのも、仁和寺・円融寺の建立経緯からみて故ないことではないと思う。

仁和寺の東から南にかけて建立された四円寺は、次項であらためて詳述するように洛西にひとつの仏界を形成し、のちに洛東白河に建立された六勝寺の先蹤をなすといわれるが、こうした皇室の御願寺群の成立は、一方では貴族たち、なかでも摂関制を領導した藤原氏北家の私寺群とも対応し、ある意味ではその先鞭をなすものであった。延長三年（九二五）藤原忠平によって建立された法性寺は、当初の御願寺と同様に承平四年（九三四）に定額寺にされている。これにつづく兼家の法興院、その子道隆の積善寺は、道長の建立した法成寺につながっていくが、万寿二年（一〇二五）尚侍嬉子が亡くなると遺体をひとまず法興院に移し、やがて宇治木幡の墓所に送られており、一門の繁栄と祖先の供養を一般的に行なうために建立された寺院が、特定個人の菩提を弔い、葬送儀礼を執行する場所としての性格を備えはじめる。そして、このことがもっとも表面に強く現われたのが、道長による浄妙寺建立であろう。

先にのべたように、木幡が藤原氏の墓所として基経によって設定されたというのは、道長のころにいいだされたことであって、それは道長を中心に藤原氏一門の統合をはかるため、その統一の頂点に基経の名があらわされたのであった。実際に藤原氏関係者でもっとも早く木幡に葬られたことが確認されるのは、師輔の女で村上天皇中宮となった安子であるが、以後、現在の宇治市木幡、御蔵山の西麓に形成された藤原氏の墓原を背景に寺堂を建立し、浄妙寺と名づけた道長の意図は、木幡の墓所の創始者を基経にしたのと通じるものがある。律令国家の手で建立され、維持された官寺は、国家から任命された官僧の手で護国法会を営む場所で、必然的に人の死と葬送に関与しない場所であった。そこで個人の菩提を弔うことはあっても、葬送・陵墓祭祀とは無縁の形でするところであった。それが仁和寺や四円寺でみたように寺院の側に陵墓を築造することから、さらに一段と進んで墓側に寺院を建立するようになったのは、寺院が国家の政治・まつりごとから離れ、一定の個人やその人の属する私的な家門のもとに転化したことを意味している。しかもまた、平安貴族たちが有していた死穢を忌避して墓前祭祀になじまない伝統的な感覚も、このように寺院が墓側に建立されることでしだいに薄められ、彼らの禁忌意識の相対的低下のはじまったことも見逃せない。寛弘二年（一〇〇五）十月十九日、藤原道長は浄妙寺の落慶供養にあたり、彼の率いる家門の繁栄と一門祖霊の供養のため、灯明をつける燧石《すいせき》が一度で発火するよう祈念したというが、それは一族の菩提寺という新しい寺院のありかたが[13]、ここに始まったことを意味していた。

王朝の寺々

ここでは、前項「貴族と寺院」と若干重複する箇所も生ずるが、王朝時代に建立された個々の寺院について、あらためて総括的に説明しておきたい。貴族の信仰生活との関連でみてきた寺院の姿を、ここでは諸寺の由来として記述する。

木幡寺

まず、藤原氏の菩提寺となった浄妙寺は、通称を木幡寺といった。前にものべたごとく、仏事というもののもった意味は、摂関政治の時期になって大きく変容を遂げた。仏事と葬送ということが密接に関係してきたわけである。換言すれば、死者の葬送を仏事として公的に行なうということが、政治的に大きな役割を果たすようになり、先祖をふり返ってその偉業を再確認するということが、摂関時代の貴族たちにとって欠くべからざる行為となったのであった。道長の浄妙寺にその最初の顕著な例を見出すことができる。そこにおいては寺の結構と死者の業績とが密接不可分なものになっているのである。墓のかたわらに寺を営んで仏事を行なう。その仏事の主たる要素は死者葬送ということであり、死者の業績を追念することでもあった。死者の権威を高め葬送儀礼を行なうものこそが、その死者の権威と伝統を引きつぐ権利をもつということを、天下に知らしめるのが大きな目的であった。伝統と先例が政治の上で大きな実質的意味をもつというところで、こうした仏事と

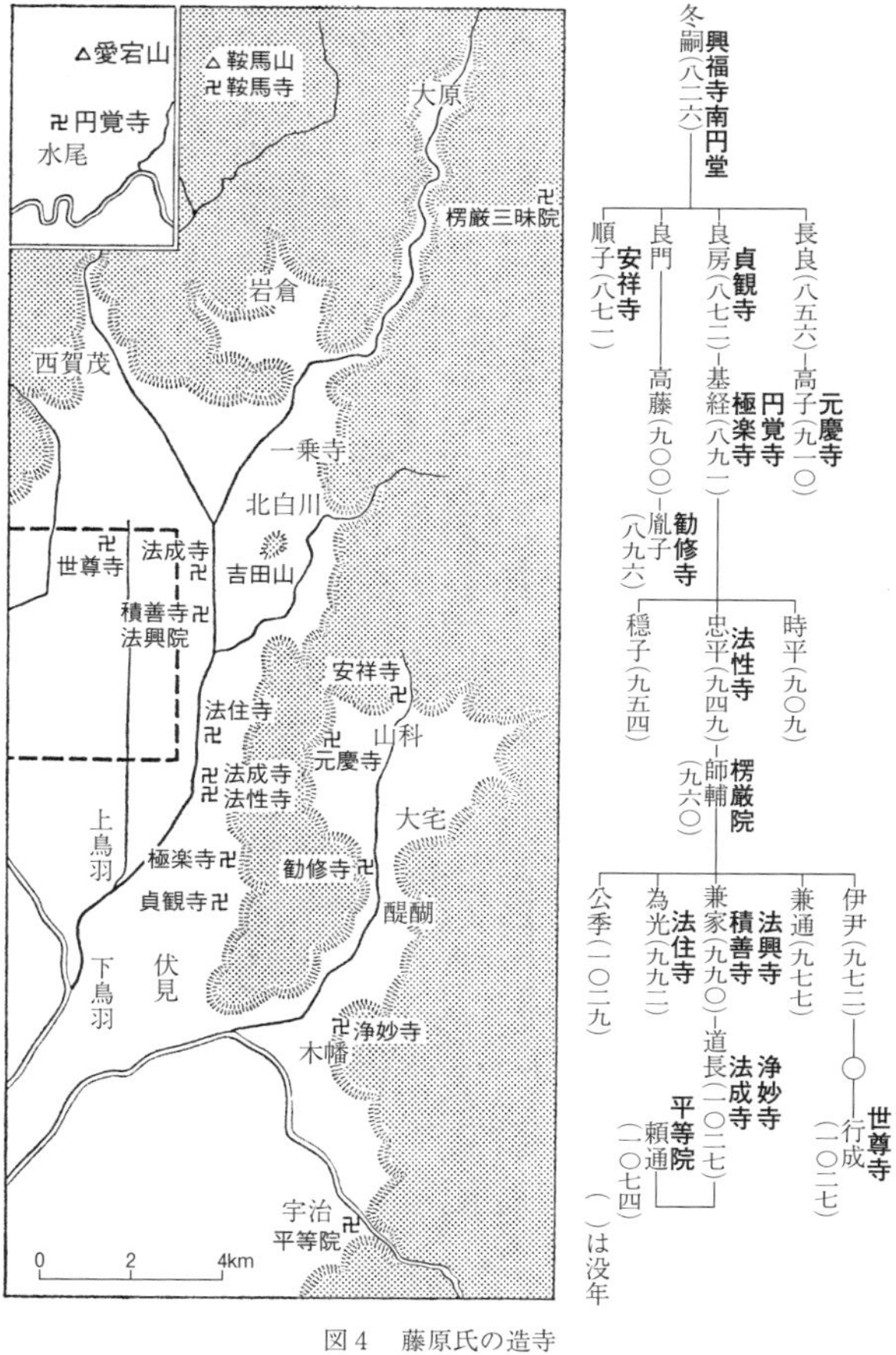

愛宕山
円覚寺
水尾
鞍馬山
鞍馬寺
大原
楞厳三昧院
岩倉
西賀茂
一乗寺
北白川
世尊寺
法成寺
吉田山
積善寺
法興院
安祥寺
法住寺
山科
元慶寺
法成寺
法性寺
大宅
上鳥羽
極楽寺
勧修寺
貞観寺
醍醐
下鳥羽
伏見
浄妙寺
木幡
宇治
平等院
0
2
4km
冬嗣（八二六）
興福寺南円堂
長良（八五六）
高子（九一〇）
元慶寺
良房（八七二）
貞観寺
基経（八九一）
円覚寺
極楽寺
良門
高藤（九〇〇）
胤子（八九六）
勧修寺
順子（八七一）
安祥寺
時平（九〇九）
忠平（九四九）
法性寺
穏子（九五四）
師輔（九六〇）
楞厳院
伊尹（九七二）
行成（一〇二七）
世尊寺
兼通（九七七）
法興寺
兼家（九九〇）
積善寺
道長（一〇二七）
浄妙寺
法成寺
頼通（一〇七四）
平等院
為光（九九二）
法住寺
公季（一〇二九）
（　）は没年

図4　藤原氏の造寺

墓寺は生命を与えられるのである。

浄妙寺は山城国宇治郡木幡（現在の宇治市木幡）の地に営まれた。この宇治郡の地は平安京の辰巳（南東）の方向にあたり、葬所として盛んに用いられていた紀伊郡深草の東南への延長地点にある。道長が摂関家の権威を高めんがためにこの地域に造寺を思いついたのは「木幡寺鐘銘幷序」によると、[14]藤原北家の隆盛の基を確立した藤原基経の点地したことにはじまるという。道長の日記の『御堂関白記』には、基経の墓もこの地に営まれたとされているが、これは確かではなく、前にものべたように、これ以前の時代において貴族たちがその先祖の墓地を確実に記憶しているという例はごく少ないのである。もっとも、そうしたいい伝えがされていたということは考えられるし、また摂関政治期においてなお生命を保っていた『延喜式』にも、基経の墓や冬嗣の墓は宇治墓とされているから、事実は深草山であったにしても、こうしたことを背景にして、道長の頭の中に木幡の地が藤原氏とゆかり深い地であるという固定観念が生まれたものと考えられる。

この地を寺地として点じた理由は前にもふれたが、道長の委嘱をうけて大江匡衡の著わした「木幡寺鐘銘幷序」によると、[15]「元慶太政大臣昭宣公（基経）、地の宜を相《み》て永く一門埋骨の処となす」ことを建立の契機としており、さらに同じく大江匡衡の草した「為左大臣道長供養浄妙寺願文」には次のごとく記されている。少々長いが引用してみよう。

昔弱冠にして緋を著けらる時、先考大相国（兼家）に従いてしばしば木幡墓所に詣で、三重を仰ぎ四域を瞻う、古塚纍々として幽壥寂々なり、仏儀見えず、只春花秋月を見る、法音聞かず、只渓鳥嶺猿、時に覚えず涙下る、ひそかに斯く念を作す、我れもし向後大臣に至り心事相諧せば、いかでかことに山脚に於いて一堂を造り三昧を修礼、過去を福助し方来を恢考す、思もって歳を渉り、教えて人に語らず

すなわち九世紀後半に藤原基経が「一門埋骨の墳」として墓所に点定したことを理由の第一にしており、道長自身も幼少のころから父兼家に従ってしばしば詣でていたようである。そしてそのころには墓所として「古塚」が多く営まれていた。しかし「仏儀見えず」「法音聞かず」という仏事とは縁のない場所であったところに三昧堂を造ろうとしたのである。もっともこの願文は寛弘二年（一〇〇五）に草されたもので、その時には浄妙寺の規模はすでにできあがっていたから、記載すべてを事実とするわけにはいかないが、道長が当初から墓寺としての規模を考えていたことは明らかであろう。具体的に造営のプランがいつごろから道長の構想の中にできていたかはわからないが、寺地の点定されたのは長保六年（一〇〇四）二月のことで、安倍晴明・賀茂光栄が選定するところであったという。ともに当代きっての陰陽道の大家であった。

その道長自身も、しばしば木幡の地に臨んで造営のもようを親しく検分したが、寛弘二

年には工事は急速に伸展し、この年十月には完成に近づき、同月十八日には書の大家であった藤原行成が額二枚を書いており、(16)翌十九日盛大なる供養が行なわれるところとなった。

これよりのち浄妙寺は、平安時代を通じて藤原氏の氏寺として隆盛を保つところとなる。さきにもふれたように、道長が浄妙寺を建立したのは、ここに葬られたという基経たちの権力を継ぐ正統者であることを、天下に示すというところに大きな動機があった。そのほかにもたとえば日野資業が建立した日野法界寺、藤原高藤の勧修寺などもほぼ同じようなものといえよう。ことに勧修寺の場合にみられるごとく高藤流藤原氏を勧修寺家《かじゅうじ》とよぶように、寺院の名称がその氏族の呼称となっており、寺院が権力の象徴であったことを示す一証拠となろう。

浄妙寺はこうした性格ゆえに、摂関政治という政治体制の衰微とともに、寺院勢力も衰えた。鎌倉時代の建久三年（一一九二）には、早くも浄妙寺別当職が藤原氏の手を離れて聖護院の手に移り、応仁・文明の大乱中に廃絶したと考えられる。建造物としては法華三昧堂・多宝塔・鐘楼・門・客殿などのあったことが知られているが、その位置については明確ではない。昭和四十二年（一九六七）に木幡登地区の小学校建設に際して若干の発掘調査が行なわれてはいるが、全面発掘ではなく、多少の遺跡の発見にもかかわらず、正確な比定は今後の調査に待たねばならない。

極楽寺・法性寺その他　藤原北家の私寺については、道長以前にも多くの例がある。まず極楽寺がある。北家の実質的形成者たる藤原基経の建立にかかるものである。良房の養子として藤原氏の長となり、時平・忠平という優秀な子息にも恵まれていた。私寺を建立して精神的よりどころを求めようとしても、無理からぬことであった。しかし極楽寺の造営は基経の生存中には実現しなかったもようである。そしてこれは彼の長子時平に受けつがれて完成され、十世紀初頭には定額寺に加えられた。以後、藤原氏の子女たちが多くの仏会に利用し、一族の墓所も多くこの近辺に営まれている。その位置は明確ではないが、『山城名勝志』には「深草郷内に極楽寺村有り、今の宝塔寺門前なり」とあり、この極楽寺村が極楽寺の寺地であることはまちがいない。宝塔寺は稲荷山山麓にあり、東山が紀伊郡の底地に至る山裾に立地している。

基経の子息の忠平も仏教への崇敬篤く、造寺事業に力を入れた。法性寺がそれである。忠平は兄の時平とともに藤原北家隆盛の基を築き、摂関政治への道を切り拓いた人であり、その日記『貞信公記』には法性寺造立のもようがよくしるされている。しかしこの日記の現在伝えられるものは忠平の子実頼が抄出したものであって、必ずしも忠平の意志が充分伝わっているとは考えられないが、この日記を頼りに法性寺の建立をみると、延長二年(九二四)に忠平が寺に参詣して初めて鐘を聴いたとある。おそらくこのころに寺は建立

された と考えられ、これ以後、法性寺に関する記録が多くでてくる。平安時代を通じて堂塔は整備し、天暦八年（九五四）には塔供養があり、薬師堂・灌頂堂等々の建造物があった。寺は藤原氏代々の氏長者によって維持されており、藤原忠通は法性寺殿といい、九条兼実も後法性寺殿と称しているのも、この寺と関係深かったことを示している。

寺跡は明らかではないが、鎌倉時代にはかなり衰微しており、後法性寺殿九条兼実の孫道家はこの寺地に東福寺を建立しており、いまの東福寺一帯が寺地であった。すぐ東には忠平・忠通の墓所もあり、少しはなれたところには兼実の墓もある。

忠平の子息師輔も延暦寺に楞厳三昧院を造営しているが、これは藤原氏の私寺という性格が少ないのでしばらく措き、師輔の子息為光の法住寺と兼家の法興院についてみよう。

法住寺を造営した為光は、十世紀末には太政大臣の極官に達しており、あまり注目されている人物ではないが栄華を誇った人であった。他の北家貴族たちと同様に娘を天皇にいれていたが、この娘怟子は花山天皇の女御として懐胎し、為光は外戚の地位を獲得する機会に恵まれたかにみえた。しかし怟子は寛和元年（九八五）七月に没し、為光の希望は崩れ去った。外祖父という摂関政治人事の基礎を獲得しえなかった彼は、おそらく悲歎にくれたことであろう。閏八月には為光みずから怟子のために四十九日法事を法性寺で行なっており、この怟子逝去という事件を契機として法住寺建立を企てたものと思われる。寛和二年から永延元年（九八七）ごろに造営が開始され、永延二年（九八八）には落慶供養が行なわれている。為光の死の直前にはその封戸百戸が施入されて、その経済的基礎を整えていったようである。しかし平安中期にはすでに衰微したらしく、なかんずく平安末には、後白河法皇が法住寺殿とよばれる後院を造営したことにより、法住寺はその寺地の大半が割かれたものと考えられる。

現在地についても明らかではなく、後白河法皇の法住寺殿より推定する以外に方法はなさそうである。一応は蓮華王院（三十三間堂）の近くに比定されている。

この為光の兄で道長の父にあたる藤原兼家は法興院を造営している。この寺は積善寺の別院として造営されたものであり、兼家の居宅であった二条京極第を施入して寺院としたものである。こののち寺は藤原氏一族によってしばしば仏事に利用されており、道長もその経営・維持に力を注いでいる。しかし建立以後火災にかかることきわめて多く、その藤原氏の私寺という性格からその都度復興されてはいるが、院政期になってからはかなり衰えたようである。

雲居寺・平等寺など　藤原氏以外の人々も、もとより所々に造寺事業を行なった。いまその概要をみよう。

まず早い時期のものとしては雲居寺がある。この寺は桓武朝の官人であって終始、桓武天皇の政治を補佐した菅野真道の建立にかかるものという。真道の子永岑の言をかりると「亡父参議従三位真道朝臣、桓武天皇を奉りて道場院一区を建立するところなり、山城国愛宕郡八坂郷に在り、その境界八坂寺に接すといえどもその形勢猶別院たるべし、是によって道俗号して八坂東院という」とある。(17) 桓武天皇のために真道の建立したものは一院にすぎなかったので八坂東院とよばれていたといい、この時に永岑の要請によって独立した別院として認められたものである。以後、寺としての威厳を整えていったと思われるが、菅野氏は寺を大発展させるほどの貴族ではなく、藤原氏の寺ほどの寺観を語ることはなかったであろう。

『秘府略』や『経国集』を撰集した滋野貞主も寺を建立している。彼が儒家として有名であることはいうまでもない。承和十一年（八四四）に九条南の居宅を施して寺としようとした。しかしこの企てはスムーズにいかず「私に道場を建立するは是れ格の禁ずる所なり」ということで許可がおりなかった。(18) しかたなく貞主は「便りに西寺に入れ、命じて別院となす」ということで、いったん西寺に施入するという方法をとった。これが慈恩寺である。現在地は明らかにしがたいが、「寺（西寺）に近し」とか「城南の宅」とか書かれているから、西寺の南に近接していたことはまちがいない。

また桓武天皇の孫の賜姓平氏平高棟も寺院を建立している。高棟は貞観元年（八五九）正月に奏請し、「別墅山城国葛野郡に在り、以って道場と為す、額を賜わりて平等寺という」といっている。[19]賜姓氏族の強みであろうか、これは許されている。別荘を転じて寺院としたわけである。

応天門の変で藤原良房のために政界を追われた伴善男も寺院を建立している。貞観四年十月に奏請し、「山城国紀伊郡深草郷別墅を捨てて道場と為し額を報恩と賜わらん」として願い出て許され、[20]報恩寺と名づけた。しかしまもなく伴善男は貞観八年閏三月に至って応天門の変によって失脚し、それにしたがって寺も衰退していったもようであり、その後の展開は明らかにしえない。

また俗に小町寺とよぶ洛北の寺、補陀洛寺も、十世紀に建立起源をもつ寺院である。天徳元年（九五七）四月に清原深養父《ふかやぶ》がその山荘を寺院としたものであり、晩年には当寺に隠栖していたという。天台宗の延昌が開山といい、応和二年（九六二）には彼の懇請によって御願寺とされている。[21]『今昔物語集』巻十五には「北山の餌取の法師、往生せる語」としてこの経緯が説話として伝えられている。しかしこの説話は延昌が若年のおりに修行中に立ち寄ったゆかりの家の跡に寺を建てたということのみで、深養父との関係についてはふれられていない。

仁和寺と双ケ岡

以上のような貴族の寺院に比して、こんどは皇族の私寺についてみてみよう。

まず平安京の西郊に営まれた仁和寺である。仁和寺ははじめ光孝天皇の発願によって建立され、大内山南麓を寺地として点定した。しかし完成には至らずに光孝天皇は没し、宇多天皇がその跡を継いで造営をとり行なった。そして仁和四年（八八八）八月に落慶供養が営まれた。寺号は天皇御願寺たるにふさわしく、年号をとって仁和寺と名づけられ、平安時代において延暦寺よりはじまった年号名寺院の最後のものとなった。宇多天皇は仁和寺の完成以後しばしばこの寺に立ち寄り、寛平九年（八九七）に位を醍醐天皇に譲ってからも、仁和寺との関係は続いた。延喜四年（九〇四）には寺地の南に居室を営み、「南御室」と称し、御室仁和寺の名称はこのことより起こっている。

「御室」というのは、その名のごとく単なる居室という意味であり、天皇の居室であるからそう称したにすぎないが、その政治的な意味合いについてはかなり大きなものがある。すなわち、宇多天皇は九世紀末の藤原北家隆盛の中で「寛平の治」を行ない、また三十三歳で譲位後も上皇として醍醐天皇の政治に大きな影響力をもっていた。したがって、その上皇の居所たる御室はのちの院政の「院」にもあたるような機能をもっていた。もちろん院とはいっても、院庁が開かれるのはもっとのちのことであるから、正式な院ではないが、阿衡《あこう》事件にみられたような藤原氏の専横を避けるために退位し、上皇としてのある程度の自由な政治をめざした宇多の居所であったことにはちがいない。そしてこの宇多上皇（法皇）自身、承平元年（九三一）七月にこの寺で没し、寺地に近い大内山に葬られた。

仁和寺以前のこの地域については詳しいことは明らかではないが、双ケ岡は古来景勝の地として、天皇の遊幸などにしばしば対象地とされていたようである。九世紀中葉にいたって清原夏野がこの地域に山荘を営んだ。夏野は学者として著名であり「養老令」の注釈書たる『令義解』の編集などにあたっている。貴族としても栄位にのぼり、没したときは右大臣・従二位であった。この夏野が平安京中の邸宅とは別に別荘をこの景勝地に定めたのである。天皇もしばしばこの夏野山荘に出向いている。そして夏野の死後のことであろうがこの山荘は寺となされ、雙丘寺《ならびがおかでら》と称したという。さらに天安年中（八五七〜八五九）には天安寺と改称されている。双ケ岡という地名にちなんで付けられた名称は、のちにこの寺が文徳天皇の追福を祈るという目的が加えられたときに天安という年号をとって寺号になされたのである。この寺は院政期になるまでに衰微し、院政期になってから鳥羽天皇の中宮待賢門院璋子の手によって法金剛院がその故地に移されることになる。

四円寺の成立　このような皇室とのふかい歴史的伝統をもった洛西のこの地域に、すでに前項でもふれた四円寺が営まれる。四円寺の特色は一言でいえば摂関政治という藤原氏中心の時期での、皇室の私寺たる御願寺ということである。摂関家やその他の貴族たちの隆盛の中で、皇室自身も私的権門化という政治的動向を示すのであり、この時期に御願寺が営まれるということは、道長の浄妙寺でみたような権門化の方向を、皇室自身も歩んでいたということの一証左である。皇室についても墓寺を設定して喪葬儀礼を寺院で行ない、被葬者の権力の正統後継者であることを示す必要があったのである。

四円寺の最初のものは円融寺である。この寺はまた円融院ともいい、円融天皇発願による御願寺であった。円融天皇がなぜここに寺を営もうとしたのかということについては、確実なところは不明であるが、もっとも大きな理由は、円融天皇の父である村上天皇の陵墓がすぐ近くにあったことであろう（右京区宇多野上ノ谷町）。肉親の父たる村上天皇の菩提をとむらうということが宗教的な理由であった。村上天皇の時代の「天暦の治」を継ぎ、立派な政治をとり行なうという意識もなかったことはないだろうが、天暦時代を聖代視する意識そのものはもう少しのちの現象であるから、この理由は希薄である。政治的にはむしろ仁和寺を草創した宇多天皇との関係が深い。在位中に「寛平の治」を強力に推進して天皇家の勢力回復に努め、退位してからも上皇として延喜・延長にかける醍醐天皇の治下にも大きな政治力を発揮した。すなわち宇多天皇が仁和寺を造ったのと同じように円融寺を作り、かつ宇多天皇の上皇による政治の後継者たることを示そうとしたものである。それを示すなによりの証拠は、永観元年（九八三）に円融寺を供養した翌年に円融上皇がはじめて院庁始を行なったということである。院そのものは九世紀はじめの嵯峨上皇のときから存在してはいるが、院庁が開かれたのはこのときがはじめてである。宇多上皇が仁和寺を「院」として政治を左右したことによく似ており、実現はともかく、「院政」をめざしたことは明らかである。

円融寺は成立当初から仁和寺との関係が深い。『仁和寺諸院家記』によると、寺はもと

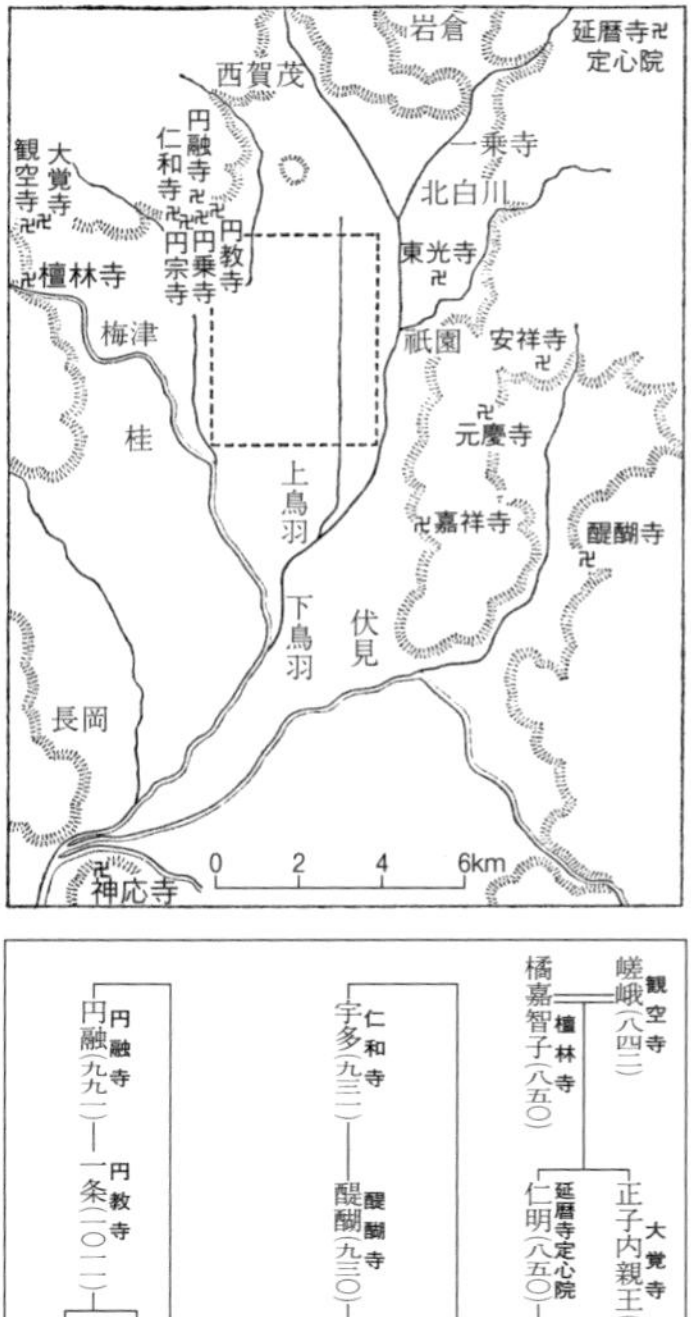

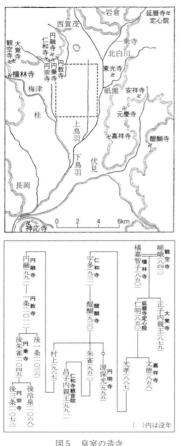

図５　皇室の造寺

寛朝の禅室であったという。寛朝は真言宗の高僧であって、仁和寺別当を勤めており、仁和寺での住房が円融寺の基礎となったわけである。寺の落慶供養は、天元六年（九八三）三月二十二日に行なわれており（この年四月に永観と改元）、供養導師は寛朝であった。翌年には円融天皇は譲位して上皇となり、以後しばしばこの寺に御幸している。そして寛和元年（九八五）の終わりごろに居所にしていた堀河院から円融寺に移った。以後寺は後院的なものとして何度も登場してくる。正暦二年（九九一）に円融法皇は円融寺にて三十三歳で没し、父村上天皇の山陵の傍に葬られた。

寺地については確かなことはわからない。仁和寺別当寛朝の禅室を寺としたものであるから、仁和寺に近接していたことはまちがいない。『山城名勝志』によると今の竜安寺の地が円融寺の故地だとのべており、これは正しい記述である。

円融寺がこのように宇多天皇と仁和寺に範をとって建立されたものに対して、これにつづく円教寺などは、円融寺をまさに模倣したものにすぎないようである。一条天皇発願による御願寺であり、長徳四年（九九八）正月二十二日に天皇行幸のうえ落慶供養が行なわれる予定であったというが、行幸は実現していない。供養導師は円融寺と同じく寛朝であった。こののちも何度も修理や改造がなされていたようであり藤原道長も関係していたが[22]、寛仁二年（一〇一八）閏四月に焼亡しており、『小右記』によると「御塔・幢・僧房等、悉くもって焼けおわんぬ、遺る所なし」というありさまであった[23]。やがて復興されるが、長元七年（一〇三四）十月のことであり、十七日に供養が行なわれている。

寺地についてはここも確かなことはわからない。仁和寺の南方に営まれたことは疑いなく、一条西京極の西辺といい、右京区谷口円成寺町にあたると考えられている。

さらに後冷泉天皇の天喜三年（一〇五五）十月に円乗寺が円教寺の西側に営まれた。後朱雀天皇発願による御願寺である。落慶供養はこの年十月二十五日に行なわれたが、円教寺新堂という形式であり、円乗寺が円教寺といかに関係深かったかが知れる。しかしこの寺も承徳元年（一〇九七）八月には大風によって堂舎が顚倒し、長治二年（一一〇五）二月には火災を起こして焼失した。以後再興されることはなく、「焼堂」とよばれた[24]。

寺地については、円教寺と同じく仁和寺の南であった。『扶桑略記』には「仁和寺の南に一景勝有り、此の所に堂を立つ、円乗寺と号す」と書かれている。また円教寺新堂ともいわれているから、円教寺に隣接するものであったことは確実である。いま右京区谷口円成寺町という町名があって、円成寺という名が残っている。この円成寺は円乗寺と同じであることも考えられるがたしかではない。

つづいて後三条天皇の延久二年（一〇七〇）十二月に円宗寺が建立され供養された。当時は四円寺中もっとも規模が大きかったようであり、勢力も永く保たれた。後三条天皇発願による御願寺であり、仁和寺の南の地に営まれ、「壮麗なること都下に冠たり」という壮大なものであった。(25)『仁和寺諸院家記』によると、創建当初は金堂・講堂・法花堂などの構成であり、延久三年に至って常行堂・灌頂堂が建立され、さらに永久三年（一一一五）には五大堂が建てられている。はじめ寺号を円明寺といったが、ほかに源保光が正暦三年（九九二）に建立した円明寺という寺があったので、延久三年六月に円宗寺と改称した。

当時は教学上においても他の三円寺とは異なる大きな意味をもっていた。すなわち法華・最勝二会が行なわれたということである。これらは、天台宗僧侶の出世の契機となる勅会であり、この二会を経ることによって僧侶の昇進が決定されるのであるから、教界において重視されざるをえないのである。しかも永保二年（一〇八二）には、永宣旨をうけて二会が経済的にも保証されるところとなり、このことが四円寺中円宗寺のみ後世にまでその規模を維持する大きな理由になった。

寺地についてはここも詳らかにならず、仁和寺の南というくらいしかわかっていない。『山城名勝志』によると、江戸時代まで円宗寺林とよばれるところがあったらしく、ここが円宗寺の地であろう。仁和寺の東南の方向にあたる。

ともあれこうした四円寺は墓の傍に営まれたという宗教的意味ばかりではなく、仁和寺御室にみられたような、天皇・上皇の居室という政治的意味に重要さがあった。つまり「院」としての性格が四円寺の特色であるわけである。こうした点で、四円寺は院政下における六勝寺の先駆形態とされている。

(1)『類聚国史』巻七十九
(2)『日本後紀』
(3)巻二十一　諸陵寮
(4)中巻　十二話
(5)『三代実録』天安二年十二月九日条
(6)『類聚符宣抄』承和二年十二月九日宣旨
(7)『続日本後紀』承和六年四月二十五日条
(8)『続日本後紀』
(9)『延喜式』巻十三　図書寮
(10)『造興福寺記』永承三年
(11)『類聚三代格』巻三　天長元年九月二十七日官符
(12)延喜十九年八月十六日条
(13)『御堂関白記』

(14)『本朝文粋』巻十三
(15)『政治要略』巻二十九
(16)『権記』寛弘二年十月十八日条
(17)『続日本後紀』承和四年二月二十七日条
(18)『続日本後紀』承和十一年四月三十日条
(19)『三代実録』貞観元年正月十日条
(20)『三代実録』貞観四年十月七日条
(21)『日本紀略』応和二年四月十七日条
(22)『御堂関白記』長和元年五月七日条
(23)寛仁二年閏四月十三日条
(24)『仁和寺諸院家記』
(25)『仁和寺諸院家記』

神事の祭礼化

雑芸人無骨法師　天慶元年（九三八）のころ、山科の藤尾寺の南に道場を構えて住んでいた一人の尼僧が、その道場のなかに石清水八幡大菩薩の像を祀っていたところ、さまざまな霊験が折にふれて多く、たちまちのうちに有名になり、貴賤老若が群参するようになった。(1)ところで本宮の石清水では、昔から毎年八月十五日に放生会《ほうじようえ》を営み、非常ににぎわうのを常としたが、この藤尾の新宮においても同じ日に放生会を執行し、昼は伶人を招いて音楽の妙曲をつくし、夜は名僧を請じて菩薩の大戒を伝え、供物といい布施といい、善美をつくして山のように豊富であった。そのため僧侶や伶人たちは、すべて藤尾の新宮へ行って本宮のほうへは行かなくなったので、石清水のほうがさびれてしまった。そこで本宮では捨てておくことができなくなり、道俗が集まって協議した結果、別宮ができて大菩薩の神徳があまねく世に知られるのはよいことであるけれども、本宮と同じ日に法会を営んだのでは本宮に障りがあるので、日を改めて行なうようにと申し入れた。ところが、新宮の尼はこれを承知せず、本宮である石清水からの申し入れを無視したので本宮のほうが激高し、とうとう道俗数千人が山科の藤尾に押し寄せて新宮を破却し、尼を捕えて八幡の霊像といっしょに石清水に移してしまったという。

この事件は『扶桑略記』には天慶二年のこととして伝えられているが、天慶八年の志多良神上京の事件と比較すると興味深い。というのは、先の志多良神の場合、天慶八年の七月から八月にかけ、淀川中・下流域北岸の住民たちが、新たに出現した志多良神の動座と遷移を重ねているうちに、しだいにより高次の神が現われ、やがて宇佐八幡大菩薩が示現して石清水への移座が宣言された。貞観以来、王城鎮護・護国の神として朝廷の尊信を集めてきた石清水八幡宮は、こうした形で民間に示現した新しい神々を八幡神の眷属神として迎え入れ、そのことによって信仰の底辺部を拡大・深化したわけである。だが、山科の藤尾で一人の尼僧を中心に出現した八幡信仰は、その当初から八幡大菩薩の神像を祀り、本宮である石清水八幡と同じ形の祭礼を営んで本宮の権威に挑戦し、ことが信仰の本家争いにまでエスカレートしている。民間に発生する新しい信仰は、必ずしも古い神とその社の権威に従順ではなかった。それらは古い権威から独立しようとするなかで、より鮮明な神格を獲得する場合が多かった。

平安京内で、その住民のあいだから発生した御霊会が、歳月を経るにしたがって華麗な行粧を伴い、盛大な行事を営むようになるにつれ、ここにも新たな神と、神を迎えて祀る儀礼の成立したさまがうかがわれる。『本朝世紀』によると、長保元年（九九九）六月十四日の祇園天神会（御霊会）にあたり、その前年から雑芸人の無骨法師というものが京中の人に見せようとして柱をつくり、祇園社の社頭に渡そうとしたところ、その柱のつくりかたが天皇即位の大嘗会の標を曳くのに似ているという噂がたったため、朝廷では検非違使を派遣してこれを禁止せしめるとともに、無骨をも捕えようとしたところ、彼は早くも逃亡して逮捕することができなかった。ところが、この柱の禁止が神意に反したとみえて、祇園社では呪師僧が礼盤からころがり落ちるという珍事が出来し、それを近辺にあって見ていて興奮した下人が神懸りして託宣が下り、その間に修理職から出火して内裏がことごとく炎上するという大事にいたったことが、詳細に伝えられている。雑芸人無骨法師というと、「骨なし」という意味の綽名が芸名のようになったもので、骨がないように身体をくねらせ、さまざまの軽業をする芸人で、田楽法師のように法体をしていたものと考えられよう。

祇園会山鉾の原型　無骨が祇園社の社頭に渡そうとした大嘗会の標山に似たものというと、明らかにこれは後世の祇園会の山鉾の原型とみなしてよいのではないかと思われる。大嘗会にあたって作られた標について、そのありかたを適確に示す史料はあまり多いといえないが、標は標山ともよばれ、『貞観儀式』によれば悠紀・主基の国から一基ずつつくられ、その曳行については山の左右に二人の部領がつき、これは退紅染の布の衫、白布の袴・帯・襪・菲を着し、曳夫二十人は黄地黒摺の布衫・白袴・帯・脛巾・菲を著すとあり、さらに悠紀・主基の国から前行者二十人、後従として行事、当事国の国司とその親族が列行するとあって、その行列はまことに美々しいものであったことがしられる。

この標山を製作する建物は北野の斎場外院中に建てられるが、その大きさは『貞観儀式』に「造標の屋、広さ方四丈、高さ三丈八尺、四面に庇あり」とあって、特別の形式をもつ大きなものであった。それは、製作される標山自身が大きく高いものであったからである。『東大寺要録』によると、貞観三年（八六二）の大仏修理供養大会のとき、舞台北端に立てられた一基の標は高さ三丈三尺とある。平安時代最末期の高倉天皇即位にあたっての「仁安三年（一一六八）大嘗会重省記」には、出納所・風俗所・絵所・女工所・細工所とならんで標所が設置され、ほかの所とともに預・主典以下が任命され、造標万端のことを担当しているが、標の完成した姿については、『続日本後紀』天長十年（八三三）十一月十六日条に、仁明天皇即位の大嘗会にあたってつくられた標山のうち、悠紀は慶山の上に梧桐を栽え、その上に鳳凰が集まり、樹の中ごろから五色の雲が起ち、雲の上に「悠紀近江」の四字を懸け、その上に日像と半月の像をつけた。また主基の標山は慶山の上に恒春樹を栽え、樹の上に五色の卿雲を泛べ、雲の上に霞があり、そのなかに「主基備中」の四字を懸け、慶山の上には舜に益地図を献じている西王母や、王母の仙桃を偸んだ童子、鸞鳳・騏驎などの像があり、その下に鶴が立っていたと記されている。

『台記』によると、後白河天皇の久寿二年(一一五五)の大嘗会の標山が見物の車に衝突し、標山のほうが顚倒破摧した話があり、『吉記』によれば後鳥羽天皇元暦元年(一一八四)の大嘗会に悠紀の標山の前輪が途中で破損したというし、平経高の日記『平戸記』にも、後嵯峨天皇仁治三年(一二四二)の大嘗会で標山の車輪が折損したという記録がある。そして、標山の姿は明らかに作り山であり、ときの文章博士や儒者の勘申した悠紀・主基御屛風の本文の趣をとって趣向すると「御代始和抄」などにもあるので、大嘗会のたびごとに新味の趣向がこらされたらしい。弘仁十四年(八二三)の大嘗会にあたっては、ときの右大臣藤原冬嗣は標山の結構について「玩好の金銀刻鏤等の餝を用いず、唯、標は榊を以って之を造り、橘ならびに木綿(楮の繊維)等を用いて之を餝り、即ち悠紀・主基の字を書し、以って樹末に着け、凡そ清素を以って神態に供すのみ」と奏し(2)、万事簡素になされたことがある。このような榊や橘の木を建てただけの標が、おそらく神霊の依代として大嘗会の斎場に建てられた標山の原型というべきものであろう。だが、このような質素な標はこのときだけにとどまり、次の仁明天皇即位のときは先記のように旧態に復したわけであるが、中国の故事にちなんでいろいろと趣向をこらした飾りつけをした標山が、曳行の途中に見物の車と衝突しただけで顛倒破摧したり、車軸を折損するような事故が起こったとすれば、それはいわゆる鉾の部分はなくても、さまざまな飾りをつけてきわめて重心の高い不安定な現在の祇園会の山鉾と、構造的に類似しているといえるであろう。

そして、大嘗会の午前十時ごろに斎場を出発した標山の行列は、宮城の北門、偉鑒門前で左右に別かれ、悠紀の標山は宮城・大内裏の東大宮大路を、主基の標山は西へ向かって西の大宮大路をそれぞれ七条大路まで南下し、それぞれ七条大路を西・東行して朱雀大路に出て相会し、悠紀は朱雀大路の東側を、主基は西側を北上して午後二時ごろに大内裏南門の朱雀門に到着し、そこから朝堂院の第一門である応天門を経て第二門の会昌門を入るが、そのとき会昌門前の左右の朝集堂前にいったん安置され、その後、会昌門から大嘗宮の斎場に安置されたらしい。のちに朝堂院が荒廃してからは承明門から紫宸殿前庭に入ったが、いずれにしても、このようなことは、標山がもともと即位の大嘗祭における神霊の依代に始まったことを示している。しかも、美々しく着飾った悠紀・主基の国司以下の一行に前後を守られて都大路をゆるやかに曳行された標山が、異国、中国の衣裳をつけた人形その他の作り物で飾られ、貴族たちの邸宅の並ぶ区域を抜けて七条大路の東・西市の辺りを進んだときは、平安京の一般住民たちも祭礼的興奮をもって山の曳行を拝し、見送ったであろう。長保元年（九九九）の祇園天神会（御霊会）にあたり、雑芸人無骨なるものが大嘗会の標山に似たものをつくって祇園社の社頭に渡そうとした気持は、充分に察することができるし、それが朝廷の忌避にふれ、無骨が検非違使の追捕をのがれて逐電したあと、下人に託宣があってさまざまの珍事が出来したと伝えることは、無骨のアイデアのあとに多くの庶民の支持のあったことをものがたっているであろう。

それればかりか、いやしくも大嘗会の標山に似るという以上は、無骨が渡御させようとしたものは、おそらくほんものに負けないほどの華麗な行粧を伴うものであったはずであり、彼の背後には、そうしたアイデアを実現させせられるだけの財力のあるものの存在したことを思わせる。『本朝世紀』によると、長和二年（一〇一三）六月十四日の祇園御霊会の神輿の後ろに散楽空車《むなぐるま》の随行したことが記されている。散楽はのちの猿楽の一つの源流をなすもので、種々の軽業や喜劇的要素を含み、田楽とならんでこのころからしだいに流行して祭礼芸能の主流となるものであるが、散楽の空車というのは屋蓋のない台車のことで、おそらくは散楽を演ずるものがそれに乗り、諸種の芸能を観衆に見せながら神輿のあとについて曳いたものであろう。とすると、これは現在の山車、祭礼屋台のようなもので、祇園会の山鉾に数多くの囃子方を乗せて曳く源流がここにも見られる。こうした祭礼の趣向を生みだすにも、祭礼を行なったものの有していた財力のほどが察せられる。

辻々のほこら

これより先、『本朝世紀』天慶元年(九三八)九月二日条に、京中の町々で木でもって男女一対の神像を刻んで祀り、これを御霊とも道祖神ともよんだとあるが、ここに「街衢に祀る」とあるのは、より正確には大路小路の辻であった。たとえば、おなじ『本朝世紀』正暦五年(九九四)五月十五日条によると、疫疾によって宮中で臨時の仁王会が行なわれ、また京職の臣下および諸司の主典以上はそれぞれ家ごとにこの経を講じ、このほか京条小路の辻ごとに高座を設けて仁王経を講じ、その費用として一般住民からも分に応じて升米を拠出させたとある。『百練抄』によると、応徳二年(一〇八五)七月朔日から東西二京の諸条の辻ごとに宝倉《ほくら》(叢祠)を造立し、鳥居に題額を打ちつけて福徳神・長福神・白朱社などと銘をつけていたと記されている。天災や疫病の繁発は深刻なものがあり、祭礼といっても今日のような観光ショー化したのんびりしたものでありうる余地はまったくなく、そこに祈念している人々の気迫はおそらく想像以上にすさまじいものがあったと推測される。しかし、そうした限界情況ともよぶべき絶対的な環境下にありながらも、平安京における都市生活が充実するにつれて致富、商業活動に従事するものの数と実力が倍加し、それが彼らの神祭の祭礼化、華麗化を一段と推進したであろうことも、まちがいのない事実である。半紙に赤飯を盛って町角に置き、疱瘡神を祀った習俗は種痘がうまくつくようにとの願いにかわり、さらに麻疹のまじないに転化して最近まで下京辺りに残っていたが、とくに京中の諸条ごとに臨時に設けられた叢祠の題額に「福徳神」とか「長福神」といった福神信仰との関連を思わせる神名の見られることは、それを祀った人たちの商業活動の活発化に対応するものと考えられる。

すでに紹介したように、天慶八年の七月から八月にかけ、淀川中・下流域の北岸の村々を動座した志多良神の一行は、やがて対岸の石清水八幡宮に渡御したが、『石清水文書』に収める「宮寺縁事抄」によると、このとき以来、石清水の本宮では境内に志多良神を祀って後世に及んだらしいが、この書のなかの「石清水神社垂迹本地御躰次第」によると、志多良神の本地は大日・千手とあり、別に押紙して「二臂弁財天定印宝珠持之頭上白竜」とある。いつごろからこうした説がなされたのか不明であるが、志多良神の本地を弁財天としたそもそもの根拠に、志多良神がもともと福神と考えられていたことがあったかもしれないといわれる。ともあれ、平安京の都市民を主たる母体としてさまざまな神事が発生しつつ、それが祭礼化しはじめると、貴族たちもそれに参加して利益にあずかり、祭礼を楽しむようになる。早く貞観五年（八六三）に神泉苑で御霊会が営まれたのも、祇園御霊会が天禄元年（九七〇）以後、官祭に列したらしいのもその現われであるが、『小右記』長和四年（一〇一五）六月二十五・二十六日条を見ると、西京の人の夢想によって花園寺の西南、紙屋川の西岸に新たに疫神社を建てて御霊会を修することがあった。この花園の今宮（新規の宮）の御霊会には宮中の作物所が神宝をつくり、六衛府が奉仕し、左右馬寮が十列を率い、左・右両京の人が夜を徹して参詣し、そのさまは紫野の今宮御霊会のように賑わっている。そして源中納言俊方や、侍従中将朝任の子息らも見物かたがた参詣に行くというので、『小右記』筆者の右大臣藤原実資は糒・尾張米・瓜などを提三口に盛り、粡は甘葛を加えて煎ったものを添えてやり、あとで実資自身も御霊会の行なわれている紙屋川の泉の辺りまで行ったと記されている。俊方の子息とか実資のような上級貴族たちまで平安京の一般住民にまじって御霊会に参加し、疫病退散を祈るとともに盛大な祭礼のさまを見物し、楽しんでいることが知られる。

市聖空也

聖の徘徊

志多良神の上京というと、先に紹介した『本朝世紀』に記録されている天慶八年七月のことだけと思いがちであるが、『百練抄』によれば、長和二年

(一〇一三)二月八日、設楽神《しだら》が鎮西より上洛し、船岡・紫野に著わしたとの記録がある。シダラ神とは、調子をそろえて拍手し、おそらくは神憑けの手段として霊媒になるもの(巫女など)を中央に坐らせ、周囲に多数のものが集まって拍手し、それによって霊媒を一種の夢遊状態にしたことから名づけられた神かもしれないが、とにかく、こうした神はしばしば繰り返し出現し、示現したものと考えられる。そして、このような宗教的雰囲気、つねになにものかを求め、奇瑞・奇蹟を信じ、それを実現し、約束する人の到来を願ってやまなかった人たちのあいだで活躍したのが、聖とか聖人・上人などとよばれた民間遊行の僧徒・宗教家であった。十世紀以降、平安京で活躍した聖といえば、市聖の名の高い空也とか、皮(革)上人とよばれた行円などが著名であるが、彼らもまた、この時期から無数に発生し、無数に活動した聖たちのうちの一人であり、ただ、ときの貴顕とも交わってその名を後世に遺す機縁にめぐまれた人たちであった。

「聖」とは「日知り」「日治り」の意味といわれる。はるか原始時代に神聖な火を管理するものは同時に日を数え、日の吉凶を予知する神聖支配者であり、呪術者であると同時に祭政一致の主権者であった。彼らは部族国家の首長であり、天皇が「聖帝《ひじりのみかど》」とよばれたのも由来のあることであった。そして政治と宗教とがしだいに分離し、国家体制の整備が進み、さらに大陸より仏教という高度の世界宗教がもたらされるにつれ、ヒジリの名は国家の政治とも、祭祀とも関係ない民間宗教家・呪術者の呼称として残留することになった。しかもまた、八世紀・奈良時代以来、仏教の受容が一段と深化し、単なる国家鎮護の官寺仏教の枠を超え、社会の底辺部にまで影響力をもちはじめると、もともとそうした民間に存在してきた浮遊の巫覡たち、本来的な意味に近い民間の聖たちも、しだいに仏教の影響をうけて僧侶の姿をとるようになり、逆に官寺の教団から脱却して民間遊行の聖の仲間に入るものも現われ、「聖」とか「聖（上）人」の名でよばれる一群の僧尼群を輩出することになった。

西国の純友の乱につづき、東国で将門の乱の勃発した天慶年間（九三八〜九四七）は、民間信仰史上も画期的な時期であった。すでにいくどかのべた志多良神の上京とか、山科藤尾寺南辺の八幡別宮と石清水本宮との争いもさることながら、市聖空也がはじめて京中に姿を現わし、庶民を教化しはじめたのは天慶元年と伝えられる。空也の伝記は彼と同じ時代に生きて『三宝絵詞』を著わした篤信の文人貴族源為憲の執筆した『空也誄《るい》』、空也の宗教運動に傾倒し、自らも恵心僧都源信らと勧学会や二十五三昧結衆の運動に尽力した慶滋保胤（晩年に出家して内記聖寂心）の著わした『日本往生極楽記』のなかの「沙門弘也」の条、および空也の委嘱をうけて三善道統《みちむね》の作った「為空也上人供養金字大般若経願文」などが、(3) もっとも基礎的な史料である。このうち、三善道統の願文は応和三年（九六三）八月に鴨川畔で営まれた経供養に関するもので、左大臣藤原実頼をはじめ多数の貴族や一般庶民を動員した空也の生涯でもっとも華やかな事業に関する直接史料として、価値の高いものである。

これらの史料によると、空也は自分の父母のことを口にしたこともなく、その郷里について語ったこともないが、後世の一休禅師と同じように、早くから皇族出身との説があった。それは醍醐天皇第五皇子とするのと、仁明天皇第八皇子常康親王の子とするものであるが、後者については年齢的に無理がある。これに対し、空也が晩年に左大臣実頼やその弟の師氏の外護を得たり、天台座主の延昌や三井寺の余慶などと親交を結び、『宇治拾遺物語』には「貴き上人にておわす、天皇の御子とこそ人は申せ、いとかたじけなし」と余慶が語ったとある。藤原時平と反対の立場にあった忠平の子息である実頼や師氏と親しかったことからも、醍醐天皇皇子説に可能性がみられる。だが、その一方、後世になって多くの特殊呪術集団や技能集団がその祖に皇胤を求める慣例があり、座頭が延喜帝第四の皇子蟬丸、もしくは仁明天皇第四宮の仁康親王（雨夜尊）などを祖と仰ぎ、近江の木地屋が小野宮惟喬親王を祖とする伝承もある。これとならんで中世に空也を祖とする念仏聖の集団の存在したことを考えると、この面からする伝承の発生も考えられないことではない。

ともあれ、空也は少壮のときから優婆塞《うばそく》として諸国を遊行し、道路の修繕や橋梁の建設、井戸の掘削などの社会厚生の事業につとめ、野原に遺棄された死骸を見ると一カ所に集め、油をそそいで焼き、念仏を唱えて回向した。二十余歳のとき尾張国国分寺に入り、はじめて鬢髪を剃って得度し、沙弥名を空也と名のり、やがて播磨国揖保郡峰合寺で数年間研学につとめ、その間、疑問の個所や難解の字句があると、必ず夢に金人が現われて教えてくれるのがつねであったという。その後、彼は阿波と土佐の国境付近の海上にある湯島で数カ月練行し、最後に穀粒を断ち、腕上に香を焼いて十七日夜不眠の行を重ねて観音に値遇し、そのとき焼香した火傷の跡がのちまで腕に残っていた。そして奥羽地方を巡化したのち、平安京に姿を現わしたのは天慶元年（九三八）であった。彼は市井に隠れて乞食し、仏事を起こし、貧民・病者を助けたので「市聖」とよばれたし、いつも「南無阿弥陀仏」の称名を断やさなかったので、「阿弥陀聖」ともよばれた。

　京中での空也の活動は、水の乏しい所に泉井を掘って「阿弥陀井」とよばれたり、獄舎の門に卒《そ》堵《と》（塔）婆《ば》を建て、天慶七年の夏には善知識に勧めて観音三十三身の絵像や阿弥陀浄土変一鋪を補修供養し、天禄元年（九七〇）七月、関白忠平の四男の大納言藤原師氏が没すると、「南贍部州《なんせんぶしゅう》日本国の大納言師氏は空也の檀越である。このたび生死限りあって先に冥途に赴くことになった。閻羅王はこの事情を領知し、優恤を加えよ」と閻羅王宮宛の牒を書き、葬儀にあたって権律師余慶に読ませて葬送の人たちを驚かせたという。また、この間天暦二年（九四八）四月に比叡山に登り、ときの天台座主延昌に従って戒壇院で大乗戒をうけ、受戒後の大僧名を光勝とよぶようになったが、その後も従前の沙弥名の空也を改めなかった。そして天暦五年の秋、貴賤に勧め、知識をつのって金色の一丈の観音像一体、六尺の梵天・帝釈天・四天王像各一軀を造立してのち東山の西光寺（のちの六波羅蜜寺）に安置し、金泥の大般若経一部六百巻を書写して、これはのちに勝水寺塔院に納められたが、応和三年（九六三）八月に行なわれたこの経典の供養には、王城の東南にあたる鴨川の西の河原に宝塔をつくって前の川には祇園精舎の白露地の浪をうつし、後ろは竹林精舎の庭の風を模して法会を営んだ。このとき老若貴賤が雲集し、竜頭鷁首の船に経典を乗せて漕ぎまわり、翠管朱絃の楽曲は仏乗をたたえて演奏され、名ある僧侶六百名が屈請されて会衆となったが、このとき善相公三善清行の第九子、八坂寺の浄蔵大徳もその中に加わり、集まってきた乞食の比丘のなかに文殊菩薩を感得したと伝える。

空也が「大般若経」書写の発願をしたのは天暦四年というから、経供養まで十四年の年月をかけてこの大事業を完成したわけであるが、天禄三年九月十一日、のちに六波羅蜜寺とよばれるようになった東山の西光寺で示寂したとき、天から音楽が聞こえ、芳香がただよったと伝える。このような空也の伝記を見ると、たしかに彼は奈良時代の行基以来のすぐれた民間宗教家であり、さまざまな奇瑞を現わして上下貴賤の尊信を集めたさまが知られる。しかし、このようなことは、けっして空也個人だけに特殊にあったことではなく、多く存在し、民間を行脚した聖たちの代表として彼はあったのである。まず、彼が「市聖」とよばれたというのは、それが「山の聖」に対する呼称であったことを推測させる。修験道の開祖という役小角《えんのおづぬ》についての伝承はともかくとして、平安初期に編輯された『日本霊異記』などを見れば、八世紀の奈良時代以降、山林に入って苦修練行して呪力を身につけようとする僧徒の数はしだいに増加したが、天慶に入京する以前の空也の経歴、四国の湯島での腕上焼香の苦行とか、播州峰合寺での経典披閲の事蹟などをみると、彼もまた「山の聖」の一員として出発したことがわかる。そして彼は山からおりてきて、市の聖となって平安京に現われたのであるが、これ以後、空也のあとに続くものはしだいに多くなった。

聖と貴族

空也に遅れること三十年、寛弘・長和年間(一〇〇四〜一七)には皮聖人行円のことが『小右記』『権記』『御堂関白記』などに散見し、貴族たちのあいだでも異常な注目と信頼を集めたようである。彼が「皮仙」「皮聖」「皮聖人」などとよばれたのは、寒暑を論ぜず鹿皮を着て歩いた異様な風態に基づくものであるが、別に「横川《よかわ》皮仙」とか「横川のひじり」などとよばれていることからみて、彼も、もとは比叡山横川に関係の深い「山の聖」で、それが里におりて「市の聖」になったことが知られる。そして、一条北に行願寺（革堂《こう》）を建立したほか、寛弘五年（一〇〇八）には阿弥陀四十八願に擬して四十八講を修し、これにつづいて釈迦講を行ない、定時に普賢講も行なっているほか、八万四千部の法華経の書写、八万四千の小塔造立などの活発な活動をなし、その寺の行願寺の題額は『権記』の筆者で三蹟の一人の藤原行成が染筆した。彼がどうして『小右記』の筆者の藤原実資、『御堂関白記』の道長、『権記』の行成たちに帰依されたのかわからないが、夏冬となく鹿皮を着るという異様な姿が、かえって聖らしい超俗的風格を強め、人々の印象に深かったためであろう。『梁塵秘抄』にも、聖の好むものとして「木の節」「鹿角《わさづの》」「鹿の皮」とある。(4) 現六波羅蜜寺蔵、伝康勝作の「空也像」は胸に金鼓を懸け、右手に撞木を振り、左手に鹿杖をつけ、身に皮袭をつけているし、空也堂（極楽寺）や六波羅蜜寺に空也ゆかりの鹿角が伝えられているが、いずれもこれらは平安後期に輩出した聖たち、山の聖・市の聖の象徴ともいうべき品物であったらしい。

そして『小右記』万寿二年（一〇二五）三月二十九日条には、この日から三十日間にわたって清水寺で諷誦を修するという記事のなかに、「大威儀師安斎、随身平恒聖来り向かう、件の聖は田原に住し、余のため毎月泥塔百基を造る」とあるが、『中右記』の筆者である中御門右大臣宗忠も、多くの聖たちと交渉をもっている。たとえば永長元年（一〇九六）三月十八日条には、慈応上人というものが貴賤を勧進して一日のうちに一切経を書写したこと、嘉承元年（一一〇六）九月二日には東名寺の聖人が白河の小堂で知識を集めて一切経を書写し、その供養を遂げたことを記し、康和五年（一一〇三）五月四日には清水寺参詣の途次に虚空蔵房という聖の建立した一切経堂を一見し、この聖が祈禱した結果、近年湧出したという堂側の飛泉を汲んで随喜した旨が記されている。嘉承二年（一一〇七）閏十月二十日条には夜半微行で清水寺に参詣し、多武峰《とうのみね》聖人とよぶ聖に面会して往生のことなど語りあい、夜明けに帰邸しているし、承徳二年（一〇九八）八月二十七日条には、甲斐守行実が檀越となって建立した小塔供養所に行き、講師として請じられていた明賢聖人の説法を聞いた。そして「聖人は年七十三、多年横川に籠居して発菩提心の人なり、朝に出家の儀式を見て菩提の心を発し、夕に造仏の功徳を聞きて深く随喜の涙を落す、心肝春《つ》くがごとし」と、そのときの感懐をのべている。

中御門右大臣宗忠は、この明賢のほか、当時、説法教化で名高く、京中貴賤の帰依をうけていた念仏行者の雲居寺の瞻西とも特別の交わりがあった。承徳二年の八月から九月にかけて家中に不例のものがあったため、明賢・瞻西の両名を屋敷に招いて受戒・供養・説法・冥道供《めいどうぐ》修《す》法《ほう》などをさせ、元永元年（一一一八）閏九月十八日には自ら雲居寺に出向いて瞻西に面会し、極楽堂を拝観して「誠に以て神妙なり、往生の業、自然に相催す、終日念仏して晩頭に帰りおわんぬ」と記している。(5)山から下って市中に入り、市聖として活動したものは呪験力にすぐれた行者であり、民間の念仏行者、起塔・造像・写経などの修善行者、あるいは道路補修・架橋・病者救済など社会厚生のための菩薩行を積む行者たちであった。そして、彼らの企画した修善や菩薩行は必然的に知識勧進を必要とし、それもできるだけ多数の衆庶の協力体制を組織することが功徳になるとされた。そのため、彼らは空也が閻羅王宮宛に手紙を書いたような人の意表をつく行動とか、巧みな弁舌をもって多数の人を動員しようとし、その一方、彼らの事業完成のために財力をもつ檀越の獲得にも力を注いだ。そのため、空也以後、十世紀から十一世紀に入るにつれ、聖たちの行動が貴族の日記類に書かれる機会が多くなり、その名が今日まで伝えられることになったと考えられる。平安遷都直後の延暦十五年(七九六)、越優婆夷とよばれた生江臣家道女という女性が、都の人の集まる市で妄りに罪福の因果を説いたとして、その生国の越前に強制送還されたことに比べると、(6)時代はまさしく大きな変化をとげているのである。

六道の辻

念仏興行

空也が京中の市井にひそんでその氏姓をいわず、庶民のなかでひたすら念仏をすすめて早くから市聖(市上人)とか阿弥陀聖とよばれたことは、諸書に一致して説かれているが、とくに生前に空也と信仰上の交際の深かったと想像される慶滋保胤は、その著『日本往生極楽記』のなかで、

天慶以往には道場・聚落・念仏三昧を修するもの希有なり、如何に況や、小人・愚女、多くこれを忌む、上人の来るののち、自ら唱え、他をしてこれを唱えしむ、爾の後、世を挙げて念仏を事とするは、誠にこれ上人の化度衆生の力なり

と、空也のなした念仏興行の功績をたたえている。

もっとも、空也が平安京に姿を現わす直前の延長八年（九三〇）の醍醐天皇の大葬にあたり、柩輿が醍醐寺北山陵にいたる鹵簿の左右に諸寺の念仏僧が路をはさんで幕舎を設け、鉦を撃って念仏するもの八十六カ所に及んだという。また、醍醐寺と勧修寺の僧侶を山陵に召して念仏に奉仕せしめ、さらに、この両寺の沙弥二名を陵辺に住まませて念仏させたと伝えられる。(7) 醍醐・勧修の両寺はともに真言の大寺であり、おそらくこの両寺は醍醐天皇の父の宇多法皇の要請によって大葬に奉仕したものであろう。天台宗の常行三昧の一つとして、比叡山での観想の行としてはじまった念仏が、いつしか葬送・修善・回向の行となり、真言宗内でもそのような念仏を修することが是認されるようになっていたことが知られる。空也の活動はこのような歴史的背景をもっていたのであり、彼の行為はすべての点で彼の独創であったわけではない。しかも、空也をはじめとする聖たちの活動を考えると

き、醍醐天皇の陵辺に醍醐・勧修両寺の沙弥二名を住ませて念仏させたと伝え、その役目が受戒した比丘、大僧の役目ではなく、得度しただけの沙弥の仕事であったことにも注意されねばならない。

京の葬送地

空也は諸国遊行のとき、野原に遺棄された屍骸を見つけると一カ所に集め、油を注いで焼き、念仏を唱えて回向したと伝えられるが、人の遺体を野山に放置する風は、けっして避遠の地だけにとどまらなかったらしい。『続日本後紀』承和九年（八四二）十月十四日条には、左右京職に命じて「嶋田、及び鴨河原の髑髏を焼き斂めしむ、惣て五千五百余頭なり」とある。嶋田は久世郡に嶋田村というのがあったというが、同じ月の二十三日条にも「鴨河の髑髏を聚め葬らしむ」とある。これはけっして伝染病の大流行した結果という異常な事態ではなく、鴨の河原などは平素から平安京の人たちの葬送の地であったらしく、河原に髑髏がいっぱいあるから朝廷がこれを片づけさせたわけで、当時の人は死者の遺体は放置するだけで、埋葬しない場合が多かったかと考えられる。『三代実録』貞観五年（八六三）十月三十日条には、大内裏の神祇官の役所に犬が人の死体をくわえこんできたという事件が伝えられている。遺体に土をかけ、埋葬していたら、このような事件は起こりえないであろう。

『三代実録』貞観十三年閏八月二十八日条には、

百姓の葬送・放牧の地を制定す、其の一処は山城国葛野郡五条荒木西里、六条久受原里に在り、一処は紀伊郡十条下石原西外里、十一条下佐比里、十二条上佐比里に在り、勅して曰く、件等の河原は是れ百姓の葬送、幷に放牧の地なり

とある。この勅は、従来、人々が葬送・放牧の地にしてきた河川敷を開墾し、耕地にするものが現われたのを禁じたものであるが、同じ年の五月十六日条には、大物忌神社を祀る出羽国飽海郡の山上（鳥海山のことか）が四月九日に噴火し、この山から流れ出る川に噴出物がまじって下流の田地に被害が発生した。故老の言によると弘仁年間（八一〇～八二四）の噴火は兵仗のことが理由であったが、このたびのは人の死体が山の水を穢し、これが神の怒りをかったためと記されている。御霊会についてのべたとき、御霊会が祇園ばかりか船岡・出雲路・紫野をはじめ、ほとんど平安京の条坊を出はずれたところで営まれていることに注目し、朝廷の伝統的な大祓いの儀が朱雀門外や羅城門外で行なわれたのと同じように、御霊会が京外へ悪神・悪霊を祓う意図のあったことを指摘したが、そのような御霊会の営まれた場所は、一方で、のちに五三昧などとよばれた京中に住む人たちの葬送の地でもあった。

もっとも、阿弥陀ケ峰・船岡山・鳥辺野・西院・竹田とか、千本・最勝・河原・中山・

鳥辺野などを五三昧とよび、古くから葬送の地としてきたのは事実であるらしいけれども、これらの野地がいわゆる葬地として固定化し、火葬なり土葬の営まれるようになる以前に、もっと直接的に平安京から一歩外へ出た河川敷などに死体を放置する、ある種の風葬に準じるような葬法の行なわれていた時代があったように思われる。たとえば、『続日本紀』以降の六国史を見ると、神護景雲二年（七六八）二月五日条には、対馬の上県郡の人、高橋連波自米女が夫と父に死別してからその墓のそばに庵を結び、墓を守ったのでその孝養を賞し、終身租を免じたとある。『続日本紀』には、これにつづいて宝亀三年（七七二）十二月六日条にも同じような記事が二件あり、『続日本後紀』には承和八年（八四一）三月三日、同十一年五月十四日と十九日条、『文徳実録』には斉衡元年（八五四）五月二十六日条、『三代実録』には貞観十三年（八七二）二月十四日条に同じような記事があり、いずれも父や夫に先立たれたものがその墓を守り、恒常的に墓前祭祀を行なったことから朝廷より孝子節婦として表賞されている。このような事例の見られることは、逆に墓を守ること、墳墓のそばに庵を結んで恒常的に墓前祭祀を行なうといったことが常態でなかったから、というのは、そのようなことは中国の儒教思想に基づくもので、われわれ日本人の本来の信仰とは無縁のものであったので、そのような中国風の墓前祭祀の儀礼を民間にも行なわせるよう律令政府がとくに努力したことをものがたっているように思われる。

空也が諸国遊行にあたり、野原に遺棄された死骸を見ると一カ所に集めて焼いたというが、もともと一定の場所に死者を埋葬し、中国のように墓標を建ててそこを祭祀の場にするといった信仰を明確にもっていなかった一般庶民たちは、別に死体を遺棄したのではなく、いつまでも死体を身近に置いておくわけにもいかないから、そこへ運んでいって置いてきたというべきなのであろう。だがともかく、空也がそうした死体の焼却処理をし、念仏を唱えて回向したということは、空也を代表とする当時の民間遊行の聖たちが、新しい葬法と、それにまつわる新しい信仰、霊魂観を人々に教えて回ったことをものがたっているように思われる。朝廷、律令政府は当初から中国の風、とくにその儒教の思想を受け入れ、父祖の遺体を手厚く葬って祀る風習を一般化しようとし、それが孝の現われとして普及しようと努力してきた。しかし、そのような葬送儀礼の行なえる人は特別の霊的な資格をもつ人、すなわち、神であれ仏であれ、とにかく超自然的な偉大なものの力によって死穢から守られ、各種の禁忌からも超越できる資格と、そのための呪法を知っている人でなければならない。奈良時代以来、民間を行脚しはじめた仏教的色彩をもつ聖たちは、まさしくそのような人たちであり、彼らが口称し、普及しはじめた念仏は、伝来のものとはちがう、はるかに偉大な力をもつ呪法として一般に受容されはじめたと考えられる。

六波羅蜜寺と珍皇寺　奈良時代に民間を行脚した行基は、平安時代になってからも、つねに聖たちを代表するもっとも偉大な民間宗教者として回想された。東大寺の景深は、その著『迷方示正論』のなかで、わが国に小乗寺・大乗寺の制のあることをのべ、一向大乗寺の例として行基僧正の四十九院のごときをいうとのべ、この文は最澄の『顕戒論』の冒頭に引用され、最澄はこれを「初修業菩薩所住寺」とよんでその意義を認めていたが、承和のころ（八三四〜八四八）に太秦の広隆寺の復興をし、あわせて大堰川の用水路の修復・築造に功のあった小僧都道昌などは、行基の再来といわれている。そして空也の活動は、これらをうけて念仏の業をさらに民間に普及させるものであったといえる。そして、その場合、彼が祇園御霊会の営まれる八坂の地の南、京中から鳥辺野の葬地へ向かう入り口にあたるところに西光寺を建立したことは、意味するところ深いものがあるように思われる。

西光寺がいつから六波羅蜜寺とよばれるようになったかは明らかでないが、その北にある珍皇寺は六道さんともよばれ、本堂の前を六堂の辻とよんで冥途の通い路とされ、その傍の小野篁の像を安置した堂は篁が冥府と往還したところと伝え、京都市民は盆にはここに詣って精霊を家に迎えてきた。また、この寺の西には大正の初めごろに嵯峨の奥に移転した念仏寺があり、この寺は十世紀初頭に比叡山の千観阿闍梨の建立と伝える念仏三昧の寺であったが、明治の末ごろまで正月二日の夜「天狗の宴《さかもり》」とよぶ行事があった。もとは土地の人が正月二日の夜に本堂に集まって酒をくみ、宴が終わると堂の縁に出て杖で扉や床をたたき、ホラ貝を吹き、太鼓を鳴らしたといい、明治末年ごろには子供たちが主役でその中に大人がまじり、大声をあげながら竹杖で本堂の柱や縁板をたたき回った。これは奈良の東大寺二月堂のお水取りをはじめ、古い寺の修正会・修二会で行なわれる悪霊祓いの乱声の変化したもので、類似の行事は各地で見られるが、六波羅蜜寺を中心に、このような寺々が鳥辺野への入り口に建てられたということは、恒常的な墓前祭祀の開始と定着は時代が下るとしても、そのための前提として死者を火葬にし、埋葬した地を漠然とではあるが記憶し、そこから霊魂を迎えて祀ろうという意識の成立をものがたっている。

貴族たちの場合、皇室における四円寺や、藤原氏における浄妙寺といった陵墓に近接する寺堂の成立が、葬送・送終の礼とその後の故人の菩提回向の供養とを場所的に連続させる発端となり、それが後世の、そして今日のわれわれの行なっている墓前祭祀、墓参の風の出発点となるものであった。一般庶民の場合も、河川敷のような所へ風葬に準ずるような形で遺体を放置し、自然に遺体の消滅するのを待つのではなく、遺体を処置した場所を宗教的意味をもつ葬地として意識し、貴族たちのように立派な施設や儀礼はなくとも、それに類似する信仰上の変化と発展がなされたのではあるまいか。市聖・阿弥陀聖とよばれた空也の活動は、まさしく平安京の住民たちにもこの世とあの世の結節点を自覚させるものであり、鳥辺野以下の葬地をのちに三昧の名でよばれるにふさわしいような宗教的な意味での葬地に飛躍させるものであったろう。下京区蛸薬師通油小路西入ルの空也堂とよばれる紫雲山極楽院は、もと空也開基の道場として洛北鞍馬にあったのが市中に移り、櫛笥道場・三条道場の名で時宗に属し、応仁の兵火で焼失したのち近世になって現在地に移ったと伝え、ここを空也念仏の本拠といい、ここを拠点とする念仏聖の一団は空也を祖とするという。このことは、西七条・吉祥院・千本組などに伝承されている六斎念仏が、盆の行事としてその起源を空也の念仏に求めていることと並んで、まったくいわれのないことではないように思われる。

鳥辺野をはじめとする京都古来の三昧の地が、ことの厳密な意味での葬地として自覚された宗教的意味をもちはじめたのは、平安中期のころからと推測され、平安末には鳥辺野の煙、化野《あだしの》の露などとして人々に説かれるようになったが、そのことの発端には、十世紀中期における空也の活動が重く存在しているといえるであろう。そして、その後、空也につづく市井の聖たちの活動についてはすでにのべたが、そのことのもっている宗教思想史上、芸能史上の意味は重要である。というのは、たびたび引用した慶滋保胤の『日本往生極楽記』をはじめとして、十世紀末から十二世紀中葉までに編述された六種の往生伝は、全部で三百四十六人の往生者の行業を記しているが、この種類の書物が主眼としているところは、往生者の臨終に現われた奇瑞と、彼らが極楽往生したことを実証する没後の奇蹟や夢告の類を記録し、これを後世に伝えようとすることにあったが、阿弥陀聖とよばれた空也の後継者たちは、まさしくこのような往生の実践者であり、そうした奇瑞の伝搬者・宣伝者として、往生業の組織者であった。

往生要集の周辺　恵心僧都源信は、空也の示寂後まもなく、永観二年（九八四）『往生要集』三巻を著わしたが、そのなかで臨終の行儀についてくわしく記している。(8) それによると、極楽往生を願うものは病気が重くなって危篤状態になると無常院とよばれる別の場所に移される。そこは散花・焼香によって荘厳され、金色の阿弥陀像が安置される。この像は右手を上にあげ、左手には五色の糸をつなぐ、そして病人はこの像の前にあって五色の糸をしっかりと手にもち、一心に聖衆来迎の姿を心のなかに描きながら念仏を唱える。念仏の声は絶やしてはならないが、もしもこのとき病人が阿弥陀仏の来迎する姿を見ることができたら、それをただちに看病人に告げ、看病人は病人のいうままに記録しなければならない。また病人がなにもいわないときは、看病人は病人に向かってどのようなものが見えるかを尋ねる。そして、病人の脳裏に以前に犯した罪のことが浮かぶようであれば、看病人とともに懺悔して罪の許しを願い、そのうえで来迎を願ったら、阿弥陀仏はかならず来迎してくれるというのである。

このような規定は実際に多くの人によって守られ、藤原道長もその一人で、彼は法成寺の阿弥陀堂の阿弥陀仏の前で五色の糸を引いて死んだと伝えられる。この時代の貴族たちがしばしばその邸宅を浄捨して寺院にしたことについて、「貴族の信仰生活」でのべたが、こうしてつくられた寺院は檀越である貴族たちの別荘の意味も兼ねていた。彼らは健康をそこねたりするとこうした寺院に移り、休息をとって療養したし、いよいよ死期が近づいたときにはそこを無常所とし、かねて昵懇の僧侶を導師とし、近親縁者に囲まれてあの世へ旅立った。貴族たちはこのような豪華な施設をもち、そこで臨終を迎えたわけであるが、一般庶民たちも、彼らなりの形で粗末ではあったろうが無常所とよぶべきものをもち、あの世へ出立したろう。そして、このような形であの世へ旅立った人たちを、その落ち着くべきところへ送りとどけるのが、阿弥陀聖とよばれた人たちの役目であった。先に醍醐天皇の陵側に住んで念仏したのは醍醐寺・勧修寺の沙弥二名であったことを記したが、官の大寺大僧たちは、もともと国家の法会に参与するもので、個々人の送終、とくに葬り終わってからのちの陵墓での回向に立ち会うべきものではなかったのである。空也をはじめとする阿弥陀聖・市聖たちは、まさしく、そのような大僧とはちがう沙弥として人々の送終の礼を行ない、この世とあの世との結節点、六道の辻に立って人々を極楽へ送りとどける導師であったし、逆にあの世へ行きつくこともできずにこの世に浮遊し、さまざまな害悪のもとになるような霊魂を鎮めるため、しばしば多くの人を勧化して臨時恒例の仏事を営み、鎮魂の法会を主催してそのための芸能の荷担者となったのである。

『新猿楽記』の世界

時代は道長・頼通のころ、所は左京市町に近い七条堀川辺り、今夜は稲荷社の祭りである。神輿の行列がお旅所へ向かう道筋にあたるこの町角は、

稲荷祭の宵

「古今未有」の猿楽に賑わっている。

出演者の顔ぶれを見よう。神妙の思い入れたっぷりな百丈、いつも衆人の称賛を浴びる仁南、「嗚呼《おこ》の神」とされる定縁、「猿楽の仙《ひじり》」といわれる形能などが、まず当代一流といったところであろう。このうち仁南は、すでに祇園会に登場した雑芸人無骨法師のことである。ほかにも、押し出しは立派だが台詞は田舎じみて、それもときどきトチる一条東洞院の住人「県井戸の先生」、「天性」を得ながら台詞に無駄が多くて見物の欠咳《あくび》(伸)をさそう「世尊堂の堂達」、はじめは静かに所作をして、しだいに感興を増すのは坂上の菊武、出だしはにぎやかだが、一向に「秀句」のない一条戻橋の徳高、猿楽の基本をわきまえず

独りよがりで「愛敬」に欠ける洛北大原の菊正、人なみではない体つきの小野の福丸、等々あまり上手ともいえぬメンバーもまじっている。

はじめに、呪師《のろんじ》・侏儒舞《ひきうとまい》・傀儡子《くぐつまわし》・唐術・品玉・輪鼓《りご》・八ツ玉・独《ひとり》相撲・独双六・無骨有骨といった散楽の流れを汲む雑芸の数々が尽くされる。そしていよいよ物の猿楽である。哀調をおびた物語を語る琵琶法師と、目出たい祝言を唱える千秋万歳《せんずまざい》の対比をねらった「琵琶法師の物語、千秋万歳の酒禱《さかほがい》」や、太った人物とやせた人物との芸を対照的にみせる「飽《あ》腹《はら》鼓の胸骨、蟷螂《いぼじり》舞の頭筋」、聖が袈裟を失ってあわて、尼が襁褓《むつき》を乞い歩く滑稽を仕組んだ「福王聖の袈裟求め、妙高尼の襁褓乞い」、老翁と遊女のやりとりをユーモラスに演じる「目舞《さがんまい》の翁体《おきなてい》、巫遊《かんなぎ》の気《け》装貌《そうがお》」など、「すべて猿楽の態、嗚呼の詞、腸を断ち頤を解かざるものなき」番組のなかに、「京童の虚左《そらざ》礼《れ》、東人の初京上《ういきようのぼり》」「氷《ひ》上専当《かみせんどう》の取袴《とりばかま》、山城大御《おおご》の指扇《さしおうぎ》」のように、都の人士と田舎者とを対置して、そのおかしみを主題とした演目のあるのがおもしろい。

「氷上専当の取袴、山城大御の指扇」では、丹波国氷上郡某寺の専当（雑務担当の下級僧侶）が人前もはばからず毛ずねをあらわに袴の股立《ももだ》ちを取って身づくろう。その田舎坊主のふるまいに山城の大御は扇をかざして顔をふせる、といった様子が演じられたであろう。また「京童の虚左礼、東人の初京上」は、口さがない京童が、はじめて京上りした東人をバカにする所作を見せたものであったにちがいない。

ともあれ、「道俗男女、貴賤上下」が猿楽衆に与えた「被物《かずけもの》」は、「雨のごとく、雲のごとく」であったというのだから、この夜の猿楽は大盛況であった。

実は、上述の光景は藤原明衡《あきひら》の著と伝えられる『新猿楽記』という書物の描くところなのである。明衡は、ある年の稲荷祭の夜の情景に託して、当時の猿楽を、そこに集う様々な都市住人の群像とともに著わしたのであった。もちろん『新猿楽記』は、子女啓蒙のいわゆる「往来物」の一つであって、必ずしも事実そのままを記録したものではない。しかし、そこに示された芸能の態様を見るとき、私たちは、平安京の一隅に新しい猿楽が誕生したことを知らされるのである。

では、この新しい猿楽というものは、いったい従来のそれと、どのように違うのであろうか。もともと猿楽という言葉は、相撲の節会に催される宮廷舞楽の一曲名としてあらわれた。それは猿のぬいぐるみを着て滑稽な演技を見せる舞曲であったらしく、源流は散楽の雑戯に求められる。しかしそれは、やがて一方で「散更《さるごう》」とかかれて滑稽を意味することとなり、また「散」と「猿」との混用は、猿楽と書いて散楽を指すようになった。要するに猿楽は特定の芸能ジャンルを表わすのではなく、雑戯や滑稽な所作を広く猿楽と称するにすぎなくなっていた。そのような猿楽の雑多な芸能は、『新猿楽記』の描きだした猿楽の印象とは非常に異なるものであったとせねばならない。この書が『新猿楽記』とよばれるのは、それなりに理由のあることだったのである。

新しい猿楽の誕生

まず第一に、そこに描かれた猿楽が、散楽以来の雑戯をたずさえてはいるものの、当時としては、かなり複雑な構成をもつ寸劇を主要な演目とした、特定の芸能を指していることに注目しなくてはなるまい。それは従来の猿楽という言葉ではとらえきれない、新しい猿楽の根幹であった。同じ藤原明衡は『雲州消息』のなかでも、稲荷祭の猿楽にふれており、「仮りそめに夫婦の体をなす」とか、「はじめ艶言を発し、後交接におよぶ」などといった、卑猥な物真似的な演技の実態にもいい及んでいるのだが、それは単に仕草のおもしろさだけではなく、「愛敬」を必要とし、「秀句」などという洗練された台詞のやりとりをも重んずる芸能であった。

その芸能としての成長は、これが専業の芸能者によって演ぜられているところからもうかがえる。先に紹介したように、当代の猿楽者のなかには、名前に冠された地名から、その居住地まで明らかにしうる者も含まれていた。ちなみに彼らは、はからずも、芸能の歴史に名をとどめる最初の専業芸能者となったのである。そして観衆はそれらの芸能者に対して、「天性」「天骨」を要求する。専業芸能者の出現は、一方に、芸能を芸能として楽しむ観衆の形成がみられたのである。七条堀川の一隅は、そのような観衆のよりつどう広場であった。そこには彼らを収容し、しかも夜間の興行にもたえうる劇場施設が整っていたことも、充分に想像しうるのである。ちなみに、藤原資房の日記『春記』長久元年（一〇四〇）四月十九日条には、「今日稲荷祭（中略）、午時許、資頼・資高来る。あい乗りて七条堀川辺の小屋に到り、密々に見物して帰去」云々とみえ、稲荷祭の日には、その神幸の途次にあたり、また市町にもほど近いこの辺りに「小屋」が構えられ、芸能上演の場として雑踏をきわめていたことを知る。

芸能がその成立母胎であった神事としての制約を克服し、さらに人々も芸能そのものを鑑賞の対象とするようになるのは、日本全体としてみればかなり遅れて、中世の後半を待たなくてはならないのである。しかし、ここ平安京の巷間にあっては、急速な神事の祭礼化の気運とともに、早くも十一世紀に、その芽生えを認めることができるのである。平安京が人為的に造成された政治都市から、それ自体が自ら機能する都市として発展し、その住民生活が大きく伸展したとき、もたらされたというほかはない。新しい猿楽は、まさにその点において一時代を画するものであった。

もっとも京都という都市にあっても、新しい猿楽のその後の発達は容易ではなかった。『新猿楽記』の世界をそのままに継承する芸能は、それ以後、二百年余の間、見つけることができないのである。先にたしかめた何人かの専業芸能者も、その行方を追うことができない。滑稽な物真似と秀句の芸能は、南北朝の「猿楽狂言」においてふたたび開花する。

（1）『本朝世紀』
（2）『類聚国史』巻八
（3）『本朝文粋』巻十三
（4）『中右記』
（5）二巻
（6）『日本後紀』延暦十五年七月二十二日条
（7）『醍醐寺雑事記』ほか
（8）巻中末第二

今様の世界　京都の歴史と民俗　4

今様歌の登場

催馬楽から今様へ　「歌は世につれ、世は歌につれ」などといわれる。これは江戸時代三百年の泰平のなかからいいだされた言葉であったが、同じことは平安時代四百年の歴史についてもみられ、大きくいって、そこには催馬楽《さいばら》から今様へという変転があった。

催馬楽の起源についてはさまざまな説があるが、神楽歌のなかにある前張《さいばり》が独自の歌謡に発達したというのが、もっとも妥当のように思われる。神楽歌のなかで前張とよばれる歌謡群は、もともと即興風の民謡であったらしい。それが年代の古い新しいとか、本格派と分派、あるいは簡単なものと重いものといった意味で大前張と小前張とよばれるものにわかれて固定したが、このことと並行して、このなかから神楽歌の枠を逸脱し、それ自身で独立して人々に楽しまれる歌謡が現われ、催馬楽が成立したと説かれている。

いずれにしても、民間の即興的歌謡にはじまる催馬楽が、宮廷貴族のあいだでもてはやされるようになったのは、九世紀初頭、平安時代の最初のころからであった。そののち貴族のあいだでは唐楽・舞楽の整備につづき、十世紀初頭から風俗歌や朗詠がさかんとなり、神楽歌の集大成や風俗の東遊の整備がなされたが、催馬楽への愛好はそのまま引き継がれ、唐楽の影響をつよくうけながら、宮廷の歌謡として安定した地位を確保した。『源氏物語』にもしばしば催馬楽の歌われる場面があり、この歌が当時の宮廷生活のなかでどのように楽しまれ、折々の営みに花をそえていたかがわかる。

催馬楽が神楽歌とならんで今日に残されているような形に定着したのは、一条天皇の正暦四年（九九三）に七十四歳で死去した左大臣源雅信が『催馬楽譜』をつくったのによるといわれる。それはあたかも道長による摂関政治全盛の前夜にあたっていた。『源氏物語』に催馬楽がしばしば登場するのも、ゆえないことではないといえる。しかもこのころ、今様とよばれる七五調四句の新しい歌謡が姿を現わし、十一世紀三十年代の後半、道長の子の頼通が関白であった後朱雀天皇のころからしだいに流行しはじめ、やがて院政期になると、催馬楽に替わって今様が圧倒的に人々の支持をうけることになった。もともと遊女や白拍子・傀儡女たちによって市井で歌いだされたものが貴族たちに波及し、宮廷の宴席・

節会にも歌われるようになり、平安初期から親しまれてきた催馬楽は、摂関政治の退潮とともに、その地位を今様に譲ったわけである。

今様とは今様歌のよび名が省略されたもので、文字通り当世風の新たに流行しはじめた歌という意味であるが、平安時代最末年に近い治承三年（一一七九）、後白河法皇の手で編纂された『梁塵秘抄』に収められた今様に、

此のごろ京《みやこ》に流行《はや》るもの　肩当《かたあて》　腰当《こしあて》　烏帽子《えぼし》止《と》め　襟の竪《た》つ型《かた》　錆《さび》烏帽子　布打《ぬのうち》の下の袴《はかま》　四《よ》幅《の》の指貫《さしぬき》

などとある。院政期に出現した強装束《こわそうぞく》とよばれる当時流行の服飾を列挙したものであるが、おなじく「京に流行るもの」として、

柳黛《りゅうたい》髪々似《え》而《せ》非鬘《かずら》　しほゆき（潮湯着）　近江女《め》　女冠者《おんなかざ》　長刀《なぎなた》持たぬ尼ぞ無き

とあって、一部の女性がまゆずみで黒々と眉を描き、海女のように着物の裾を短くし、男装して武器まで携え、都大路を闊歩したさまが歌われている。

強装束とは萎《なえ》装束に対するもので、衣冠装束に糊を強くし、漆を塗って折り目を立て、よろずに稜《かど》のあるようにしたもので、院政期、十二世紀初頭の鳥羽上皇のころに始まるという。たとえば『和漢朗詠集』に「纓《えい》を鴻臚の暁の涙に霑《うるほ》す」とある。(1)「源氏物語絵巻」にみられるように、かつて冠の纓は頭巾の後脚として涙をぬぐえるようなやわらかい布で

あった。それが糊で固めた纓となり、漆で固めた冠の付属品になったのは鳥羽院のときであったという。この時期に今様の強装束とよばれたものは、在来の常識と価値の転倒を伴う異装であったといえるだろう。古い時代の即興風の民謡に起源をもつという催馬楽の、大和言葉のおおらかな韻律の抑揚に変わり、整序された七五調四句の、ときに漢語を漢音のまま混じえた今様歌のもつ硬質のリズムが愛好されたのも、同じ時代の風潮であったと考えられる。

今様歌の宗教性

催馬楽が神楽歌から派生したと推測されるのに対応して、今様歌は主として仏教の和讃から発生した。和讃というのは仏教音楽である声明から生まれた日本語による仏教唱歌である。もともと声明にはインド伝来の梵語による梵讃と、中国で翻訳され、あるいはつくられた中国語による漢讃とがあり、いずれもその名のとおり、仏徳を讃嘆する唱歌として早くから伝えられていたが、それらは奈良時代には官大寺で営まれた国家的な仏事法会の付属物にとどまっていた。それが平安時代になると、空海によって真言声明、最澄の弟子の円仁によって天台声明がもたらされ、それらは天台・真言という時代を代表する二つの新しい宗派教団の力によって、一般に普及しはじめた。そしてこのなかから、布教の手段として一般人にも親しませるため、漢文の教誡文を和訓して諷唱する講式や、七五調四句で仏教を説いた和讃がつくられるようになった。

講式はのちに宴曲から謡曲になって伝統音曲の中軸となり、和讃の曲節は今様歌から御詠歌・音頭につながり、日本民謡の源流となったが、今様歌とよばれたもののなかには、和讃の世俗化した法文歌をはじめ、伝統的な神楽歌から流行歌謡に転訛した四句・二句の神歌、農耕神事歌謡であった田歌とか、風俗《ふぞく》とよばれた東国を中心とする民謡とが混在していた。このことは、十二世紀のはじめに成立したと考えられている説話集の『今昔物語集』の構成ときわめて類似している。周知のとおり、『今昔物語集』は天竺・震旦・本朝の霊験・奇縁と世俗の異事におよんでいる。現在では読む人の興味は本朝のなかでも世俗の異事のみに集中しているが、編者の主眼は、明らかに天竺・震旦の部に据えられている。

およそ仏教を信ずるものにとって、釈尊一代の行状記ほど大切なものはない。巻一冒頭の「釈迦如来人界ニ宿リ給フ語」に始まる巻三までの説話群は、大部分が『過去現在因果経』によったもので、『増一阿含経』や『大智度論』を典拠にする仏陀伝である。『今昔物語集』はその巻別構成からみて、釈尊伝を中核としつつ各種の仏典を説話の形で和訳し、天竺・震旦と敷衍して本朝に至り、伝来の神祇への信仰を踏まえながら世俗世界へと足を踏みだし、展開したものとみることができる。だからこの説話集を信仰とは無縁になったものがそうした眼でとらえ、本朝の世俗の話だけを切り離して読むのは、この説話集のもつ意味を正しく理解することにならないし、説話の成立過程そのものを正しく認識することにもならないであろう。そして、今様歌とよばれるものについても、基本的には同じ視角でとらえるべきだと考えられる。

というのは、今様歌というとき、私たちはともすると「今様」、したがって「当世風」という言葉を現代的感覚でうけとめ、平安末という時代世相の反映だけをとらえようとする。たしかに、武家の台頭に伴うこの時代特有の社会不安が諸階級の接触をいちだんと活発にし、京と地方との交流は、政治諸勢力の軋轢とか変動・交替によるばかりか、僧徒、修験者の布教・往来、貴賤を通じての社寺参詣の流行ともからみあい、急速に進行しはじめた。それとともに、京から西に向かっては淀・山崎や、江口・神崎をはじめとする水路交通の要衝に群れをなした遊女たち、東に向かっては東海・東山などの諸街道を群行し、近江の鏡山、美濃の青墓《あおはか》・墨俣《すのまた》などの宿に仮の居を占めた傀儡女、あるいは諸社の御子神・若宮などと称する強烈な託宣神を奉じ、神のお告げのまま諸国を遊歴したあるきの巫女、これに琵琶法師とか瞽者《こしゃ》・猿楽の徒が加わって、今様の歌謡も荷担され、伝播し、上昇しては宮廷貴族のあいだにも愛好者をつくりだした。

しかし『梁塵秘抄』を子細にみるならば、こうした成立と伝播経路にもかかわらず、というよりは、逆に上記のような漂泊の、したがって多くはそれぞれに仏や神を抱き、背にして旅わたらいした人たちに育てられたため、今様歌は法文歌における仏への讃嘆と、神歌における諸大神社・明神への恩頼を核とし、そこに今様と名づけられた歌謡の成立していたことが知られる。『梁塵秘抄口伝集』などをみれば、今様の名手であった後白河法皇をはじめ、さまざまな人が今様を歌いこむことによって入神の域に入り、かずかずの神験・霊異を体験した話が伝えられる。世俗の流行歌謡といいながら、それのもつ宗教性、宗教との未分離な姿を把握しなければ、今様歌を理解したことにならない。

後白河法皇と今様

ともあれ、参議藤原資房の日記である『春記』長暦四年（一〇四〇）十一月二十五日条によると、この日、宮廷で「今様の戯」があり、「満座が頤《おとがい》を解」いたとある。これなどは今様が貴族のあいだで愛好されるようになったことを示す早いほうの例であるが、平安末になると、たとえば平氏全盛の承安四年（一一七四）九月には、一日から十五夜まで後白河法皇の御所法住寺殿で今様合わせがあり、堪能《かんのう》の公卿三十人で毎晩一番ずつ雌雄を決したが、十三夜には勝負のあとの管絃の御遊に法皇自身が簾中で今様を歌い、その趣は「幽玄に入る」と伝えられる(2)。

源平の争乱に際しては武家の台頭を抑えるため最後まで執念を燃やし、卓抜した政治力を発揮した後白河法皇は、一面では笛の名手であったほか、声明・催馬楽・郢曲《えいきょく》に通じて声楽的才能にも優れ、なかでも今様への執心は異常といえるほどであった。『梁塵秘抄口伝集』によれば、法皇は四宮とよばれた若年のころ、生母の待賢門院のもとに伺候する神崎の遊女かねの歌に惚れこみ、一晩おきに女院からかねを借りうけ、その夜は明け方まで寝ずの稽古をしたという。そして待賢門院の亡くなったときも喪の明けるのを待ちかねて歌い、その後も鍛錬につとめて「声を破《わ》る事三箇度」、「あまり責めしかば喉腫れて、湯水通ひしも術無かりしかど、構へて謡ひ出《い》だしにき」とか、「或いは七、八、五十日、もしは百日の歌など始めて後、千日の歌も謡ひ通してき」、「昼は謡はぬ時もありしかど、夜は歌を謡ひ明さぬ夜は無かりき」などとある。

いくら今様が好きで、若さと体力にめぐまれていたといっても、これほどいく晩も徹夜して楽しむ以上は、それは和讃や後世の御詠歌のような型にはまった単調なメロディーの繰り返しだけではなかったろう。「口伝集」には、さまざまな階層や地方からもたらされたことを推測させる曲名があり、こまかに節まわしのことを記している部分がある。また、神楽歌や催馬楽は、琴・琵琶・笛などの伴奏楽器のほか、笏拍子を打ち、そのリズムで歌われたが、今様もその歌詞のもつ独自の韻律や、その舞人を白拍子とよぶことから、特定の、従来のものとは異なるリズムを伴っていたと考えられる。しかも「口伝集」によると、後白河院は若いとき、主殿寮に仕えていた近江国鏡山のあこ丸というものからも今様を習ったとあるが、即位して三年目、保元の乱の翌年にあたる保元二年（一一五七）、美濃国青墓の傀儡女の目井の娘分にあたる乙前というものが、かねて目井につれられて上京し、年寄って五条の辺りに住んでいたのを召し出し、「足柄」以下の大曲そのほかを習い、それまでに知っていたものも、乙前の伝える曲調に従って改め習ったとある。

上達部・殿上人は言はず、京の男女、所々の端者《はしたもの》・雑仕、江口・神崎の遊女、国々の傀儡子、上手は言はず、今様を謡ふ者の聞き及び我が付けて謡はぬ者は少なくやあらむ

と「口伝集」にあるのも、けっして誇張した表現ではないだろう。そして、これは後白河法皇の生涯変わることのなかった今様歌への執心の度を示すものであるけれども、こうした形でなされた遊芸者との接触は、この法皇だけにかぎるものではなかった。早い例では永延二年（九八八）、ときの摂政藤原兼家が新たに二条京極第を営んだとき、淀川右岸の山崎・水無瀬辺りに集まっていた「河陽《かや》の遊女」が新邸に群参し、宴席に侍して「今日の遊、希代の事」と伝えられている[3]。

やがて、これが普通のことになり、院政期になると、待賢門院のもとに神崎の遊女かねがいつも伺候していたのは先に記したとおりである。また同じ「口伝集」によれば、後白河天皇が先記のように乙前を召し出そうとしたら、寵臣の小納言藤原通憲（信西入道）が

乙前ならばその娘が自分の邸に出入りしているといい、木工允清仲を遣わして乙前をよび出したという。この時代には、遊女とか傀儡子・白拍子などの民間に発生した遊芸の徒は、身分的には賤しいものとされていたにもかかわらず、その芸能によって比較的自由に貴顕の邸に出入りし、近侍するのが常態になっていた。これは特定のものが集団をなして政府諸官司や官大寺に隷属した律令制下の芸能者のありかたが解体するにつれて現われた現象で、封建的な身分秩序が固定化するにつれてふたたび彼らが枠にとじこめられる以前の、したがって宗教と芸能の分離もまた不充分な、流動的な状態にあった。「当世風」という意味での「今様」という言葉には、こうした事態が含みこまれていたのである。

華麗なる信仰

風流の田楽

院政期の芸能のありかたをよく示すものに、白河上皇の院政十年目、永長元年(一〇九六)の夏に起こった「永長の大田楽」とよばれる事件がある。中御門右大臣藤原宗忠の日記である『中右記』や、院政期の文人・学者として有名な大江匡房の書いた『洛陽田楽記』によると、永長元年五月、梅雨に入るころから京中のあちらこちらで夢のお告げがあったなどといって田楽の組がつくられ、大鼓や笛の音に合わせて道いっぱいに踊りながら石清水八幡や賀茂社、松尾・祇園などの神社に詣ることが流行しはじめた。やがて陰暦六月、梅雨も明けて祇園御霊会が近づくころになると、宮家や貴族の邸に仕える青侍や下部たちまで流行に巻き込まれ、昼は下人たち、青侍はさすが世間体もあってか夜間に、それぞれ都大路いっぱいに田楽を踊って人の往来をさまたげた。しかしなにぶん祇園御霊会にかこつけているので、これを制止できない状態であった。

祇園御霊会の当日、六月十四日の巳刻（午前十時ごろ）に当時は右中弁であった宗忠が参内すると、宮中はほとんど人が出払って無人のため、終日御前に伺候して帰邸したが、あとから聞くと、この日の御霊会には院の召仕の男四百人ばかりが祭礼に供奉し、院の蔵人町の童七十人余、内蔵人町の童部三十人余と五十組ほどの田楽が出て、たいそうなみものであったと『中右記』に記されている。そして七月に入ると、流行はいちだんと激化して貴族たちにまで波及した。『中右記』によると七月十二日、夕刻近くに宗忠が参内すると、その夜は天皇の仰せで苦手の殿上人三十人ほどが田楽を演ずることになっていて、田《た》主《あるじ》とよばれる指揮者に蔵人少納言成宗が選ばれ、宗忠も参加して衣裳や楽器を調達し、月明の下、まず内裏中殿の南庭で演じ、西に回って北の陣でも御覧に入れた。次いで院（白河上皇）にも見ていただこうということになり、右兵衛督雅俊が天皇の使者になり、一同が牛車に分乗して六条殿におもむき、芸を披露して内裏にもどり、北の陣で徹夜で踊って明け方に退出したという。

翌十三日には院の殿上人三十余人が前夜の返礼のような形で内裏に来て田楽を演じ、内裏の側でもそれに刺激されて二十人ほど徹夜で踊った。また、十九日には新女院からも田楽の一隊が内裏に参り、院の文殿衆や儒者たちも院で田楽をしたというが、これほどまで人々を熱狂させた田楽は、田遊びという名などで総括されている伝来の農耕儀礼・神事芸能を母体とし、中国の唐から渡来した散楽とよぶ軽業・曲芸を含む俗楽が加わって成立したと説かれている。

毎年、稲作の開始に当たり、年始から植付までのあいだにその年の豊作を祈ってなされるさまざまの神事や儀礼は、いずれも良い霊能を田に祝いこめ、邪悪な霊から田を守ろうとする鎮魂術を骨子にしているという。田楽に必須の打楽器であるササラなどは、悪しき霊の発現である害鳥や害虫を逐う鳥追いの所作に伴うものであったとされるが、なかでも田植のときになされるものは、早く一般的芸能に転化する要素を多くはらんでいた。なぜなら、田植は年間の稲作功程のなかでは後次的に成立し、付加されたものであるし、短期間に最大規模で労働力の集中を必要とする作業である。必然的にそこでの神事芸能は、作業歌や囃子という形で人々の志気を昂揚し、作業の律動化・能率化をはかるという、相対的に信仰とは縁の遠い要素を当初から保有していたらしい。

『枕草子』によると、清少納言は賀茂社へ参詣の途次に田植をみかけた。女たちがそろ

って折敷《おしき》のような笠を着け、中腰で後ずさりして苗を植えながら、

ほととぎす　おれ　かやつよ　おれ鳴きてこそ　われは　田植うれ

と歌っていたという。田植歌として文字に記録されたもっとも古い例であろう。『栄華物語』には、早乙女とか殖女とよばれる若い女性が五、六十人ばかりで田植する姿は、白い裳袴に白い笠をつけ、お歯黒に紅をさしているとある。そして、田主とよばれる翁があやしげな着物に破れた大傘をさし、紐も結ばずに足駄をはいて全体の指揮をとり、十人ほどの男が腰に鼓をつけたり、笛やササラをならして歌を歌ったとある。早乙女たちが盛装する一方、男たちはわざとしどけない姿でこっけいな所作をし、神を迎えて祭るとともに人々の気持をはずませ、全体の作業を祭礼的な興奮のなかで律動的に進めていたさまが窺われる。散楽が結びついたのは、このような村落における共同作業のなかに成立した芸能であったのである。

都市の田楽で綾藺笠《あやいがさ》や花笠をつけ、顔を覆う布にも美しい縒糸《より》を垂らし、刺繍・金襴のきらびやかな水干・指貫の姿は、散楽の呪師《のろんじ》たちのものであった。彼らはもと呪禁師《じゅごんじ》とよばれ、呪禁＝まじないの術に関連してさまざまな奇術・幻術の類まで大陸から伝えた人たちの後裔でもあったが、こうした人たちの芸が混入することにより、田楽はしだいに奇抜な行粧を備えているという意味で風流の田楽のよび名にふさわしいものになり、村落にお

ける集団的な農作業との直接の結びつきを断った都市的な神事芸能に成長した。『日本紀略』長徳四年（九九八）四月十日条によると、洛西の松尾神社の祭礼に、山崎の津の人が恒例として田楽を奉納していたことが知られる。どの程度、専業的であったかわからないが、田楽についての一定の芸団組織の成立しつつあったことを示すものである。

都鄙の交流

『今昔物語集』に、「近江国矢馳《やばせ》ノ郡司ノ堂供養田楽ノ語」という題で、次のような話がある。(4) 永承二年（一〇四七）に亡くなった延暦寺二十八代の座主教円は、説教上手として有名であったが、若年のころ内供奉として叡山の西塔にいたとき、檀越として援助してくれていた近江国栗太郡矢馳（草津市矢橋町）の郡司が、ある日、改まった顔でやってきて、このたび後世のために仏堂を建てたので、堂供養の導師をしてくれるかと頼んだ。教円は日ごろ世話になっているので二つ返事で承知し、法会に舞楽が加わると功徳も増すが、楽人をよぶのもたいへんだろうから、私と伴僧のため迎えの舟と馬だけ用意してほしいといった。すると郡司は、楽ならば私の住む矢馳の津にも楽人がいるから、なんでもありませんといって帰って行った。

いよいよ当日になり、朝早く叡山を下った教円は、麓の三津の浜で迎えの舟に乗り、琵琶湖を渡って対岸の矢馳の津に着くと、馬を三匹といっておいたのに十頭ばかりの馬があり、白装束の男が十人ほど待ちかまえており、ほかに四、五十人ほどのものが物見高い様子で立っていた。なにも見物するほどのものもないのにと思いながら、教円が供の僧と三人で馬に乗ると、十人ほどの白装束の男たちはつづいて馬に乗り、笛・太鼓の音に合わせ、杁《えぶり》などをさしたてて田楽をはじめた。なにも知らない教円は、今日はこの土地の御霊会なのだろうかと思いながら道を急ぐと、田楽の一隊は教円一行を押し包むようにして前になり後になり、いよいよはげしく田楽を演じたてた。おそれ入った教円は、こんなところを知人に見られたらたいへんと袖で顔をかくし、やっとの思いで郡司の屋敷にたどりついて馬から下りようとすると、迎えに出ていた郡司父子が馬の口を抑えて下馬させず、田楽のものに命じていちだんとはげしく演じさせ、市のような人だかりのなかをそろそろと進み、中門の廊まで来てやっと下馬できた。そこでほっとした教円が、郡司に向かってどうしてこのような田楽でもって私たちを迎えたのかとたずねたら、郡司は、先日お願いに行ったとき、楽があればより功徳になると申されたので、このように田楽でもってお迎えしたのですと答えたという。

この話は、教円が舞楽のつもりで楽といったのに、郡司が楽といえば田楽のことと田舎者の早合点したことのおもしろさに焦点を合わせて語られている。しかし『今昔物語集』の編者は、矢馳の郡司の常識の不足、視野の狭さを軽蔑の筆致で描いているのではない。

むしろ楽といえば自分たちのもっている田楽以外のものを考えず、田楽さえあればそれで充分といった土着人特有のたくましさを、ある種の驚嘆に似た感覚でもって筆録しているように思われる。都誇りに固まった自己閉鎖的な貴族社会がいき詰まり、本来ならばおぞましい下衆の世界であったはずの地方土着世界に眼を開き、そこになにものかを求めざるをえなかった自己批判の書が『今昔物語集』の文学的世界であった。その意味で『今昔物語集』は正しく「今様」の文学であったわけであるが、右の矢馳の津の田楽は、先の『栄華物語』の田楽と同じように白装束で、杁などをふりかざして踊っている。

杁は苗代をはじめ水田の泥を掻きならすもっとも素朴な、原始いらいの農具であり、それだけに良い霊魂を田に祝いこめる呪物としてさまざまな田遊びに重用されてきた。矢馳の田楽は、その意味では村落に起源をもつ田楽の姿をもっともよく示すものといえよう。しかもそのような田楽が農作業とは絶縁した「楽」として認識され、堂供養に捧げられているところに、これが都にある大陸から伝えられたさまざまな芸を貪欲に吸収する力が潜んでいたし、それがまた、都に進出して人々の喝采を得た根拠でもあった。すでに十世紀の末、松尾神社の祭礼に奉納するのが恒例になっていたという先記の山崎の津の田楽も、実態は先に述べた矢馳の津の田楽に似たもので、あるいはより多く散楽の影響を加え、都市化の進んだものであったかも知れない。

御霊会の田楽

ともあれ「永長の大田楽」について、『中右記』は殿上人たちが「魔に入りて妙曲を奏す」と記し、蔵人少納言成宗の田主ぶりを「不可思議の神妙なり」と記している。また大江匡房の『洛陽田楽記』には、

初め閭里より公卿に及び、高足・一足、腰鼓・振鼓、銅鈸子・編木、殖女・舂女の類、日夜絶ゆる無く、喧嘩の甚しき能く人の耳を驚かす、諸坊・諸司・諸衛、各々一部を為し、或は寺に詣で、或は街衢に満ち、一城の人、皆狂せるが如きなり

とあり、とくに公卿・殿上人の田楽について、主人が率先して踊り狂う以上は侍臣の姿は推して知るべしといい、「或は裸形して腰に紅衣を巻き、或は髻《もとどり》を放ちて頂に田笠を戴き」内裏のある二条と、上皇の六条殿とを往復したとある。

後世の芸能の約束事から知られるとおり、「髻を放つ」とは身分のあるものの日常とるべき姿では絶対になかった。だから、そのような身分秩序と深く結びついた禁忌を破るのは宗教的狂熱以外になく、「人々魔に入りて妙曲を奏す」との『中右記』の記事は、ことの本質を適確に表現するものといえる。先に今様を歌うことは娯楽であると同時に、それ自身が入神のわざであることを記した。同様にして、田楽も近世の「おかげまいり」と等質のマス＝ヒステリア（集団的狂騒）の核になりうるものであり、集団的な宗教的高揚の手段であり、場であった。

それればかりか、封建的身分秩序の完成された近世にあっても、「おかげおどり」の間歇的な噴出のなされたことを考えるならば、古代律令国家の解体が進行する一方に、新しい社会秩序が未成熟であった平安末・院政の時期に、価値の転倒を含む宗教的高揚が、諸矛盾の鬱積した社会全般の精神的カタルシス（浄化作用）の意味をもってしばしば突発したのは当然であった。その場合、芸能と宗教の分離が不完全で、芸能者の専業化の不充分であったことが、これを助長したであろう。

田植歌や囃子の交錯するなかで早乙女が道行く人に悪口をいい、泥を投げつけるのを祭礼の無礼講として許してきた地方は多い。かつて人々は芸能することで容易に日常と断絶した世界に入ることができたし、芸能にはそのような聖なる力があると信じられていた。遊女・白拍子・傀儡子たちがその芸によって貴顕に近侍し、貴族たちが髻を放って市井にまじり、田楽に狂ったのも、この意味で理解すべきである。「今様」とよばれた院政期の世相の根幹は、京の町を中心に、こうしたカタルシスの意識・無意識のうちの繰り返しによって構成されていた。だからこそ、貴族の独占してきたものがこの時点で抬頭してきた庶民のものと重合し、中央と地方が京の祭礼という華麗な坩堝《るつぼ》に投入されて、広範な荷担者をもつこの時期特有の文化がつくりだされ、後世に大きな影響を残したのであった。

現在、七月十七日の祇園祭に当たり、山鉾巡幸につづく八坂神社の神幸列に、上久世の駒形《こまがた》稚児とよばれるものが参加する。これは市内南区久世町上久世から選ばれた稚児が、上久世の村氏神である綾戸・国中神社の御神体に模したという木彫りの馬の頭を胸に掛け、騎乗で参列するが、そのとき、十万石の格式をもつという長刀鉾の稚児でさえ八坂神社の南面楼門前で下馬するのに、この稚児は拝殿まで乗り打ちする。そして、この稚児の奉仕に関する史料は近世初期までしか遡れないが、『嬉遊笑覧』に引用された『東牖子』によれば、この駒頭は祇園の「祭礼第一の神宝」といわれている。

また上久世との関係は明らかでないが、室町時代後期に少将井駒方座という祇園社の神人の組織があり、少将井駒大夫というものがあって、毎年の祇園会には駒頭をつけて神幸列に供奉していたことが知られるし、(5)平安時代の末、十二世紀後半に後白河法皇の命で常盤光長らが描いたという「年中行事絵巻」の模本のなかに、現在の上久世の稚児と同じように胸に駒頭を捧持し、馬上で神輿に供奉している稚児の姿がみられる。この稚児は、先に紹介した『今昔物語集』に見える矢馳の津の田楽の話と同じように、馬上で太鼓をうち、笛を奏したりする人々に先導され、ササラ・拍子・鼓などを奏す田楽座衆と思われる人たちに囲まれながら行列に従っている。そして、現在、各地に伝えられている民俗芸能のうち、田楽の系統とみなされるものにしばしば駒形・駒頭の作り物の登場することからみても、祇園御霊会の田楽で駒頭はその聖なるシンボルであったのが、時代の移り変わりにつれて田楽が行なわれなくなったのちも、そのシンボルだけが上久世の駒形稚児として残ったものと考えられている。

祇園少将井殿　『今昔物語集』の矢馳の津の田楽の話で、郡司に招かれた教円が馬に乗った田楽の一隊にとり囲まれたとき、今日はこの地の御霊会かと思ったというのも、「年中行事絵巻」の図をみれば納得がいく。馬は陽獣で邪気を祓うというのは中国から伝えられた信仰であった。一方、疫神送りのワラ作りの馬とか、胡瓜・茄子で作った馬の例の示すとおり、馬を「はらへつもの」とみなし、疫神・悪霊を背に負わせて流し送るという信仰も古い。正暦五年（九九四）の疫病大流行のときの御霊会では船岡山で疫神を祀り、終わって難波の海まで送ったと伝える。[6] 御霊会における田楽は疫神を送るための祭礼行道の芸能として始まったはずであり、そこでの駒頭はもともと「送り馬」の信仰にもとづく呪物であったと推測されるが、そうした駒頭が、室町時代後期の史料であるけれども、少将井駒方座とよぶ神人の座に保管され、少将井駒大夫というものが、祇園の祭礼に捧持して参列していたことに注目される。

　少将井駒方座とか駒大夫の少将井とは「少将井殿」のことで、祇園社の主祭神である牛《ご》頭《ず》天王（素戔嗚尊《すさのおのみこと》）の妃の婆利采女（稲田姫）の俗称であるが、このよび名の生まれた理由は、「むかしは冷泉通の北、烏丸の東、少将井というところに御旅所のありし故」といい、神幸列の中御座《みくら》（牛頭天王）、東御座（八王子）、西御座（婆利采女）の三基の神輿のうち、西御座を名井として有名であった「少将井」の上に安置し、ここを御旅所として定めたためという。(7) 駒大夫は駒頭をもって少将井殿の神輿のお供をしたことから、少将井駒大夫とよばれ、(8) 駒頭をもつ田楽は、もとこの西御座の神輿に供奉するものであったと考えられるが、この神輿の出現は十二世紀後半、平安時代末のことであった。

祇園社における牛頭天王の信仰は、由来するところ古いものがあると考えられている。とくに牛頭天王がはじめ播磨の明石浦に垂迹し、広峰を経て都に動座したという『二十二社註記』の所伝は、弓削是雄をはじめとする播磨系陰陽師の中央進出が貞観年間（八五九～八七七）以降に活発となったことに関連があると説かれている。そして『百練抄』によれば、永承七年（一〇五二）五月二十九日、天安寺・東寺で行なわれた御霊会に設けられた新造神社を人々が「祇園社」とよんだとあり、疫病防除のための御霊会が、しだいに祇園社の信仰、したがって祇園牛頭天王の信仰で統轄されはじめたことをものがたっている。

中天竺の祇園精舎の守護神という牛頭天王の信仰の眼目は、「蘇民将来子孫」と書いた護符を身に着けていれば疫病からまぬがれるということにあるが、『祇園牛頭天王縁起』によれば、牛頭天王が蘇民将来にこの呪法を教えたのは、南海の竜宮に赴き、竜王の第三女の婆利采女を妃に娶っての帰途のことといい、牛頭天王・婆利采女と御子神の八大王子とは一体のものとなっている。ところが『扶桑略記』によると延久二年（一〇七〇）十月十四日に祇園感神院が焼亡し、十一月十八日、官使を遣わして御神体の焼失の実否を検録させているが、その記事によると、当時、祇園社（感神院）では祇園天神を主祭神とし、八王子・蛇毒気神・大将軍を祀るとあり、婆利采女（少将井殿）の信仰は、その存在を知ることができない。

『祇園牛頭天王縁起』をみても、牛頭天王は八万四千六百五十四の眷属神や八大王子を率いて悪しきものを罰するとあるから、延久ころの祇園社は牛頭天王の信仰によるといっても、それは北野天神とともならび、恐ろしい祟りをする神々を鎮め祀り、送りやらおうとする御霊信仰の当初の姿を濃厚にとどめていたと考えられる。それが、これから百年を経た十二世紀後半になると、『百練抄』では承安二年（一一七二）六月十四日の祇園御霊会に、後白河法皇の寄進による神輿三基と獅子七頭が渡御したとあり、四年後の安元二年（一一七六）六月十四日条には、二日前に二条天皇の中宮であった高松殿（姝子内親王）が亡くなったので、いつもは内裏の近くを通る「少将井神輿」の進路を変更したとあって、はじめてここに「少将井」の名が現われ、「年中行事絵巻」にも後世の神幸列と同じように神輿三基の渡御が描かれている。

正暦五年（九九四）の疫病大流行のとき、左京の三条通の南、油小路の西にある井戸の水を飲むと疫病を免れるといって、都中の人が桶を提げて汲みにきたと伝えられる。(9) 少将井の信仰も、同じような疫病にからむ霊泉・霊水の信仰にもとづくものであっただろうが、この信仰がおそらく霊水ということから竜神の娘、竜女の婆利采女の神輿と結びついたとき、祇園の神に大きな変化が始まった。少将井の神輿は祇園御霊会のとき内裏の南辺を渡御したため、とくに宮廷関係者の関心と信仰をあつめたといわれるが、これらのことを通じて祇園社は牛頭天王と妃の婆利采女、御子神の八大王子という整序された神聖家族を祀ることになり、この主祭神が蛇毒気神を初めとする数多の眷属神・行疫神を統御し、この社に結縁するもの、都に住むものは上下の別なく疫病から守るということになった。院政期の華麗な信仰と祭礼は、神々の性格を大きく変化させたといえる。

説話世界の到来

稲荷・新日吉・今熊野　『今昔物語集』には七条辺で生まれたので稲荷の神が「産神」であるという、二月初午の日に稲荷社に参詣するという話がある。(10) 藤原明衡の記した『明衡往来』には四月上卯の稲荷祭に七条大路に出かけ、散楽などを見物する例がある。稲荷社はもと紀伊郡に住した秦氏の祀るところであったが、のちにそうした氏族の手を離れて東寺（教王護国寺）の鎮守となり、院政期には祇園社とならんでとくに都の東南部に住み、なんらかの形で結縁するものの守護神となった。「産神」とはこうした信仰圏の拡大と変質を表明する言葉の一つといえる。そして延久四年（一〇七二）三月二十六日、後三条天皇がはじめて祇園・稲荷の両社に参詣してから、[11]しばしば院や天皇の行幸があり、『中右記』の寛治四年（一〇九〇）十月三日の条には堀河天皇の両社参詣の記事があって、稲荷の供饌は魚饗、祇園は精進を用いたとある。また寛治八年四月九日条には、この日は四月上卯で稲荷祭に当たるが、これを「稲荷御霊会」と記している。

稲荷に参詣するものはいつのころからか杉の葉をうけて帰ることになっていて、平治の乱のとき急いで熊野から都にもどった平清盛は、まず稲荷社に参詣し、一同が杉の葉をいただいて鎧の袖に挿し、六波羅の邸に帰ったと伝える。[12]しかもこの清盛の稲荷参詣は、彼の留守をねらって挙兵した藤原信頼・源義朝らと戦うに当たり、戦勝を祈念して杉の薬をいただこうとするのではなく、この時代に熊野詣をするものは、帰洛したらただちに稲荷社に参詣することになっていたからと解されている。

たとえば、白河上皇の寛治四年の熊野詣でいらい、院政期を通じて熊野御幸は頻繁になされた。その場合、出発のときは明らかでないが、帰着に当たっては必ずといってよいほどただちに稲荷奉幣がなされている。院の熊野詣でに当たっての精進屋は多く鳥羽殿があてられ、七条殿の利用されたこともあったから、この出発と帰着の場所にもっとも近い稲荷社に旅中の加護を感謝する奉幣がなされて当然と思える。だが、この奉幣には「護法送り」ということが伴っていた。『長秋記』長承三年（一一三四）二月七日条に、鳥羽上皇の三度日の熊野詣からの帰還に当たって奉幣と護法送りのどちらを先にすべきかが問題となり、このときの先達の阿闍梨覚宗は前々は奉幣が先であったが、ことの性質上、護法送りを先にすべきといい、護法を送るには折敷に餅をのせて地上に置き、幣をとって拝するうちに注連《しめ》を撤するとある。

護法とは護法天童・護法童子を略したもので、諸天善神はもちろん、神々や人間でも修業を積んだ高僧や験者に近侍し、その命によって働く一種の精霊で、種々の神異を示すものである。稲荷明神はこうした護法童子を派遣し、院の御幸ばかりか、すべての熊野道者の道中を守護すると信じられており、熊野から帰ったものはただちに稲荷社に詣り、護法をお返しする必要があった。どうしてこのような信仰が成立したのか、この時期に熊野と関係の深かった天台宗寺門派と稲荷社との関係をはじめ、考察しなければならないことは多いが、この護法の信仰は、のちに一般化した狐をミサキとよび、稲荷明神の使者とする信仰につながると考えられ、稲荷社は祇園社と並んで、この時期に独自の神格を獲得しはじめたといえる。

また、賀茂・石清水の二社は早くから王城鎮護の神として朝廷・貴族の崇敬をうけたが、院政期になると、日吉・熊野二社に対する信仰も急速にたかまった。日吉社は比叡山の地主神・鎮守神として延暦寺の庇護をうけ、重きをなしてきたのを、延久三年（一〇七一）十月二十九日、後三条天皇の行幸があってからとくにその勢威を拡大させた。この行幸には延暦寺の僧徒の歓心を繋ごうとする政略が潜んでいたとされるが、これを機に祭神の霊験が宣伝されることになった。そして白河天皇の永保元年（一〇八一）に永く二十二社の列に入り、退位後の寛治五年（一〇九一）二月十一日に御幸があってから天皇や院の参詣がつづき、日吉社も祇園・北野・稲荷社などとならんで時代の流行神となり、後世の日吉山王信仰の基をつくった。当時の山法師の神輿振りも、こうした日吉信仰の盛行を背景にしていたのである。

白河法皇は院政の期間中に石清水へ二十五度、熊野九度、賀茂七度、日吉五度、高野山三度、吉野金峰山一度の御幸があったという。このうち熊野についてみると、白河法皇につづく鳥羽法皇は院政の間だけで十八度、後白河法皇に至っては前後三十四度の御幸があったと伝える。院政期に熊野信仰がこれほど盛んになり、熊野御幸が繰り返されたことの背後には、膨大な所領と僧兵を擁した南都北嶺の教団を牽制する意図があったとも説かれている。だがそれ以上に、あらゆる困難を排し、行路が苦しければ苦しいほど霊験あらたかな神を信じ、結縁しないではいられなかったのが、この時代の信仰の本質的部分であった。

そして、院政初期、寛治四年の白河上皇の初度の御幸に供奉した三人の僧綱のうち、園城寺の増誉は、このとき熊野山検校に補せられ、寛治八年四天王寺別当、康和二年（一一〇〇）園城寺長吏となり、同四年（一一〇二）僧正に任じて法成寺座主を兼ね、天台宗寺門派の顕職を一身にあつめたが、この増誉は康和五年三月十一日、洛東白河に熊野社を勧請した。[13]これは白川熊野社（現、左京区聖護院山王町）とよばれて円城寺内に勧請された熊野社とならび、寺門派が主導権を握った熊野修験鎮護の神として祀られた。また、平治の乱後に三条烏丸殿が焼亡したため、翌永暦元年（一一六〇）から二年にかけて東山に法住寺殿が造営され、ここで後白河院の院政がなされたが、そのとき朱雀院の隼神、[14]冷泉院の中山社、[15]鳥羽殿の城南寺明神の例にならって、[16]殿舎の東北に新日吉社、東南に今熊野社が鎮守の神として勧請された。そして、前者は天台座主最雲法親王、後者は大宰大弐平清盛によって造進されたと伝えられる。[17]

やすらい花

かつて、人は所属する族団によって神をもち、人と神とは形影あい添うようにして存在した。だが、旧来の体制の分裂と解体が進行するにつれ、人は神の恩寵をあらためて確認しなければならなくなった。ここに神仏の霊験と奇瑞、夢想・夢告の類がさまざまな形で語り出され、説話の主導する信仰世界が到来することになった。人は世間の評判の赴くままに特定の神仏、ときの流行の神仏に結縁しようとしたから、こうした信仰構造は必然的に説話の素材・主題になるような具体的事例と事物、ないしは行為・儀礼によって支えられていたし、そこに原始いらいの伝統的な宗教意識が新しい装いをもって登場したのも当然であった。

稲荷明神は、熊野道者の行路安全を守るといっても抽象的に神徳を説くのではなく、護法童子とよぶ小精霊を派遣してくれるとされた。道者たちは夢幻のうちにこの童子の姿をかいま見たし、祇園牛頭天王も妃の婆利采女や御子神の八大王神を随え、眷属神を統御して疫神を圧伏する神として語られた。稲荷社に詣るものは杉の葉をうけたが、同じ杉の葉をうけるのに大和の三輪明神があり、吉野大峰はあすはひのき（アスナロ、ヒバ）、熊野は梛《なぎ》（竹・柏）、高野山なら槇《まき》、愛宕山は樒《しきみ》、伊勢朝熊《あさま》山は黄楊《つげ》をもらって帰ることになっていた。これらはいずれも独自の由来因縁が語られたが、その根元には常緑樹の小枝をもって神霊の依代とし、呪物とした伝来の信仰があり、木札に「蘇民将来子孫」と書いて疫病除けの護符とした祇園信仰に通じるものがある。

祇園牛頭天王の縁起が定着するには、「少将井」の霊水信仰と結びついた竜女神・婆利采女の登場を必要としたが、『百練抄』久寿元年（一一五四）四月条に、京中の児女が風流を備え鼓笛を奏して紫野社に詣り、これを「夜須礼《やすらい》」と称したとある。紫野で御霊会を営み、そこに造営された社殿を今宮とよんだことは『日本紀略』長保三年（一〇〇一）五月九日と寛弘五年（一〇〇八）五月九日条にあり、「風流を備える」とは仮装や花傘をもって行道したことをさし、現在の今宮神社の「やすらい祭」の原型とみられるのである。

「やすらい祭」の「やすらい」について、春の花の代表である桜の花の散るのを疫病の前兆とみなし、「花よ、やすくあれ」、ながく枝にとどまってほしいという意味で「やすらへ花や」とよんで踊ったという説と、花を依代とし、そこへ荒ぶる疫神を鎮めて送るに当たり、「疫神を鎮めとどめた花よ」という讃辞が、そのまま囃子詞になったとの説がある。『梁塵秘抄口伝集』には、上記の久寿元年の「やすらい祭」について、傘の上に風流の花を挿し、童子にはんじり（半尻）とよぶ短い狩衣を着せて胸に羯鼓《かっこ》をつけ、数十人で拍子に合わせて乱舞のまねをし、悪気とよぶ鬼の姿をしたものがおめき叫び、暴れながら今宮に詣り、神前を数回も回ったとある。

現在も「やすらい祭」の花傘には、ツツジ・山吹・桜の花とともに松の若枝を立てる。祇園御霊会の田楽に「送り馬」のしるしとして木彫の駒頭を稚児の胸につけたのと同様に、花傘も疫神の依代であった。悪気とよぶ鬼は疫神を示し、風流の行道は町の辻々で疫神を依代に鎮め、これを紫野の社に追いこめ、そこで祭って送ったわけで、鬼の踊りはそれを象徴するものである。「年中行事絵巻」にはこの「やすらい花」が描かれ、三月十日の高雄神護寺の法華会に京中から「やすらい花」の行列がくりだし、途中、桟敷のある家の前で踊ってみせたと詞書がついている。これをみると、「やすらい花」は紫野だけの専売ではなく、花のころには各地で同じことが行なわれたらしい。

しかも、高雄のような山寺で行なわれる法華会に参詣するというのは、法華経による滅罪は山に登る苦行によって果たされるという信仰にもとづいている。だから、法華会のとき、人間ばかりか荒ぶる疫神も依代に鎮めて法会に参列させ、その功徳で疫神の背負っている罪業を滅し、苦しみを除いてこの世に仇をしないようにしたわけである。今宮神社に所蔵されている寂蓮法師の筆という「やすらい花」の歌詞には、「南無阿弥陀仏」のなまった「なまへ」という囃子詞が繰り返されている。これは念仏の功徳で疫神を鎮め、浄土へ送ろうとしたことに発したものと考えられ、「やすらい」の花傘の踊りは、のちの念仏踊りへと展開していくことにもなったのである。

京郊の聖地

御霊会は神泉苑のような水辺だけでなく、早い時期から八坂や北野・紫野・船岡山など京を一歩外へ出た場所で営まれた。そして、これらの地で

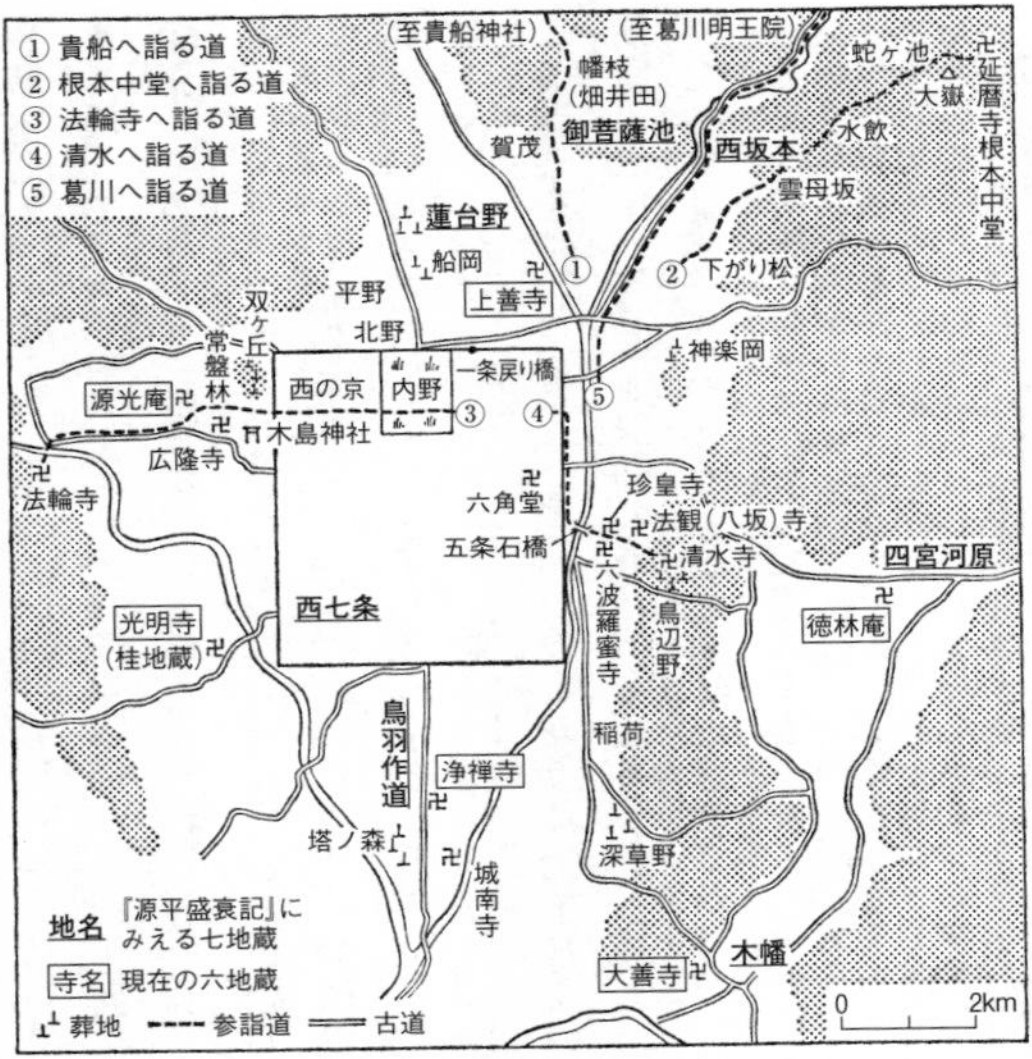

図6　社寺参詣と六地蔵

疫神を祭り、外界へ送る祭礼が恒常化しはじめると、こうした場所は一定の聖所となってさまざまな説話が付着し、京郊の聖地とよぶべきものになるのは当然であった。橋占の名所となり、鬼女の出たという一条戻橋にしても、小野篁が冥府と往還した地という六道珍皇寺も、同類の事例とみることができる。

『梁塵秘抄』には、貴船に詣る道筋に御菩薩《みぞろ》池（深泥池）・畑井田（幡枝）などがあげられ、石清水に詣るのには淀から船に乗り、嵯峨法輪寺へは内野・西ノ京・常盤林を通り、叡山へは下り松・西坂本・雲母谷、清水へは五条から六波羅・八坂を通るように歌われ、太秦広隆寺への途中の木島明神では巫女が遊女になって道行く人を招くとある。これらの地点は、都に住む人にとって物詣でに出るにしても、疫神を送るにしても、印象の深い地点であったろう。『源平盛衰記』には、後白河院の近臣の西光法師（藤原師光）が、山科四宮河原・洛南木幡の里・鳥羽作り道・西七条・蓮台野・みぞろ池・西坂本に地蔵を祀った話を伝えている。

のちに京の六地蔵というのは、鞍馬街道の御菩薩池（上京区鞍馬口寺町頭上善寺）、東海道の山科（東山区山科四ノ宮泉水町徳林庵）、奈良街道の六地蔵（伏見区桃山西町大善寺）、大坂街道の鳥羽（南区上鳥羽恋塚町浄禅寺）、山陰街道の桂（右京区下桂春日町光林寺）、周山街道の常盤（右京区太秦馬塚町源光庵）であるが、『源平盛衰記』所伝の七カ所の地蔵は、この六地蔵の原型と考えられ、そこは京の町から諸国・諸地方へ向かう出口に当たっている。物詣でと疫神送りの御霊会、あるいは遠い地方との交流の積み重ねのなかで、境界神・道祖神についての古い信仰が京の町を単位として甦り、そこにはこの世とあの世の境に立つ地蔵なども祀られ、さまざまな縁起や霊験譚も成立したであろう。七口に囲まれた中世の京の町の外縁は、平安時代の末、説話の主導する信仰世界のなかに、おぼろげながら姿を現わしたといえそうである。

中世の京都を中心に諸国を歩いた琵琶法師たちは、山科四宮河原や四条河原で石を積み、道祖神を祭る姿で彼らの座の神事をしたと伝える[18]。古く街道に生きた宗教的芸能民であった傀儡子たちも、同じようにして諸国から都に上り、都から地方へ下ったのではなかろうか。大江匡房の『傀儡子記』によれば、彼らは大陸の塞外民族にも似た漂泊生活を営み、男は狩猟に従うほか、人形を舞わしたり、奇術・曲芸をなし、女は遊女となって歌舞し、百大夫などとよぶ道祖神を祭ったらしい。そして『梁塵秘抄口伝集』によると、後白河法皇に今様歌を伝授した傀儡女乙前の芸が女系で相続されているのをみると、山野を狩猟しながら移動した傀儡子との対比のうえで、洛南の水辺に生きた桂女のありかたが問題となる。

桂女とは、桂の里から、鮎や桂飴とよぶ飴をもって京の町へ売りに来た女性のことで、桂包みといって白い布で頭をつつみ、着物を短く着て、洛北の大原や洛東の白川から柴や花を売りに来た大原女や白川女とならび、近世にはその独自の風俗で知られていた。だが中世の記録類によると、桂女のありかたはけっしてこれだけではなかった。近世になっても桂の里の名主の家は代々女系で相続され、亭主あってなきがごとしといわれたが、古くは「白拍子、かつらなどは何れも猿楽と同前なり」といわれ[19]、『足利季世記』に公方の御慰に参り、舞歌したとある。女系相続は芸能に従事したからというよりも、より古くは彼女たちが巫女であったことを示し、その一類は桂だけでなくて上鳥羽に住んで石清水八幡との関係も深く、伏見の御香宮に仕える桂女もあった。(20)

彼女たちは武家に出入りして従軍したものもあり、『足利季世記』によると、明応二年（一四九三）四月、畠山政長が大和筒井城で敗死したとき、子息の御児丸を陣中の桂女にあずけ、桂女の姿をさせて逃がしたとあり、御児丸をあずかった桂女は敵陣のなかにも顔見知りのものがあったので、難なく通りぬけたと伝える。桂女たちが従軍したのは歌舞もさることながら、巫女として縁起を祝うためでもあった。平時でも嫁入り・婿取り・新築などの慶事に桂女をよんで祝言の祓いをさせ、大名たちは息女の輿入れに供奉させた。彼女たちは出産にも関与し、のちに桂飴を売ったのも、飴は重要な乳児食で、かつて桂女が巫女として、同時に助産婦として出産にかかわったことの名残りと考えられる。

こうしてみると、桂女の一党はかつて水辺で漁労を営み、あわせて傀儡子に似た宗教的芸能に従ったことが窺われる。十一世紀初頭に成立した『新猿楽記』には、「蝦漉舎人《えびすきとねり》の足仕《あしづかい》」という曲目がみられる。これは現在の「泥鰌すくい」につながる伝統的なコミック＝ダンスといえるものであるが、こうしたものも、水辺に生きた桂女の一党が、その生活のなかから生みだしたのではないだろうか。ともあれ、平安京の解体したあと、中世の京の町がつくられるまでに、さまざまな人が京の町に入り込み、信仰の上でも芸能についても、多様なものを持ち込んだにちがいない。山野で狩猟しながら漂泊生活した傀儡子が、今様歌の形成に大きな役目を果たしたことは先に述べた。同様にして、水辺で漁労に従事した桂女の一類についても、考察すべき問題は多岐にわたっている。

(1)『和漢朗詠集』下巻
(2)『吉記』
(3)『日本紀略』永延二年九月十六日条
(4) 巻二十八　第七話
(5)『八坂神社文書』
(6)『日本紀略』正暦五年六月二十七日条
(7)『菟芸泥赴』巻一・三
(8)『八坂神社文書』上
(9)『本朝世紀』正暦五年五月十六日条
(10) 巻三十の六
(11)『百練抄』
(12)『平治物語』
(13)『中右記』

(14)『三代実録』貞観二年六月十五日条
(15)『古事談』巻五
(16)『中右記』康和四年九月二十日条
(17)『百練抄』永暦元年十月十六日条・『今熊野社文書』『新日吉社旧記』
(18)『当道要集』・『雍州府志』
(19)『三議一統』巻十三
(20)『桂姫由来』

日吉山王

女人結界

比叡山も園城寺も、近代になるまで女人の登拝を禁じてきた。比叡山では東坂本口（大津市坂本本町）から表参道（本坂ともいう）をしばらく登ったところに、「女人牛馬結界」の石標がある。女性は身のけがれのゆえに牛馬と並んで、寺域への立ち入りを禁じられてきた。登山路はこの辺りから険しく、山上への荷物も牛馬の背から人の背に替えたと伝える。

しかし、この禁制には例外があった。園城寺では、盂蘭盆にあたる旧暦七月十五日、辰刻（午前八時頃）から申刻（午後四時頃）まで、貴賤にかかわらず女人の参詣を認めた。比叡山では、旧暦四月八日、東坂本口の結界が女人に開放され、そこから少し登ったところにある花摘堂（社）まで、女性の登拝を許した。そこは比叡山を開いた最澄が、息子の顔をみたくて登ってきた母親の妙徳尼と再会したところという。また、母親を祀った社ともいわれる。

園城寺では、祖師円珍は、息子と離れるのをいやがった母親を寺の南の志慮谷《しるたに》というところに住ませ、修学の暇に母親のもとに通った。その母親が息子の寺をみたがったので、毎年七月十五日を特例として母親を園城寺に招き、山内をみせたところから、この日が女人に参詣を許す日となったという。けれども、この種の話は各地に類例がある。

雄琴千野《ちの》町の安養院には、比叡山中興者の良源の母、月子姫の墓というのがある。ここは比叡山三塔のうち横川《よかわ》の登山口にあたり、良源は母親に面会するため、しばしば山から降りてきたという。そのほか吉野の大峰《おおみね》では、奈良県吉野郡天川《てんかわ》村洞川《どろかわ》からの登拝道にある母公《ははこ》堂に、大峰開山の役小角の母親を祀る。比叡山の花摘堂のように、小角は息子を訪ねてきた母親と、ここで面会したという。堂の前に「女人結界」の碑があり、いまは山上近くまで登拝を許しているが、昭和四十五年（一九七〇）まではこれより上へは女性の立ち入りを禁じてきた。

高野山では山麓の九度山の慈尊院に、空海の母親の廟がある。空海も自分を慕って讃岐からやってきた母親をここに住ませ、月に九度も訪ねて孝養をつくしたので、ここを九度山とよぶという。こうして同じような話が各地にあるのは、それらが一つの共同の信仰から発した物語で、歴史事実でないことを示している。
たとえば上記の慈尊院では、空海の母親が禁制を犯し、息子の制止も聞かずに山上に登ろうとしたところ、天変地異が起こった。母親を助けようとした空海が、天から降ってきた大石を支えたときの掌のあとが石に残っているなどという。ところが、同じ話が都藍尼《とらに》という名の尼のこととしても伝えられ、有名なのは吉野金峰山《きんぷせん》の例である。『元亨釈書』によると、都藍尼という仙術を身につけた尼が金峰山に登ろうとして天変地異にあい、途中で引き返したとある。この都藍尼は虎御前などと同じように中世に一般的な巫女の名で、諸国の霊山大山の麓でその山の神を祀っていた巫女の姿の説話化したのが都藍尼の話という。そして彼女たちの姿が、のちにこれらの山を仏道修行の霊場とした祖師たちの母親に転化し、同じような伝説を、それぞれの霊場にのこすことになったとみられている。

山入りと花摘堂

比叡山では山王二十一社のうちの中七社に、聖女社《ひじりめ》がある。西本宮の聖真子《しょうしんじ》とよんだ宇佐宮の東で、宇佐若宮とよぶが、この由緒について『近江輿地志略』は次のような話を収めている。第三十五代天台座主覚尋大僧正の記に引用されている法性坊贈僧正尊意の延長四年(九二六)の『夢記』によると、比叡山東塔の北谷十二坊のうちの、文徳天皇御願の惣持院に一人の美しい貴女が現われ、軒廊の辺りを徘徊し、折りから営まれていた舎利会を礼拝した。尊意が伝教大師（最澄）開山以来結界の地であるのに、それを押しての女人の登山はどういうことかと難じたところ、貴女は自分はふつうの女でなく聖女である、登山にはばかりない身だから、舎利会を拝んで山王の行化を助けるため、稲荷からやってきたと答えた。このことのため、尊意が稲荷明神を迎えて祀ったのが聖女社という。

聖女社とよばれた宇佐若宮は、女神であるばかりか稲荷明神とみられたこともあったわけである。また『近江輿地志略』によると、山上の東塔の講堂のうしろ、前唐院とよぶ第三代座主円仁の廟から根本中堂に向かう道の西に聖女塚というのがあり、ここにも同じ話が伝えられる。『山家要略』に引用された尊意の伝記『法性坊伝』によると、同じく延長四年五月十六日の夜、花で美しく飾った御所車が東塔の戒壇院の上空から講堂の前庭に降りてきた。牛の姿はみえず、空中を飛んできたようであった。なかに「容貌優美、麗質端厳」な貴女が乗っていたので、ここは女人禁制なのにどうして来たのかとたずねたら、「吾は是れ女人と雖も凡女に非ず聖女なり」と答えた。その因縁で聖女塚がつくられたという。

山王七社のうち西本宮の客人《まろうど》神の白山姫《はくさんひめ》神社は、加賀白山の妙理権現・菊理姫を祀る。富士浅間《せんげん》の神は木花咲耶姫《このはなさくやひめ》で、吉野山の精を柘枝仙媛《つみのえのやまひめ》とよぶ例は、『万葉集』巻三にある。

山の神を女神とする信仰は一般であった。尊意の夢に現われた貴女は、比叡山が最澄の手で天台の浄刹として結界されるよりはるかに以前から、この山に住んでいた山の神の残影であったといえるだろう。

この山も旧暦四月八日には、先記のように、花摘堂まで女人の登拝を許してきた。最澄の母親がここで最澄に面会したというが、この日は釈尊生誕の灌仏会の日である。花摘堂はその名のとおり季節の花のつつじで飾られたであろう。しかも、この日の行事は、すべて仏教に由来すると限らない。この時期にはその年の田植に早乙女《さおとめ》になる女性が近くの山に登り、一日山にこもり、帰りに採ってきたつつじの花などを家や田に立てる風は広くみられる。とくに八日に山から採ってきた花を竹ざおの先につけ、家の門口に立てるのを卯月(四月)八日のテントウバナとよぶ.比叡山の花摘堂の行事も、もとはこの種の山入りの行事であったろう。こうした祭りは必ず女性の手でなされたから、祭る人の姿が祭られる神の姿に投影され、山の神が一般に女神とみられるにいたったという。

山が僧侶の手で結界され、女人を拒む仏教の霊場になったのちも、その山の神をふもとの村の女性の手で祭った原古の信仰は、姿を変えながらしぶとく生き残った。比叡山はもちろん、園城寺の背後にある長等山も例外ではない。女人禁制を一律には実施させない力として、その周辺に残留してきたといえる。

比叡の山の神

『古事記』上巻、大国主命《おおくにぬしのみこと》の国作りの段の最後、大年神《おおとしがみ》の御子神《みこがみ》の系譜のなかに、「大山咋神《おおやまくひのかみ》、亦の名は山末之大主神《やますゑのおほぬしのかみ》、此の神は近淡海国《ちかつあふみのくに》の日枝《ひえ》の山に坐《ま》し」とある。日枝（比叡）山の神は大山咋神で、これを山末之大主神とよぶのは比叡の山のすえ、東の尾根にあたる牛尾山《うしおざん》（八王子山または小比叡峰《こびえ》ともいう）に祀られているからである。

藤原氏の『家伝』（武智麻呂伝）によると、和銅五年（七一二）近江守になった藤原不比等の長子の武智麻呂は、国家仏教の立場から部内の私寺の統合を進めたあと、数人の部下と身を清めて伊吹山に登った。志賀山寺（崇福寺）では戒をうけてかなり滞在し、神剣を鍛えて元明天皇に献じたという。そして和銅八年（霊亀元、七一五）比叡山に登り、数日山中にとどまって柳樹を植えたとある。同時代の漢詩集『懐風藻』に、石見守麻田連《いわみのかみあさだのむらじ》陽春《やす》の作として、「藤江守の裨叡《ひえ》山の先考が旧禅処の柳樹を詠むの作に和す、一首」というのがある。藤江守とは天平十七年（七四五）民部卿として近江守を兼ねた藤原仲麻呂を指し、その先考は武智麻呂を指すから、この詩は武智麻呂が比叡山に柳樹を植えたという『家伝』（武智麻呂伝）の記載と照応している。

その柳樹とは、枝葉が地上に向けて垂れているところからしばしば神霊の化現する樹とみなされる枝垂れ柳かと思われる。武智麻呂がこれを植えた場所は、その子の世代から

「先考の旧禅処」とよばれるところであった。禅処とは仏業によって心をしずめ、修行する場所である。武智麻呂は比叡山中に数日滞在したと『家伝』にあり、そこが禅処であるとすると、彼はそこで比叡の山の霊気をうけ、山の神の助力のもとに仏道修行したとみてよい。『家伝』によると武智麻呂は、越前国の気比《けひ》神のために寺院を建立したという。いわゆる神宮寺の初例である。これについては疑念が残されているが、彼の伊吹登山は『家伝』の記述による限り、尋常のものではなかった。精進潔斎のうえ、蜂になって妨害した山の邪神を排しての登山であった。志賀山寺の参詣も、これに類似している。

こうした武智麻呂の事跡は、比叡山や伊吹山をめぐって存在してきた伝来の信仰をふまえ、その神々の助力を得て仏道を成就しようとする信仰が、奈良時代もかなり早い時期からあったことを示している。それはのちに修験道となるものの始まりで、外来宗教である仏教と、伝来の神祇信仰の出会いの先端部分である。神のために寺を建て、仏道を修し、その神の加護のもとに自己の仏道を成就させようとする神仏習合の理論は、早くから僧侶の実践のなかで育てられた。『叡山大師伝』によると、最澄は比叡に入山のとき、父の三《み》津首百枝《つのおびとももえ》が建立した日吉（日枝）の神宮禅院に参詣して仏舎利を得たという。その頃日吉神のための神宮寺に類するものがすでに存在したらしい。最澄はこの仏舎利を念持し、それを安置する場所を求めて大宮川の渓流に沿って登り、比叡山上に達したと伝える。この種の物語も、けっして突然に現われたものではなかったといえよう。

延暦寺と日吉山王

延暦寺開創ののち、堂塔伽藍も教学も整備されはじめた第三代座主円仁の頃、比叡山東麓に祀られる上記の日吉神を、一山鎮守の地主神とし、天台宗守護の護法神とする信仰が明瞭になったとされる。この神を山王とよぶのは、中国唐の天台山国清寺で、地主山王元弼真君《げんひつしんくん》が守護神として祀られているのによる。『三代実録』によると円仁の死の五年前、貞観元年（八五九）正月、いま日吉大社西本宮の大宮に祀る比叡神が従二位から正二位、東本宮の二ノ宮の小比叡神が従五位下から従五位上に神階を昇叙されている。延暦寺の整備と並んで、日吉社の祭祀組織も整いはじめた。

『延喜式』（神名帳）では日吉社は名神大社であるが、一座となっている。大宮とよぶ比叡神だけが奉幣にあずかったのだろう。しかし、上記のように、平安初期は比叡と小比叡の二神と表わされていた日吉社は、やがて山王七社となり、平安末から中世には、上・中・下の各七社で山王二十一社とよぶようになった。七社とは天台教学によって北斗七星に対応させたもので、山王の二文字を「川と一」、「三と丨」に分解し、天台の一心三観、一念三千、三諦即一《さんたいそくいつ》の理を表わすなどといわれた。さらには神域内の神々を内の百八社とよび、神域外の坂本の門前町に散在する神々や、山上の三塔十六谷に祀られている堂舎の守護神をあわせて外の百八社とした。仏教の説く百八煩悩になぞらえたものである。

日吉社のもとになった比叡と小比叡の二神のうち、前者は外部から迎えて祀ったいわゆる勧請神で、後者がもとからの土着神であった。比叡神は大比叡ともいい、大宮とよんで日吉神の西本宮に祀られる。ここには聖真子権現《しょうしんじごんげん》とよんだ宇佐宮と、客人宮といった白山宮がある。大宮の比叡神は天智天皇七年（六六八）、大津京造営にあたって大和三輪山の三輪明神を迎えて祀ったと伝える。聖真子権現は宇佐宮の名のとおり八幡神で、貞観元年（八五九）九州宇佐から八幡神を迎えて石清水八幡宮が創祀されたことを考えると、聖真子権現の創祀はそれ以後となる。客人宮とよんだ白山宮の創祀も、天台教団の北陸進出と深くからんでいたと思われる。

冬のよく晴れた日、大比叡山頂から北に向かう尾根道の辺りから、氷雪にとざされた加賀白山の山頂をみることがあると聞く。奈良時代に越《こし》の大徳とよばれた泰澄が開いたと伝える白山は、平安時代末には、白山本宮を称する加賀馬場白山寺（石川県石川郡白峰村）、白山山宮の越前馬場平泉寺（福井県勝山市）、白山本地中宮の美濃馬場長滝寺（岐阜県郡上郡白鳥町）を拠点とする修験の山となった。こうした体制の整備される以前から、この地は比叡山の翼下に入り、延暦寺はそれを拠点にしてこの地方に多くの荘園を獲得し、強固な地盤を築いていた。白山姫神を日吉社西本宮に勧請したのも、その一環だったと思われる。

これに対して小比叡の神は、明らかにこの地の土着神である。この神の住む小比叡峰は比叡山の東の尾根にあたり、牛尾山とも八王子山ともよばれる。標高三八〇メートルの円錐形の山で、小さいけれども神霊の宿る神体山の名にふさわしい。山頂には露出した岩盤があり、もとはこれが信仰と祭祀の対象であったらしく、それを囲むようにして八王子宮とよばれた牛尾宮と、三ノ宮の社殿がある。ここは本来の日吉神で、山末之大主神ともいった大山咋神と、妃の玉依姫神の荒魂を祀る、荒魂とは神霊のはたらきのうち、託宣を下すなど強烈な霊威を発揮する側面で、和魂《にぎみたま》は柔和な側面をさす。大山咋神と玉依姫神の和魂は山宮に対する里宮というかたちで神体山である小比叡峰のふもとの二ノ宮と、樹下社《このもと》（十禅師）に祀られる。ここが先の大宮以下の勧請神三社を祀る西本宮に対し、東本宮とよばれる社域である。

中世以来、四月の中の午と未の日（現在は新暦四月十二日と十三日）に定まった東本宮の祭典は、小比叡峰の神霊を祭った日吉社本来の信仰を示すという。祭りに先立つ二月の中の申の日（現在は新暦三月一日）、二基の神輿を山上の牛尾宮と三ノ宮まで舁きあげ、常燈明をあげて準備に入る。四月の中の午の日の夜、松明の先導で神輿を山下の東本宮に移し、翌日は大政所のお旅所に遷して神饌を供える。これは春の農耕開始のとき、山から神をふもとの里宮に迎え、さらに田の宮に迎えて豊作を祈る太古以来の信仰に基づく。

護法の神々

樹下社と霊泉　東本宮は小比叡峰の神を山麓で祭った里宮に始まるが、そのうち樹下社のほうが二ノ宮よりも社地として古いという。樹下社は玉依姫の和魂を祀り、二ノ宮の大山咋神の妃神であるが、この樹下社の神座の直下に「亀井」とよぶ霊泉があり、社殿は神体山の小比叡峰を背負うかたちで東面している。これに対して二ノ宮は南面し、楼門から東本宮の神域に入ると樹下社は摂社のようなかたちで控えている。だが、中世の社頭図では東に向いている樹下社の正面にも門があり、ここから古い参道が、梅辻通、八王子通となって、湖岸の比叡《ひえ》辻《つじ》まで延びている。この道はいまも残存し、旧宮司の生源寺《しょうげんじ》家《け》屋敷（大坪家）もこの沿道にある。比叡辻はのちに日吉若宮が祀られ、日吉社に仕える神人《じにん》の町となり、小比叡峰を望拝するかたちの供所神社もあって、古くからの祭りの場とみられている。

樹下社の神座の下の霊泉は、社殿造立以前はこれをよすがとして山上の神霊の来臨を願ったのだろう。小比叡神は上記のことから、山頂の岩盤と里宮である樹下社の霊泉と、比叡辻を結ぶ東西線上で祭るのが古いかたちという。三輪明神を勧請して比叡神とよび、在来の神を小比叡とよぶようになっても、後者の祭りにはながく古いかたちが残留した。しかもその間に、天台教学の影響のもとに日吉社が山王七社になる頃から、状況は少しずつ変わりはじめたと推測される。

そこで比叡神の三輪明神を祀る大宮を中心に、聖真子（宇佐宮）・客人宮（白山姫神）との三社で西本宮がつくられ、対する東本宮では山上の二神とあわせて四神になった。大山咋・玉依姫の男女二神の荒魂と和魂である。そのとき山上・山下とも初めは二神岡殿で、山下の里宮では霊泉「亀井」が本来の祭場であり、社地と考えられる。やがて二神は別殿となり、なかでも里宮の男神が重視されて西本宮の大宮に次ぐ二ノ宮となったとき、その社殿はいまみるように南面して造立され、女神の社殿は旧来の亀井のうえに、もとのまま東面して残され、樹下社になったと考えられている。

山王七社

その時期は明らかでないが、九世紀初頭に比叡神・小比叡神とよばれていた日吉社の神は、九世紀末に日吉大宮権現、二ノ宮権現の名がみえ、聖真子以下の山王七社に展開しはじめたらしい。天台宗行門（修験道）の祖として回峰行を始めた相応和尚は、伝記によると、仁和三年（八八七）日吉大宮権現の宝前に卒塔婆一基を造立し、『法華経』一部を納めた。同じ頃、二ノ宮権現の社殿を改修し、広荘なものにしたらしい。寛平三年（八九二）大宮権現の託宣があり、二ノ宮権現と同じ規模の社殿を造営したという。日吉社の縁起を説く『耀天記』は十三世紀の成立であるが、相応の頃に大宮・二ノ宮・聖真子（宇佐宮）の社殿が広大となり、これを両所三聖とよぶようになったとある。山王造りとよぶ社殿の原型もこの頃出現したらしく在来の比叡・小比叡の神を加えた両所三聖を核に、山王七社の体制が準備されはじめたと思われる。

十世紀に入ると、天慶五年（九四二）将門の乱平定のため、第十四代天台座主義海の手で日吉社に根本多宝塔が造立され、そのそばに根本惣社が勧請されて日吉社の中心になったと伝える。貞元二年（九七七）七重大塔が大宮の西方山中に建立され、第十八代座主良源は社頭で舎利会を修し、三百五十名の僧徒が楽を奏したと『天台座主記』は伝えている。摂社の唐崎神社も造営され、鳥居・回廊・雑合も建ち、龍頭鷁首《りょうとうげきす》の船もつくられ、祭典はいちだんと華麗の度を加えたという。

四月の中の午と未の祭りは、先記のように小比叡峰をめぐる原古の祭典に始まっている。続く翌日の中の日の祭りは、比叡神の大宮を中心にした西本宮の祭りがもとであるが、これらがのちに山王七社全体の祭りとなり、山王祭といえばこの日の行事を指すことになった。この日は七社の神輿が七本柳の浜から乗船して唐崎の沖に集結し、「粟津の御供」をうける。この船祭りが十世紀末から豪華になったという。この頃山王七社の体制が明確になったのを反映しているのだろう。

小五月会《こさつきえ》の神事の始まったのは、十世紀末、寛和二年（九八六）といい、十一世紀に入って万寿二年（一〇二五）、仏教的な法儀の代表である日吉社御礼拝講が同社祝部《はふりべ》の希遠の託宣で始まった。やがて日吉社は官幣二十二社に列して、住吉社の次、梅宮の上に位置した。『日吉社伝記』によると治暦三年（一〇六七）正月、大宮の参籠所から出火し、宝殿・回廊・楼門以下を焼いたという。七社の社殿の整備は完了していたのだろう。延久三年（一〇七一）の後三条天皇の行幸を機として日吉社に僧官を置き、座主を検校にしたうえ、別当・権別当などの社僧職が定められた。

この行幸は一代の盛儀として『栄華物語』などに特筆されているが、承暦元年（一〇七七）には白河天皇の行幸があった。その頃から山門（延暦寺）と寺門（園城寺）の抗争が激化し、その余波で日吉社も炎上したり祭典が妨害された。『後二条師通記』によると、応徳三年（一〇八六）秋に関白藤原師実が日吉社に参籠している。この頃には、山王七社の社頭に彼岸所とか経所とよぶ参詣者の宿泊参籠の施設があり、石山寺の観音の霊前での参籠に対応していた。

寛治五年（一〇九一）二月に白河上皇が一泊参籠、三月に堀河天皇が行幸し、また同七年秋に白河上皇と郁芳門院（白河皇女）が参詣し、関白藤原師実が随行した。この頃山門の強訴で日吉社の神輿がしばしば入京しているが、白河法皇による造塔、金字御経供養、不断経奉納、千部法華経施入が続いた。十二世紀になって保延六年（一一四〇）三月、二ノ宮の彼岸所より出火し、二ノ宮・十禅師（樹下社）・小禅師（下七社の樹下若宮）などの宝蔵を焼き、大行事（中七社の大年神を祀る大物忌社）の彼岸所、二ノ宮の回廊・楼門・拝殿・神輿庫などが類焼した。神体は祠官たちが火中より取り出し、大宮の宝殿に遷したと伝える。その後、久安五年（一一四九）と六年に近衛天皇が行幸し、永暦元年（一一六〇）に後白河上皇の御幸があった。後白河院はこれを初度として十数度も参詣し、社殿の造営や納経をした。院の御所の法住寺殿の近くに日吉社を勧請し、今熊野社とならんで新（今）日吉社とよび、現在に及んでいる。

園城寺の守護神　以上、平安時代の日吉社を概観したが、寺門の園城寺もこの時代に、同じような鎮守の地主神、護法神を生み出した。中院の金堂のそばの閼伽《あかい》井は園城寺の別称、三井（御井）寺の名の起こりといい、本来は日吉社東本宮の霊泉「亀井」に似た聖なる泉と思われるが、これをめぐる特別の信仰はのこっていない。南院総門外の三尾《みお》社は古くはもっと山寄りの、いまの勧学院の奥にあった。また北院の北の早尾《そお》社は、常在寺跡の近くの千石岩とよぶ巨石を神体にしている。三尾・早尾の名は日吉社の小比叡峰を牛尾山とよび、山上に牛尾宮があるのと同じで、いずれも山の尾根を指し、そこに宿る神霊を祭った土着の神であることを示している。三尾・早尾の明神が園城寺の鎮守神となったのは、先の小比叡神の場合と同じといえよう。

南院の新宮神は新宮大明神、大権現といい、新山王・新日吉とよんだ。明治十五年（一八八二）から長等《ながら》神社となったが、社伝によると、もとは長等山の岩座谷《いわくら》に祀られ、天智天皇の大津京造営のとき新京の鎮守になったという。のち、貞観二年（八六〇）円珍が園城寺の鎮守としてここに山王社を祀った。天喜二年（一〇五四）四月に現在地に移し、そこを神出《かみで》とよんだという。新宮社は日吉山王を勧請したものであるが、そのもとは長等山の岩座谷という古来の神体山信仰に発している。これも日吉社の小比叡峰と、比叡神・小比叡神のありように似ている。

北院の「新羅の森」、その新羅善神堂《しんらぜんじんどう》に祀る新羅明神については、『本朝続文粋』に収められている康平五年（一〇六二、また康平二年ともいう）藤原実範記の『園城寺竜華会縁起』に、次のような話が伝えられる。天安二年（八五八）円珍が唐から帰国する船中で一人の老翁が現われ、新羅明神と名乗って弥勒菩薩の世が来るまで和尚のために仏法を守ろうと約束した。帰国した円珍がこの神の導きで園城寺を復興したとき、一人の老僧から寺地の由来を聞き、その付嘱をうけたが、この老僧が弥勒菩薩の化身であることを、寺の北野に住む新羅明神に教えられたという。

この話は、円珍の最も確実な伝記とされる三善清行の『智証大師伝』にみえない。『三代実録』によると、仁和二年（八八六）十月、円珍は光孝天皇の病気平癒を祈って験《しるし》があり、翌年三月、叡山地主明神の大小比叡神のため年分度者二名を賜わりたいとの願いが認められているが、それに新羅明神の名はない。彼の「制誡文」も大小の比叡山王をあげるだけで、新羅明神についてはふれていない。

この神はその名からみて外来神であるのは明らかで、『園城寺伝記』などにみえる同寺の開基檀越というべき大友村主《すぐり》氏は、渡来氏族と考えられることから、新羅明神はおそらく彼らの氏神であり、同時にもともとその氏寺の守護神であったと推定されている。この神に正四位上の神階が授けられたのは、円珍の死後八十年過ぎた天禄二年（九七一）と伝える。園城寺の隆盛につれて、守護神の霊威も高まったのだろう。

また、とくに延暦寺では円珍の先輩の円仁の遺志により、西坂本（京都市左京区修学院付近）の赤山禅院《せきざん》に赤山明神が祀られて信仰をあつめていた。この神は中国の山東半島にあった赤山法華院の守護神である。平安後期に延暦寺と対立しはじめた園城寺では、赤山明神に似た外来神である新羅明神の霊験を、とくに意識して説いたのではなかろうか。円珍の帰国の船中で現われたというこの明神の縁起は、こうして語り出されたものと思われる。この神は外来神ではあるが、一度この地の氏族の奉じる土着の神として出発した。その後の歴史のなかでふたたび外来神の特色を発揮し、園城寺の守護神となって名を顕わしたといえるだろう。

勧請と結縁

新羅明神と源氏　園城寺守護神の新宮社がいまの地に移された天喜二年（一〇五四）の前年、源頼義が陸奥守で鎮守府将軍を兼ねていたとき、任地で前九年の役が本格化した。園城寺の僧正明尊が新羅明神社で初めて新羅祭を行なったのは、その前年の永承七年（一〇五二）という。そして前九年の役の終了した康平五年（一〇六二）、円珍帰国の船中に新羅明神が現われた話を伝える『園城寺竜華会縁起』が成立している。

これより先、源頼義は伊予守のときから園城寺を尊崇して末子快誉を門侶とし、三男義光を新羅明神の氏人とした。頼義は前九年の役にも、新羅明神に戦勝祈願したという。彼の長子義家は八幡太郎、次男義綱は賀茂次郎、義光は新羅三郎と称したが、『尊卑分脈』によると義家は石清水八幡、義綱は賀茂、義光は新羅明神の社頭で元服したとある。義光が新羅明神の氏人となって居館もその近くに営んだとか、新羅三郎を名乗ったのは、この神の前で元服することで生涯の守護神と定め、特別に結縁していたしるしだろう。義家と石清水八幡、義綱と賀茂社も同じ関係で、のちに源氏の氏神が八幡に定まったのも、義家の系統がその主流を継いだからである。

それにしても石清水と賀茂の二社は、王城鎮護の霊壇として早くから顕われている。十一世紀という時期に源家三兄弟のうち、上二人がこの二社に特別に結縁し、残る一人が新羅明神の氏人になったとすると、園城寺の守護神にすぎない新羅明神も、この時期には石清水や賀茂社に比肩するほどの霊験が説かれていたことになる。山門と寺門の対立が顕在化したこの時期は、それだけ寺門園城寺の興隆した時期であった。このことが寺の守護神の霊威にも反映したのだろう。しかし、同じ寺門の守護神でも、日吉山王を祀る新宮明神以下については、これほどのことを聞かない。異国渡来の神であるだけに、新羅明神には比類のない霊威が期待されていたとみられる。

神仏習合の論理

坂本の日吉社は、先記のように大小の比叡神から山王七社、二十一社の体制が整うにつれ、小比叡神の祭祀に始まる東本宮が、土着の神であるため、勧請神の西本宮に一歩ゆずることになった。樹下社の正面から比叡辻へと旧参道がのこるとはいえ、本参道は比叡山への登山道と関連して西本宮の正面に直結し、そこを起点に東西本宮による山王七社の境域が構成されている。その理由は大宮をはじめ西本宮の三社が、いずれも外部から迎えられた強力な勧請神であることによっている。

日本の神は、自己の分身を若宮とか御子神というかたちで派出し、でなければ強力な霊威神を外部から迎え、それにより、習合することでみずからの再生をなしとげてきた。その過程はつねに当事者の夢想や霊告・託宣などの奇蹟を伴い、それを媒介として新たな事態を生み、信仰の再生と展開をなしてきた。唯一絶対神の霊威にすべてを収斂させることで信仰の高揚をはかるのとは正反対の筋道で、日吉山王が二十一社となり、内外百八社を擁するにいたった過程など、その典型である。

外来の勧請神が若宮などと並んで伝統的に重視されてきたのは、このことを表わしている。これからみると、仏教もまた外来神の信仰に通じるものがあり、神仏習合の事象も論理の筋道は同じである。であるから、神仏習合とか本地垂迹などとよばれるものは、仏教がこの国土に受容されるため仏家の側から説かれたといわれるけれども、それによって伝来の神々がいっそう神威を高めた点を見逃してはならない。日吉山王の七社では、大宮(大比叡)・二ノ宮(小比叡)・聖真子(宇佐宮)の本地をそれぞれ釈迦・薬師・阿弥陀の三如来とし、山王三聖とよんだ。八王子(牛尾宮)と客人宮(白山姫神)は千手と十一面観音、十禅師(樹下社)と三ノ宮が地蔵と普賢と、それぞれ菩薩を本地とした。これで日吉山王の神は完全に天台仏教一色になったが、これによってこの神々は神威をいっそう強め、天台一宗の守護神として崇敬されることになった。

崇福・梵釈の二寺　園城寺が延暦寺に比肩するにいたるまでは、崇福・梵釈・石山の三寺が国分寺などとともにこの地域の大寺であった。このうち崇福・石山・国分の寺々は前章でみたが、梵釈寺はこれより遅く、奈良時代末期の創建である。『続日本紀』によれば、桓武天皇の延暦五年（七八六）正月に、梵釈寺が近江国滋賀郡に建立されたとある。所伝によると桓武は皇子の頃、参議藤原百川《ももかわ》とはかって等身の梵天・帝釈天像をつくり、自身の即位を祈った。即位後その像を安置するため、この寺を建立したという（『近江輿地志略』所引『高僧記』）。もちろん真偽は不明であるが、梵釈寺の名はこの二天安置に由来するのだろう。

崇福・梵釈の二寺は園城寺に近く、十一世紀頃から山門と寺門の抗争の余波で炎上を重ね、衰運に向かった。近世には寺地さえ忘れられ、寺址について論議が紛糾した。現在では、大津宮関連遺跡の調査によって、崇福寺はその位置がほぼ明らかになっているが、梵釈寺はいまだ確証を得るにいたっていない。それはともかく、桓武天皇は梵釈寺創建二年後に封五十戸を施入し、さらに三年後、水田百町を寄進した。平安遷都の翌年の延暦十四年（七九五）、勅によって十禅師を置き、天皇御願の大寺として整備された。以後、平安初期には崇福寺とともに護国の法会がたびたび行なわれている。のちに滋賀郡一帯は延暦・園城の天台の二巨刹のため、他寺院は影のうすい存在と化したが、古くは崇福・梵釈の二寺が天皇御願の大寺として諸寺の上位にあり、石山寺や国分寺と並んで、仏教文化の中心であった。人々も、彼らの信じた神々も、これらの寺院によって大陸伝来の信仰文化を享受し、豊かな内容をもちはじめたと考えられる。

湖南の神々

たとえば、石山寺の岩盤上に現われた観音像の背後に、岩を神座とする伝来の神の姿がある。瀬田の神領一丁目の建部《たけべ》大社は延喜式内、近江一ノ宮として知られるだけで古代の記録は失われているが、社伝によると、神崎郡建部郷（八日市市および五個荘町）から瀬田の東、大野山上に遷り、天平勝宝七年（七五五）建部伊《たけ(る)べのい》賀《が》麿《まろ》（麻呂）が大野山麓の現在地に祀ったという。神崎郡からの遷座は建部の地名による付会ともいうが、創祀した建部伊賀麿の名は、『続日本紀』天平神護二年（七六六）七月条に近江国滋賀郡の軍団の大毅としてみえる。この神がこの地の豪族建部氏の神として祀られていたことは明らかであろう。

その後の建部大社は瀬田橋畔という戦略要地にあるため、承久の乱（一二二一）以来再三の兵火で記録類は失われたが、平安時代の女神像が伝存する。伝来の神祇信仰には偶像が無く、仏教の影響で初めて神像をつくったから、建部大社にも仏教の影響の大きかったことが知られる。この地の東南、甲賀郡信楽《しがらき》町との境に近い太神山《たなかみやま》は、標高六〇〇メートル、田上山《たなかみやま》と総称される田上郷一帯の山々の主峰である。山頂に近い不動寺は露出した岩盤の岩屋に不動尊を祀り、その奥に大神影向石《ようごうせき》がある。「田上」は「田神《たのかみ》」であり、農業用水と深く結びついた山の神の信仰がその根本にある。円珍が園城寺再興のために、建部明神と良材を求めて太神山に登ったとき、山中で不動尊を感得して不動寺（成就院）を開いたと伝えている。山麓部にも、現田上枝町の安楽寺をはじめ、古い由緒をもつ寺院が点在している。これらは、田上山全体と仏教との古い結びつきを考えさせる。その時期は伝存する仏像類からみて、平安時代までさかのぼると推測される。

　琵琶湖から南流する瀬田川が鹿跳《ししと》びで西へ九十度屈曲する地点の南岸にある佐久奈度《さくなど》神社は、『文徳実録』仁寿元年（八五一）六月条に近江国「散久難度《さくなど》神」を明神に列すとあり、『三代実録』貞観元年（八五九）正月条に近江国佐久奈度神に従五位上を授くとある。『延喜式』（神名帳）に栗太《くるもと》郡八座のうち名神大社とある。神名「さくなど」の由来を『中《なか》臣祓《とみのはらい》』に「高山の末、短山《ひきやま》の末よりさくなたりに落つ滝津速川の」とあることから説明するむきもあるが、さくなどのさを音調をととのえる接頭語とすれば、くなどの神は岐神、道祖神であり、ふなどの神ともよぶ境の神である。

瀬田川を自然の放流にまかせていた時代には、琵琶湖の溢水は鹿跳びの峡谷でしぶきをあげ、西へ急転回した。そこは湖国近江の南端としてあらゆる罪けがれを激流に乗せ、淀・難波を経て西の海に流してやるところであった。『文徳実録』が「散久難度」と表記しているのは理由のあることである。男女の神像五体が伝存し、同じ現大石中町の若王寺《にゃくおうじ》が神宮寺であった。寛元四年（一二四六）から建長元年（一二四九）の奥書をもつ『大般若経』や、同時代の懸仏《かけぼとけ》が伝存している神仏習合の結果として祭神の本地仏が説かれ、災害防除の功徳があるとされる『大般若経』による災異鎮送の法会がなされたのだろう。

種々の災害や社会不安のもとは、知らずに犯した罪けがれに対する神の怒りや、この世に恨みを残して死んだものの霊魂のしわざと考えられたから、仏教の力でそれらの祟りを鎮め、慰撫して送る祭りは、平安初期から御霊会などの名で平安京の住民のあいだに行なわれた。それはいちはやく近江にも波及し、佐久奈度神社での祭りにも採り入れられていたであろう。また、この種の仏教と伝来の神祇信仰の習合した祭りに、八幡宮の放生会がある。『本朝世紀』天慶元年（九三八）八月条によると、逢坂山の南西にあたる藤尾に一人の尼が住み、「石清水八幡大菩薩像」をつくって祀っていた。その名から僧形八幡像と考えられるが、霊験ことにふれて多く、道俗貴賤の信仰をあつめた。八月十五日の放生会に、昼は伶人（雅楽の演奏者）を招いて音楽の妙をつくし、夜は名僧を請じて菩薩の大戒を供え、飲食禄物は善美をつくしてたいへんな人出であった。そのため、石清水の本宮の放生会には僧侶も楽人も赴かず、そちらが寂れてしまった。本宮では事態を重視し、日を変えて行なうように申し入れたが藤尾側が無視したので、この天慶元年（九三八）八月十五日の放生会の当日に本宮から道俗数千人が藤尾に向かい、尼を捕縛して神像といっしょに石清水につれ去ったという。

関寺縁起と霊牛

右は平安京における仏教的な祭礼の賑わいが、いちはやく近江に波及していた例である。これに似た庶民信仰の高まりは、『関寺縁起』にも示されている。関寺はその名のように相坂《おうさか》（逢坂）関の東の街道に沿い、創建年代は不明で南北朝期に衰亡したが、高さ五丈の弥勒仏を本尊とし、関寺大仏とよばれて平安時代には都にも知られていた。天延四年（九七六）六月十六日の大地震で崇福寺法華堂や国分寺大門、近江国衙の庁舎などが倒壊したとき関寺大仏も破損したが、のちに恵心僧都源信がその復興を志し、弟子延鏡が尽力した。寛仁二年（一〇一八）本尊が、治安二年（一〇二二）伽藍がほぼ完成した。その間、工事に使うようにと清水寺の僧から寄進された役牛が、実は迦葉仏《かしようぶつ》（釈迦以前に出現した仏）の化現であるとの夢告があった。

その噂は都にまで聞こえ、『百練抄』によると治安元年（一〇二一）十一月、藤原道長が室倫子らと関寺に参詣して霊牛をみた。『日本紀略』は万寿二年（一〇二五）五月十七日に道長が、二十三日に右大臣藤原実資も出向いて結縁したと伝える。後の例は『関寺縁起』によると霊牛が入滅するとの予言があったからで、道長の室倫子の甥の源経頼は、その日記『左経記』によると、道長より半月遅く六月二日に関寺に赴き、牛の死に立ち会った。牛は堂のうしろの山に埋め、園城寺の僧が念仏したとある。『関寺縁起』はその月の二十日、左京権大夫菅原師長が記したと奥書にあり、霊牛一件に多数の関心の集中したさまがうかがわれる。

牛を埋めたあとの供養塔は牛塔とよばれ、関寺跡とされる逢坂二丁目長安寺に現在ものこっている。戦国の兵乱に崩されて埋没していたのを十七世紀末、元禄頃に再興したものという。ことの始めは単なる夢告であり、噂であったものが、奇跡を求める人々の手で拡大され、結縁を求めて人々が群参した。その過程は先の藤尾の放生会に類似している。しかし、先のは尼僧の恣意によるとして石清水の本宮に破却されたのに、関寺の霊牛には道長のような貴顕まで参集した。山王信仰の展開からも知られるとおり、十世紀から十一世紀に入ると庶民の信仰は大きく時代を左右しはじめた。神仏の霊験はこの種の事件を重ねるなかで自己増殖を遂げ、人々の心に深く根を降ろした。やがて多くの往生伝や縁起類が成立し、中世の宗教的飛躍が用意されたことは、改めて指摘するまでもない。

Ⅱ

米作りの幻想
地域差
畿内の境域神
近代が崩壊させた重層社会
日本文化と民俗学
暮らしの中の文化財

写真・野迫川村野川弁財天

米作りの幻想

日本人は二千年来、主穀生産の中心に水稲耕作をすえてきた。水稲は日本の気候風土に適合し、他の穀物にくらべて単位面積あたりの収穫量は多い。連作を忌《い》まず、多くの人口が養え、栄養価が高くて副食物をあまり必要としない。極端にいえばご飯にみそ汁、つけ物だけで健康を維持できる。

これらの理由から、日本の農村は米作りさえ満足にできれば、むかしから自給自足でやってきたとみられている。塩とか鉄などわずかな必需品を最小限入手できる道さえあれば、村は封建社会を構成できると考えられてきた。しかし、事実はそうだったろうか。領主が苛斂誅求《かれんちゅうきゅう》しなければ、戦乱とか自然の災害がなければ、米作りの村はそれによって完結した小宇宙でありえたろうか。これまで日本人は米作りを少し過大評価し、米作りを中軸とする村落共同体の内容を買いかぶってきたように思えてならない。

というのは、柳田国男ははやく『日本農民史』のなかで、「日本の現在の実状から推測して、古来久しく小農の国であったかの如く説かんとする者は失敗する」といい、「地方に由って若干の例外はあるが、家長が家族と沢山の下人を指図して大きな手作りをしたのも古いことで無い」とのべている。かつての日本農業は大経営でなければ安定した再生産のできなかったことの指摘である。しかもおなじ書物のなかで、「水呑百姓の多きは村方の利得なり、日雇やすければなり」と近世の地方農書にある個条を引用し、

その村方といふのは地持百姓の利益のことであった。其理由から特に若干の余分を初から見込んで、村には新百姓を有附かせる工夫をしたのである。一つ違へばすぐに非人の境涯に落ちる程度の貧民が、偶然に出来たと謂ふよりも、元はわざ〳〵こしらへて置かうとしたのである。

とのべている。

山村では明治の末、大正初期までみられた農民の短期間の移住や古い形の出稼は、冬のあいだ他国の食糧で生きのびるのを目的にしていたようにみえ、行った先ではときに物乞い同然にみられた。それは彼らの郷里の村では、農繁期という年間特定の時期だけに入用な労力を、強いてその村に住ませていた結果という。米作りは集約化が進むほど、特定の時期だけに莫大な労力を必要とする。村方の名で総括された自作農や手作り地主は、家族や下人など隷属労働力以外に、農繁期にかぎって雇用する零細農を周辺に再生産していた。

いわゆる水呑層の存在は偶然でなく、わざとこしらえておかれたものであったとされる。

たのまれれば越後から米搗《つ》きにという。秋の収穫後、仲間うちつれて江戸に出稼にきた信州の農民を、江戸市民はムクドリ（椋鳥）とよんで嘲った。近畿では丹波、丹後の農民が、冬に灘や伏見の酒造地で杜氏《とうじ》として働いたのは有名である。こうした出稼の利便のあるのはよいほうで、辺鄙な村では巡礼とよぶ食減らし、物もらいの旅に出た。そこでは「捨て往来」とよび、このものは善光寺参詣に出るが、途中で行き倒れしたらその所の仕切りによって処置していただきたいとの旨を、檀那寺の住職に書いてもらった往来手形を懐中にした。高野山、西国三十三カ所、四国八十八カ所もあり、道中は門付けと善根宿にたより、野宿して山野に食をもとめる流浪の旅を重ね、春に農事のはじまるころ村にもどった。毎年交替で出たという村もあり、平野の村では冬になると白い着物、山村では近年まで用いられた手織りの麻着で、いまではテレビやラジオで有名になっているような山の村の唄をうたい、門付けにきたことを記憶している人も多い。まだ老人といえないほどの人の子どものころの話としてである。

徳川幕府は慶安二年（一六四九）のお触書のなかで、「年貢さへすまし候へば百姓ほど心易きものはこれ無し」といっている。この時期に小農経営安定の条件がととのい、今後は米作りに依拠する小農を中心に農村支配を実施するとの宣言であったといわれ、近世的農本主義はここにはじまった。しかし幕藩制の基礎となった米作りの小農の村は、上記のように裏作や副業がないと、季節的な出稼のほかは食減らしのための短期間の移住、巡礼や物乞いの旅に出なければ村内の生活がおぼつかない零細民、村方のなかに数えてもらえないような人たちの労力を農繁期だけに雇わないと、地主手作りはもとより小農の米作りも再生産できない構造になっていた。個々的には水呑層のなかから勤倹力行のすえ、自作農に上昇できたものはあっても、全体として彼らの数は少しも減少しない二重構造を、米作りの村ははじめから内包していたとみるほかはない。日本は瑞穂の国で、米作りさえ満足にできれば村落生活は安定してきたとの意識や言説は、この二重構造を糊塗《こと》する呪文の役をはたしてきたといえそうである。

この事情はより貧困な中世の、出稼の利便も裏作や副業の手段もとぼしかった時代には、さらにきびしい形で存在した。近年、中世社会経済史の分野では、荘園村落における名主、百姓以下、その下人所従までをふくむ村落定住者と、非人、乞食と賤称された非定住流浪民との中間存在である間人《もうと》層について、歴史的性格が論じられている。彼らは村落内に居住したが農民とはいえないほどの細民で、安定して自立する道は閉ざされていた。村落定住民からは素姓のしれない新入りで、いつ村から離れるかわからない新百姓として差別され、村内の季節的労働に従事した。この背後には浮浪とか浮宕《ふとう》の徒と文献に記され、うかれ人とよばれた人たちがあった。身分的に非人、乞食とよばれ、実質は山野や水辺に生活源をもとめた非定住の民群である。手工業者も同類で、技術の高いものは早く支配者の眷《けん》顧《こ》をうけて定住したが、そうでないものは芸能民とならび、漂泊と一時的定住をくりかえした。これにくらべれば村に住むものはすべて定住民になるが、そのなかには十分に農民的といえない間人のような農民予備軍があり、その提供する労力をあわせて、ほんらいの村落定住者の米作りがなされていた。

種子をスジ（ヂ）とよぶことがあり、育てるという言葉と親縁があるとされる。中部地方の信濃川流域で翌年の春にまく種モミをスヂとよび、その俵をスヂ俵とよんで正月に祭りをする。おなじことは北九州にもあるが、柳田国男は晩年の著作『海上の道』のなかでこれに言及し、「この種神の信仰と、人間の血筋家筋の考へ方とは、多分に併行し、且つ互ひに助け合つて、この稲作民族の間にも成長して来た」とのべている。血筋家筋というときのスジは抽象的な系統系譜の観念でなく、累代にわたってその地で稲を育て、種モミを伝えてきた事実を踏まえているというのである。とすると、この用語の裏面には、村にそうした筋目をもたぬもののあったことが暗示されている。筋目のものから年ごとに種子農料を給与されて農耕にしたがい、筋目のものの米作りに臨時の労力を提供するもののあることで、血スジ家スジの表現が具体的な意味をもっていた。

中世の住居址を発掘すると、屋敷のすみに土壙墓があり、遺体を埋葬している例がある。おとぎ話の「花咲爺」では、ポチは背戸の畑に埋められ、めじるしの松が植えられた。その松は成長して臼がつくられ、その臼は灰になってからも正直爺さんに幸福をもたらした。人間もおなじで、死者は屋敷のすみに埋められてめじるしの木が植えられ、その木が成長すれば屋敷神として家の永続を保証したのだろう。ところが周知のとおり、一般の葬送習俗ではこの反対に、人の遺体を疎略にあつかう風も少なくない。いわゆるオキツスタへの葬法で、遺体を埋葬した場所への関心はうすく、べつに設けた供養碑その他のよりしろによる回向のほうに力点がおかれる。

こういう習俗の成立に、死を穢れとして忌む神道系の教説が大きく作用したのはもちろんである。この教説がどのように成立し、広く民間に影響したかは十分に検討されねばならないが、それは一応さておいて、いっぽうでは遺体を屋敷のすみに埋葬し、たいせつにあつかっているのに、他方では遺体を遺棄するにひとしい習俗もめずらしくないというのは、その根源に上述のような村落の構造があるように思えてならない。「墓《つか》も動け我が泣く声は秋の風」と芭蕉の句にあるように、遺体を埋葬した場所に故人の霊がとどまるとするのは人情の自然かもしれないが、村に住んでも筋目なく、親や肉親を埋めた場所に永住できる保証もないとすれば、それはむなしい感傷にすぎなくなる。

山中に住んでロクロを使い、木器を製作した木地屋たちは、長くて十五、六年、短くて一、二年ぐらい滞在しては、次々と居所を移したという。こうした生活では死者の供養は墓前祭でなく、なんらかのよりしろによる回向に重心がかかるのは当然だろう。村落に伝わる各種の葬送習俗の源流のなかに、木地屋のように近いころまで定住しなかった人たちのものを参考にする必要は大きいと思う。米作りに依拠する伝来の村落生活は、われわれが現状から推測するほど一元的なものでなかった。米作りの村はそのことによって、いつの時代かに理想の共同体をつくった証拠はみあたらない。そして以上のことから、いま私たちが日本社会の二重構造とよんでいるものは、けっして近代だけに特徴的なものでないことが知られる。その萌芽は米作りを主軸とする伝統社会のなかに、深く胚胎していた。経済の成長だけでは現実の二重構造を解消できないことが明らかになった現在、たんに社会経済の体制だけにとどまらず、広く文化全般にかかわる問題として、その根源を遠く伝統社会の内部にまでさぐる必要がある。

地域差

日本史において、とくに古代・中世の社会経済関係の論文には、しばしば「地域差」という概念が用いられている。こうして地域差が問題にされるとき、そこでは先進地域に対する辺境の後進地域が措定され、さらに両者の中間に属する地域が考えられているが、かような概念操作は、この列島社会のありかたを先進地域を中心とする同心円で把握できるという考えに立っている。たしかに、われわれの祖先は大陸から離れた列島に居住したという地理的条件のもと、異民族・異種族の渡来は漸次的であり、大陸諸国のように大規模な民族移動や征服・被征服の経験に乏しく、それによる社会文化の激変ということもなかった。必然的にそこに形成された民族社会のありかたはつねに求心的傾向をもち、文化の伝播も中央から辺境へと同心円的になされてきた。地域差という言葉で示されている中央と辺境、先進地域と後進地域との対比も、明らかにこうした事情と深い関連をもっているといえよう。

ところで、かような民族社会のありかたを文化周圏の現象を通して明確に指摘されたのは、柳田国男氏であった。氏は昭和五年に公刊された著書『蝸牛考』において、この現象を方言の分布で示されたが、それは新しい言葉が中央の都府から起こって四方に伝播し、その影響の比較的弱いところに古い言葉が残った結果として、列島の東北部と西南部の方言のなかに互いに類似しあうものがあり、そのなかのあるものは中央部で早く忘れられたことが文献的に説明できるというのである。いわば民俗の時間的な変遷が近くの不一致、遠くの一致という地域差として空間的に現われているのであり、かような現象こそ、この列島に形成されたわれわれの民俗生活の歴史が久しく純一性を保ってきたことの明白な証拠というべきものであろう。重出証明とよんでつねに民族社会の全域にわたって類似の事例を蒐集し、それらの相互比較のなかにより古い形を推定し、唯一の事例から立論することを避けるという日本民俗学の樹立した原則も如上の事実の深い認識に立脚しているし、必然的にその研究の主目標が民族的資質の史的究明に向けられ、民族固有の心性の探求が志向されることになった。

しかしながら、こうした観点からする固有の文化や信仰の解明、その祖型（prototype）の提示という研究方途は、問題を民族社会とその歴史の内側だけにとどめる限りはそれで完結しているが、民族社会そのものが歴史的に形成されたものであることを考えれば、民族内部の問題は同時に外部の問題と関連させて考察されねばならない。柳田氏は昭和十年公刊された岩波講座日本歴史『国史と民俗学』のなかで、民俗学（folk-lore）と民族学（ethnology）の両者の関係について「この二つの学問の接続はもっと容易なものと楽観していたが、実際はむしろその距離は遠くなり、民俗学の方は一つの民俗の内部の生活に次から次へと興味ある問題につり込まれて外に出て働く余裕を欠き、民族学の方は日本以外の諸民族に学ばねばならぬことが余りに多くなったので、それを確実にする必要からまだ内外彼此の比較綜合を後まわしにしている。両者の完全な分業はなお続いている」と説かれたが、その柳田氏は晩年昭和三十六年に公刊された論文集『海上の道』において、ズズダマと宝貝、稲作の起源、海上浄土の問題を通して日本人の源流を南島、沖縄列島を経てさらにその先まで探求しようとされ、若いときの所論はまだ未熟で至らない点が多かったとして、自ら樹立してこられた日本民俗学の枠をその内側から脱皮させる道を明示された。

文化周圏の現象をはじめて明快に指摘された柳田氏が、その上に立って文化の南から北への波及の痕跡に着目されて如上の所論を展開されたのは、大きな飛躍であるし、民俗学と民族学の提携を考慮に入れての労作と考えられる。しかも民族学の説くところによれば、原始社会における文化的適応の単位体は種族であった。それは同質的な文化をもって同一の言語を話し、共同の祖先からの出自を信ずる集団で、通婚も文化の伝承もほんらいはこの集団でなされたが、国家の形成につれてそうした種族相互の統合、征服・被征服の関係を通じて民族社会が出現したとされる。そして近年では村落制度、家族・親族組織など社会組織の調査が一段と進み、この面における古俗保存の傾向の意外に強いことが確認され、これら諸習俗の比較検討によってわれわれの民族社会の組成を諸種族文化の混淆と見、多系多元の累積構造として把握しようとする見解が数多く提出されている。したがって、民俗学あるいは民族学の到達した現状が以上のようであるならば、当然これは民族の生活文化史、社会経済史の分野と密接な関係をもつといえよう。

明治以後の日本における国民国家の形成は、北海道のアイヌの問題はあるけれど、一応はこの列島社会に形成されてきた単一の民俗生活の上になされた。世界的にみればむしろ多民族国家の生活が通例であり、一家のなかで夫婦の間はドイツ語、母と子の間はフランス語、外に出れば公用語としての英語を使うという例さえ珍しくないのに、日本ではそうした経験に乏しい。そのため民族の伝統的な生活文化がそのまま国民生活のそれと同次元で重なりあい、両者の異質性が等閑に附されやすい。そのことから歴史の研究においてさえ、今日の国民生活における常識がそのまま無反省に過去の社会に投影される危険性が多分に存在するし、地域差という言葉でもって中央と辺境とを対比し、そこから無媒介に先進と後進の問題に進もうとするのも、こうした誤りの一つの現われと考えられる。

というのは、問題を経済生活の面に限ってみても、今日の常識で僻遠の地とされるところが、昔も今と同じ意味で辺境であったとはかぎらない。交通の事情は時代によって大きく変動している。沖積の進んでいなかった昔は、人は河川の横流する平野の道を避けて山道を選んだ。そして大和盆地を中心とする畿内諸平野がもっとも安定した水稲耕作地帯として早くから民族社会の中核を構成していたことは確かであっても、そうした水田地帯を核として全社会の経済生活が求心的構造を明確にもったのは、厳密には幕藩制下、三都を中心にいわゆる米遣い経済とよばれる体制の確立した近世以降であったとみるべきである。また京都府北部の山村の例であるが、明治末年に山の木を焼いて作った灰（木灰）が一俵二銭に売れたという。木灰は紺染めに必需品であるし、皮革加工その他の用途も多いが、紙の原料である楮や三椏はもとより、養蚕もかつては山に自生する桑の立木に依拠していた。以前はこうして山野や湖沼、沿海で採集したもの、あるいは焼畑のような不安定な掠奪農法によって得たものを商品とする率は予想以上に多く、木綿をはじめ平野部の安定した田畑での栽培物が商品経済の中枢を占めるようになった近世以降とは、交換経済のありかたもよほど異なっていた。まして、国内市場の確立されている現在の感覚でもって古い時代の中央と地方の関係を類推することの誤りはいうまでもない。

いま一つの事例をあげれば、家屋内の火所《ほど》として土間のカマドと板の間の炉とは古くから用いられてきた。このうち前者は明らかに炊事のためのものであり、後者はあわせて夜間の照明と採暖の役を兼ねている。とすると後者はより素朴な本源的な形で、前者は住居内での火の分立の結果として後次的な成立とみられるが、カマドの分立は意外に早く考古学の研究によれば弥生式時代の住居においてすでに存在していた。しかもこの一方で、カマドの普及は全国一様ではなく、主として東北から北陸にかけては大正ごろまだ炉での煮炊きが中心で、この地域では炉に自在鉤が掛けられ、それに吊るすために弦のついた鍋や鉄瓶が用いられた。これに対して西日本では早くから炊事にカマドを使い、弦のついた鍋の代わりに釜が使われ、炉には鉄輪の用いられる例が多い。

こうした差違はカマドの普及が東日本で遅かったことを示し、鍔のついた釜は鍋に比べて進んだ製作技術を要することからしても、一見して東日本の後進性を示すように解される。けれども事情を詳しくみると、必ずしもかように簡単に断定することはできない。むしろこれは東日本と西日本とが自然の条件その他によって、もともと食糧構造が違っていたことの名残りとされている。米は古くは蒸して食べたが、弦のついた鍋を自在鉤に吊るしたのでは粥や炊干しはできても、甑をのせて蒸すことはできない。また蒸して食べた穀物には米のほか粟や稗があったが、これと反対に麦や大豆、小豆、芋などの畑作物は煮なければ食べられない。とすると、自在鉤地帯とよぶべき地域は気候や地勢の関係でもとは水田が少なく、米を食べるにも粢や団子にしたり他の穀類と混炊し、もともと米食に多く依存しなかったとみられる。東北地方にもひろびろとした水田が拓け、ここが穀倉地帯として現われたのは近世中期であった。稲作の普及という点からみればこれも東日本の後進性を示すことになるけれど、それは米作りをもって食養経済の大宗とする考えが事実として一般化した近世以降の常識に立ってのことであり、それ以前の段階において水稲耕作に依拠するかしないかということが、直ちに生活文化全般の先進か後進かを示すものとはいえない。むしろそこでは西日本とは異なった食糧構造があり、独自の食養経済にもとづく生活文化の歴史があったとみるべきであろう。

かつての民族社会のありかたは、経済生活についてみても、そこでの求心的構造は今日のそれとは質を異にしていた。まして社会生活、文化の面ではなおさらであろう。日本における古代国家の形成は原始以来の共同体関係の温存と強化・拡大を通じてなされた。こうした国家体制のもとでは民族社会の形成がいち早くなされる一方、原始以来の種族生活の形骸も濃く残留し、それらは古代・中世、そして近世へと展開した歴史のなかで次第に民族社会のなかに止揚されたと考えられる。日本民族の組成を多系多元の累積構造としてとらえようとする今日の民族学の研究方途は、まさしくこうした事実に支えられ、その実態を明らめようとするものである。かくて地域差の問題は一つの種族とその文化がこの列島社会に充満して民族社会を形成するなかで生じた偏差ではなく、多種類のそれが統合されて一つの民族社会を形成してきた足跡を背景にもっているとみられる。それゆえ、とくに古代・中世という民族社会のなお未熟であった時期における地域差の問題は、とくに村落組織や家父長権のありかたを含む家族・親族組織の問題など、これを先進・後進の落差に直結することなく、一定地域の生活文化のそれ自身で完結している特殊性として考慮すべき側面が多分に存していると思われる。

ともあれ「歴史における民族の問題」というテーマで歴史学研究会の大会が開かれたのは昭和二十六年であった。だが折角の問題提起にもかかわらず、その後今日の国民国家の生活文化がその上に構築されたところの伝統的な民族の社会や文化について、常識的、あるいは感覚的な認識にもとづく性急な論議だけが先行してしまった結果、これがかえって仇となり、この問題をことの正しい意味で反芻しながら歴史の研究が進められてきたようには思えない。民族社会とその文化の実態を明らめ、その史的究明を主目的とする民俗学や民族学の分野で多くの業績が積み上げられているにもかかわらず、その部分的な援用はあってもそれが一般の歴史研究の課題や方法と結びつかず、双方が昔ながらの並行線を歩んでいるようにみられるのは、今日の歴史研究のもつ一つの弱点と思われる。

畿内の境域神

「村境《むらざかい》」というとき、一般的には村と村との境界をさし、ほんらいは今の行政村のそれではなく、町・村の大字や区になっている部落（旧村）の領分の境界をさしてきた。このことの直接の起源は、太閤検地の村切りにはじまるとみてよいだろう。

しかし「村境」ということばの用法は、けっしてこれだけにとどまらない。たとえば、村（部落）の出入り口として路傍に辻堂や庚申塔が建てられ、疫病神などがはいってこないように「境の神＝サイノカミ」を祀るような場所を「むらざかい」とよびならわしている。村と村との境界線ではなく、村の出入り口を「境」とみなす発想は、『日本書紀』大化二年（六四六）正月条に伝えられる詔勅のなかに「東ハ名墾《ハリ》ノ横河《ヨカハ》ヨリ以来《コノカタ》、南ハ紀伊ノ兄山《セノヤマ》ヨリ以来《コノカタ》、西ハ赤石《アカシ》ノ櫛淵ヨリ以来《コノカタ》、北ハ近江ノ狭々波《ササナミ》ノ合坂《アフサカ》山ヨリ以来《コノカタ》」といい、四つの地点をあげて、その内側を「畿内国」と規定していることにつながるものである。

山脈とか河川などの線でもって「境」を考える思想にくらべれば、自らの居住地に訣別して外界に赴き、あるいは外界から帰着する地点をもって「境」とする感覚は、由来するところはるかに久しいと思われる。藤森栄一氏は、その著『古道』（学生社）のなかで、古代東山道の峠神の祭祀遺跡に言及され、いずれのばあいも坂の東側にあって峠神に対する手向けが多いのは、西から東へ行くよりも、東から西へ向かう人が多く峠神に祈念し、西国に赴く人に旅の愁いが大きかったことを物語るとされた。あづまの国の人たちは、碓日坂（入山峠）で郷国関東の平野に訣別し、諏訪の北、雨境の役行者越えで浅間の山に別れを告げ、御坂峠で信濃の山々を見納めるにあたり、前途の平安を祈って峠神に手向けしたというのである。あづまの国の人たちにとっては、これらの峠が彼らの郷国の「境」であり、西の国との往還を想うとき、もっとも印象に深い地点であったと考えられる。

それでは畿内の人たちが東国に赴き、東国との往還を考えるとき、どこが彼らにとっての「境」であったろうか。さきの大化二年の詔に畿内の四至としてあげられた地点もその一つであったろう。また、鈴鹿、不破、愛発《あらち》の三関も、重要な地点であったはずである。特別の使命のあるなしにかかわらず、その郷国を出て東国へ赴いた人たちは、それぞれの道筋に応じ、「境」と思う関門の一つ一つを感慨をこめて通過したろう。だが、一般に畿内から東国に向かった人たちが最後に郷国に訣別し、前途の平安を祈ったところといえば、越前の気比、尾張の熱田、北伊勢の多度、南伊勢度会《わたらい》の伊勢神などではなかったろうか。

伊勢神の鎮座する度会の地は「常世の浪の重浪帰国」といわれ、「百船の度会」とよばれた。海上はるか見知らぬ豊饒の国につづき、そこへ向けて船出し、そこから帰着する場所であった。越前の気比神も日本海を北上する航路の起点である角賀（敦賀）の地にあるし、多度神も伊勢湾の北岸、「尾張に直にむかへる尾津の崎」と日本武尊が歌ったと伝える尾津（戸津）に近い多度山の神である。古代の伊勢湾は現在よりはるか内陸部まで湾入し、多度の山は今とはちがって海をへだて、尾張の熱田と直接に向かいあっていた。そして日本武尊はその熱田にあって宮簀媛《みやずひめ》の歓待をうけたあと、東国征討の旅に出発している。『日本書紀』によれば、大化元年（六四五）八月の「東国等国司」の発遣に先立つ七月十四日条に、倭漢直《やまとのあやのあたい》を尾張、忌部首《いんべのおびと》を美濃に遣して「供神ノ幣ヲ課ス」とある。このこともまたこの地が畿内から東国に向かうにあたって道饗祭《みちあえ》を行なう地であったことを物語っている。

このうち伊勢神は、日神であると同時に皇祖神とされ、律令時代に国家の宗廟と仰がれたのはいうまでもない。しかし、この神はそのような神になる以前から、「伊勢の神」として畿内の人に知られていた徴証がある。度会の地に祀られている数多くの神々のうち、玉串の大内人として内宮に仕えてきた宇治土公氏が祖神とする猿田彦神は、その地の人にとってたいせつな農業神とされ、あるいは磯部の奉じた漁業神としての神格を備える一方、ミサキの神、道祖神として広く一般の信仰をあつめてきた。ミサキとは海に突出した岬だけでなく、広く辺境・地境を意味することばであったという。記紀神話ではこの神は天孫降臨にあたって天の八衢《やちまた》に立ち、高天原と葦原中国《あしはらのなかつくに》を照らした衢神とされているのも、根拠のないことではないと思う。神々のありかたは祀る人と不可分の関係にあり、その神格は固定したものではなく、祭る人との対応関係でどのような神威も発揮する守護霊的性格を濃厚にとどめてきたから、伊勢度会の地に祀られている神々のうち、猿田彦神がとくに後世までミサキ神とされたことの背後には、かつて畿内の人たちが、この地をもって東国へ向かう重要な「境」と考えていたことがあるのではなかろうか。

そして、こうした「境」の神々は、それゆえに「境」の内に住む人にとって重要な神とされたのは当然であった。律令国家が完成したのち、八世紀・奈良時代における神道史上最大の事件は、東大寺大仏造営にからむ宇佐八幡の上京と、もう一つは東国の鹿島・香取の神が藤原氏の氏の神として、氏寺である興福寺の東、春日の地に勧請されたことである。八幡神と鹿島・香取の神は、それぞれこの時期における西陲《せいすい》と東域鎮護の神として、律令国家とその貴族からみれば、彼らの国の東西の「境」の神であった。もともと畿内の人たちにとって、東の「境」の神々は先記の諸神であり、西に向かっては摂津の住吉、紀伊の日前・国懸などの神々であったろう。もっとも、西に対する「境」の意識は、交流が早くから開けたため東ほど濃くはなかったろうが、ともかく、そのような感覚が律令国家の手で関東と九州に及ぼされたわけである。神の国は人の国と深く結びついていたといえよう。

近代が崩壊させた重層社会

現代の日本は均質化された社会といえるだろう。馴れてしまった人々は、世間はこんなものと、自然に思いがちであるが、民俗学の世界に踏み入ると、近代以前の社会は、決してそのようなものでなく、深い重層構造の特色を有していたことが、明瞭になってくる。

学生時代に、岩手県の一関市出身の友人から聞いた話である。当時は戦争直後の窮乏期で、ヤミ物資とその取引の横行した時代であったが、友人の郷里の一関市周辺の農家では、漬物や味噌の仕込みの時期になると、馬の腹掛けのなかに米をしのばせ、背のほうには統制されていない通常の品物をつけて表面をごまかし、県境の峠をこえて三陸海岸の気仙沼あたりまででかけた。海浜の村で米と交換に自家製塩による塩を手に入れ、魚などといっしょに村に持ち帰るためである。

汽車を利用すると、駅前あたりで警官の検問にかかり、米などの統制品は没収されるので、こうした手段がとられたわけであるが、その峠越しの道というのは、昔、旧藩時代に一関藩と伊達藩や南部藩の境目の、番所の監視をかすめる抜け荷の道であったといい、それが、戦後のヤミ物資輸送のルートになって復活したわけである。

日本における塩の生産は、江戸時代に潮の干満を利用して海水を塩田にみちびく入浜《いりはま》の製塩法が発明され、これにもとづく瀬戸内沿岸の塩田で生産された塩が、次第に全国の需要を賄うようになったと説かれている。このことは、表向きはたしかにそのとおりであるけれども、揚浜《あげはま》とよんで海水を人力で塩田に運ぶ古い製塩方法と、それにもとづく昔ながらの流通経路を完全に抹殺することはなかった。

瀬戸内の製塩地帯から遠くはなれた東北地方などはともかくとして、瀬戸内に隣接する京都府下でも、たとえば丹後の宮津の東にあたる栗田《くんだ》の海浜では、いわゆる山陰地方に属して、気候上から大きなハンディキャップがあるにもかかわらず、日露戦争中の明治三十八年（一九〇五）に塩の専売制が実施されるまで、古い揚浜法による製塩がなされていた。「山椒太夫」の物語で有名な安寿姫が、潮汲みをさせられた由良の浜もこの近くであるが、栗田の塩とよんで振り売りをする行商人の姿は、いつも舞鶴の町でみかけることができたし、内陸部の綾部市近辺の山の村からも、以前は舞鶴まで栗田の塩を買いに出向いたと聞いている。

いまから四十年ほど前、柳田国男門下の人たちが集まり、はじめてこころみた総合的な山村民俗の調査の結果は、『山村生活の研究』という名の書物となって公刊されているが、それによると、多くの山の村は以前は、いちばん近い海浜に所在する塩浜の人と直接契約し、物々交換その他の方法で、入用な塩を手に入れるのが通常であったらしい。海水を直接煮詰める原始的方法は遠い昔のこととして、古代の藻塩焼きにつづいて中世にはじまった揚浜の塩田は、いまも石川県能登半島の外海に面した仁江の海岸で保存されているが、この方法の塩田はかなり寒い北国にも分布し、ちょうど軟体動物の皮膚呼吸のように、全国いたるところの海岸に塩浜があって、そこでつくられた塩を少量ずつ山の村に運ぶ古いやりかたは、意外と新しい時代まで各地で行なわれていた。

製塩にあたっては、近年になってイオン交換樹脂法が開発されるまでは、非常に大量の燃料を必要としてきた。瀬戸内の塩田地帯では、北九州にならって石炭のことを五平太とよび、その利用は江戸時代にはじまり、山口県の三田尻などがその最初というが、それ以外の地ではもちろんいつまでも薪を燃料としてきた。それを供給するのは山村であるので、山の村では塩は薪と引き替えに入手することが多かった。そのため、山で薪をつくることを「塩木を舐める」という表現をする地方もあったし、山での仕事唄に「塩買節」というのがある地方もあった。そして、塩を手に入れるのはいつも年間の定まった季節で、一定の量を入手して味噌や漬物を仕込んだが、そのときはたいてい隣近所でさそいあい、組をつくって塩買いにでかけた。

戦後の混乱期というのは、一時の現象ではあったが、未曽有の敗戦によって明治以来の国家社会と経済の体制が、その中枢部を失った時期であった。高度に発達した脊椎動物にも対比できるような、生産と流通の機構に障害が生じたから、社会の一部に軟体動物の皮膚呼吸のような原始的な経済活動の発生したのは当然で、先の岩手県の一関市近郊の農村でなされた塩買いの話などは、そうした意味で明らかに古い塩買いのルートの復活であった。人間の社会は、たんに精神文化の面だけではなく、物質文化、経済活動の分野にあっても、しばしばこうしたアタビズム（先祖返り）の現象があらわれるものである。

『定本柳田国男集』巻二十四に収められている「明治大正史・世相篇」は、序文によればフォークロアの学問が「其任務を茫洋たる古代歴史の摸索に局限しようとする傾向」をもち、ともすると民間残留の文化の古さばかりに心をひかれ、たんなる尚古・好尚の学に流されかねない点に意をとどめ、民俗の学問を現代科学のひとつに仕立てあげるために執筆された、画期的な労作であった。そこにはさまざまな生活の分野のなかで、民俗のもっている歴史的な由来を明らかにし、遠い過去を正しく理解することは、とりもなおさず現代を認識し、そのありかたを反省するための作業であるということが、確信をもって提示されている。

たとえば、ことを交通・運輸の部門にかぎってみると、この書の第六章は「新交通と文化輸送者」という題で、明治中期以後になされた鉄道網の全国的形成と、やがて明治末年から大正初年のころに現われはじめた自動車運送のもっている意味、およそ近代的な交通と交易体系のもっている本質的な構造を、過去の旅行のありかたと対比のうえで、みごとに抉りだしている。

現代の汽車は、「寝たり本読んだり知らぬ間に（目的地に）来てしまったといふことが、如何にも満足に思はれる人ばかりを」たくさん運んでいるとあり、現在は「出来るだけ自宅と同じやうな生活をすることを、交通の便だと解して居る者も稀で無い」とあるのは、この章のサワリの部分といえるだろう。ここで指摘されている事実は、今日、新幹線の建設や高速道路による自動車旅行によっていちだんと加速され、増幅されている。

これ以外にも、早く『郷土研究』の大正三年（一九一四）九月号に、「旅客の社会上の地位」と題して、旅人の風儀の今昔を比較され、昔の旅客は邑里の臨時住民のようであったのに対し、いまの旅行家ほど土地と没交渉のものはない。友人のなかには半日人力車に乗って車夫と物をいわなかったものもあり、旅の報告は行った先のことではなくて同行者の失敗談であり、汽車の旅客は都会の伝導者であって、旅人は歩く別荘にすぎない、とある。

この評言も、吟味すべき問題点をするどく指摘しているといえよう。

近代における交通機関の発達は、旅に出たものが旅にあるという実感を希薄にすることをもって、進歩の尺度としてきた。「快適な旅路」という合言葉は、旅を旅と思わなくさせるための物質的条件をつくりだすことであった。必然的にこのことは、精神と物質の両面にわたって中央の生活文化が、地方へ無条件に波及するのをあたりまえと考える一方通行の思考を、まさに一方的に助長した。中央の文物はなんの障害もなく、無遠慮に地方の町々、村々に押しよせ、その生活をまき込んで均質化していった。

ことは交通機関だけではなく、新聞、雑誌、ラジオ、テレビと、近代社会がつくりだしたあらゆる情報伝達の媒体は、すべて中央のものを少しの改変もなしに、そのままできるだけ短時間に地方に伝えることをもって使命としてきたし、このことの孕んでいる歴史的な意味は、近代以前の交通形態、コミュニケーションのありかたと対比するとき、もっともよく理解できる。

交通と運輸のすべてが人力と蓄力によっていた時代には、あらゆる物資も情報も村々を素通りすることなく、逆に村から村に住む人の手を借りて順送りされた。そこでは、外から訪ねてくるものはつねに村に住む人に恩義を感じ、その尽力や奉仕に依存する関係にあって、村に住みつき、その土地の風を保持している人々の主体性を無視できるような関係にはなかった。そのことの結果は、民謡の分布とか、その伝播の痕跡などにもっともよく示されている。

たとえば酒宴の騒ぎ唄として代表的な「ハイヤ節」は、「ハイヤエー」という調子のよい唄い出しでよく知られているが、その発祥の地は九州西岸、天草の牛深あたりと推定されている。この唄は内地の「二上り甚句」を奄美大島方面の「八月踊り」にみられる高調子で、三味線を熱っぽくかきならして唄ったものといい、この二つのものの合流点が牛深付近であったわけである。

ところが、こうして誕生した「ハイヤ節」は、鹿児島や長崎県平戸の田助《たすき》、佐賀県東松浦郡の呼子など、帆船時代の九州の代表的な港で船が着くたびに酒席で唄われ、やがて北前船の船頭衆によって日本海を北へ運ばれて行った。いまも残っているものをあげると、浜田港（島根県）の「浜田節」、宮津港（京都府）の「宮津アイヤエ踊り」、小木、寺泊、出雲崎、新潟といった佐渡・越後地方の港町に伝わる「おけさ」、酒田港（山形県）の「庄内ハエヤ節」、鰺ケ沢港（青森県）から内陸部にも広まった「津軽アイヤ節」、そして北海道の江差の港の「江差アイヤ節」などは、いずれも九州に発祥した「ハイヤ節」の分身たちである。

また、この流れは津軽海峡を通って太平洋に出ると、東廻り海運に運ばれて南下し、八戸港（青森県）で「南部アイヤ節」、塩釜港（宮城県）で「塩釜甚句」を生み、潮来《いたこ》（茨城県）に着いては「潮来甚句」になっている。いっぽう、北九州から瀬戸内のほうに伝わると三原港（広島県）の「三原ヤッサ」となり、徳島の「阿波踊り」も、唄は「よしこの節」にかえられているけれど、踊りと三味線の手は「ハイヤ節」に発しているといわれる。

「ハイヤ節」とならんで港町の二大騒ぎ唄とされる「出雲節」も、鳥取県西部の境港あたりを発祥地として、各地に多くのバリエーションを残しているし、伊勢詣りの道者たちの唄った「伊勢音頭」などについても、おなじ現象がみられる。九州で育った「エンヤラヤ」は北海道の「江差追分」の「前唄」になっているし、その「追分」は長野県軽井沢の中山道と北国街道の分岐点で賑わった追分宿の唄から育ったという。むかしの唄は、その愛好者が拡大し、流行すればするほど各地に独自のバリエーションを生みだすのを常態としていた。このことは、今日の歌謡曲の流行ぶりとはまったく本質を異にしている点である。

たとえば、戦後、NHKのラジオではじまった「素人のど自慢」は、テレビに引継がれて日曜ごとに放送されている。地方都市をつぎつぎと巡回し、ところの体育館などを借りて行なわれている実況中継をみていると、そこで歌われている歌謡曲はすべて中央の有名歌手の物真似であり、歌手たちの身ぶりやしぐさの末端まで徹底して、よくもこれほど似せられると思うほどである。民謡と銘うったものでも、「正調〇〇節」という形で、プロやセミプロの名人上手たちが定型化し、日ごろ電波にのせているものの忠実な模写である。

ということは、現代における流行とは、ラジオやテレビをはじめとする、機械化された媒体によって均質化された社会での物真似であり、どれだけ多くの人が中央の標準にあわせて模写しているかということが、流行の度をはかる尺度になっていることを示している。近代と近代以前における中央と地方の関係、社会のコミュニケーションの構造のちがいは、以上のことをみるだけで明らかといえよう。

「素人のど自慢」にしばしば登場するような「正調〇〇節」とよばれるものは、厳密にいうと、伝統的な民俗歌謡からはやや遠く離れかかったものである。というのは、「いきづかい」とか「いきをそろえる」という表現があるように、日本の伝統的な唄のうたいかたは吸う息と吐く息の間合いによっていて、ヨーロッパ歌曲のように心臓の鼓動に合わせるような、いわゆる洋楽の拍子とよばれるものによっていない。だから、酒宴の席での騒ぎ唄とか、田植など集団の仕事唄ではいきぞろえがなされるけれど、通常の農作業とか、山仕事、馬や牛を追って野の道を歩くときなど、うたう人はおもいおもいに自分の好みと仕事のはかどりに合わせ、気分のおもむくままに唄ってきた。

昔は人々にもてはやされ、流行した唄ほど、各地にそのバリューションが発生したというのも、村や町などの地域社会が以前は自身で独立した小宇宙を構成し、相対的に閉ざされた社会であったことによっているが、より根源的には唄そのものの本質構造にかかわっており、もともと唄はうたう人の好みにあうようにしかうたわれなかったという事情がひそんでいる。

それが地方農村の生活水準が次第に向上しはじめ、近世の末、とくに明治に入ってからは、祭礼その他の機会にのど自慢の人たちが集まってコンクールが行なわれるようになった。この催しは明治の末年にはいちだんと活発となり、そのなかでプロ級、セミプロ級に腕前をあげた人たちの手で、正調と銘うった唄いかたがつくられはじめた。その間に伴奏楽器として三味線のほかに尺八が重用されることとなり、正調を称するものはたいてい尺八の旋律にあわせて間がのびたうえ、小節とよぶ小旋律がたくさんつけ加えられた。こうして唄の上手下手はたくみに小節をきかせ、発声がどれだけ尺八の音色に似ているかできまるといわれるほどになり、もともと仕事にあわせて野外で唄われたものも、伴奏楽器に引きずられて、屋内での座敷唄に変身させられてしまった。そして、英語のフォーク・ソング（folk-song）の訳語である民謡（民俗歌謡）という言葉が、これらの座敷唄になってしまったものに対して使われたため、いろいろの誤解を生みだすことになった。

たとえば、「追分」のことを「馬子唄」とよぶことが多いが、この二つはもともと異質のものである。「馬子唄」とは街道で馬をひき、旅客や貨物を運んだ馬方衆が、その仕事のなかで気ままに唄い、聞きおぼえたものを参考にしながらめいめいが工夫をこらし、のどを聞かせてきたものであった。「追分」とは、そうした「馬子唄」を宿場の遊女たちが酒席での唄にとりあげ、三味線などの伴奏楽器をつかってところの座敷唄に仕立てあげたものであり、のちにその地の名をつけて「○○追分」とよばれ、正調民謡としての「追分」になったものは、この宿場での「追分」がさらに発展し、磨きをかけられたものである。そして、むかし街道で聞かれたもとの「馬子唄」は、汽車の出現によって街道がさびれたあと、馬車輸送、自動車運送へと道路上での運輸手段が発達するなかで、いつしか消滅してしまった。

仕事の合間や、祭礼とか婚礼の宴席など、嬉しいにつけ悲しいにつけて、生活のなかでうたわれた本来の意味での民謡は、通常はなにもつけずにただ「うた」とだけよばれた。その場の雰囲気とか、うたう人の気持のままに好きなように唄ってきたものであるから、これをなんの修飾語もなしに「うた」とよんだのは、きわめて自然な命名であった。

ところが上に記したように、明治の末年あたりから地方ごとに伝来の「うた」、本当の意味での民謡から出発して技法的に錬磨され、座敷唄に変質したものを民謡とよぶ風がはじまったので、老人のなかにはそうした正調と称するものを民謡とよび、自分たちが生活のなかでうたっているものは昔のまま「うた」とよぶ人が多かった。正調民謡は、とても自分たちの「うた」と同類には思えない新しい唄であったわけである。しかしこうした昔気質も、昔風の仕事ぶり、伝統的な生活様式がなくなるとともに消え失せ、正調民謡を称するものが昔からの民謡であるかのように思われはじめ、愛好者たちは争って正調なるものの唄ぶりを身につけ、人の前に披露するようになった。

こうしてみると、ラジオ、テレビの「素人のど自慢」でのうたいぶりの規格品化、プロやセミプロの人たちの唄いかたを基準とし、すべてそれに合わせて流行にならう現象は、戦後になってはじまったのではないことが知られる。その先蹤は、早く明治末年ごろから盛んになった民謡コンクールあたりに求めることができるといえよう。そして、これ以前の、人々が日常の生活のなかで唄ってきた本来の意味での民謡は、村や町という地域社会ごとに独自な展開をみせながら、独特のありかたで相互に深いかかわりをもっていた。九州西海岸で発生した「ハイヤ節」が、北前船と東廻りの海運によってほとんど全国の港町にそのバリエーションを成立させていることなどは、そのいちばん顕著なあらわれである。

それは、当時の帆船といういちばん足の長いものによっていたので、これほど広範囲にわたったわけであるが、そのいっぽう、内陸部にあって網の目のように踏み分けられた道にも、村々や町は相互にしっかりと結びあわされていた。

車は坂道に弱いので、明治になって荷車や馬車、牛車を通すためになされた道路の改修は、なるべく急な山坂や峠道をさけて迂回し、町と町とを直結しようとするものであったし、鉄道の敷設も基本的にはおなじ趣旨でなされた。そのため、目的地までの最短コースをえらんで峠の勾配など多く顧慮しなかった昔からの道は、次第に人通りが絶えて廃道となり、人も物資も新道を通って村を素通りし、町から町へと運ばれるようになった。村々が自立した地域社会としての地位を失い、なにかにつけて町に従属するようになったのもこのためである。

しかも、こうして明治以後に姿を消した古い道についてみると、それ自身が、決して一筋縄のものではなかった。というのは、ひとくちに車以前の人や牛馬の背で荷物を運んだ時代といっても、その間に微妙なちがいがあった。馬は牛にくらべて足が速く、古くから軍用に使われてきたが、牛よりも秣に配慮を要することが多く、牛ほど粗食に耐えられないし、坂道にも弱い。そのため、国の政治支配のためにつくられた官道、国家の公用の道は、一定の間隔で駅舎を設けて秣の用意をすると同時に、なるべく険阻を避けるように配慮されていた。これに対して人や牛が荷を運ぶだけの道は、原始以来の自然の踏み分け道で十分であった。

宮本常一氏は、南部の牛方の歩いた道について次のように述べておられる。昔、岩手県九戸地方に産した牛に、おなじ南部産の鉄をつけた牛方たちは、関東から中部の甲信越地方まで南下して鍛冶屋や鋳物屋に鉄を売り、最後は農家に牛を売って帰って行ったが、これほど長距離の旅行であるのに、彼らは大名行列の通る街道を避け、山のなかの間道をえらんで通った。そのほうが往来にわずらわしさもなく、道端の草を自由に牛に食べさせることもできたし、牛は馬とちがって夜は横になって寝るので、牛方たちは牛によりかかって一緒に野宿することも容易であったという。

現在のわれわれは、日常の経済活動ばかりかレジャーまで、有料の高速道路に依存しようとしている。これに対して、近代以前の社会では、山のなかの自然の踏み分け道も、ときの政府が整備した街道とならんで、重要な経済と文化の動脈であったし、庶民の日常生活は、むしろ間道のほうに多く依存する面があった。

そのうえ、山のなかにはもうひとつ、「隠れ道」とよばれるものがあった。マタギなどの狩猟専業者や、木地屋とよんだ木工細工師など、山林に生活資源を求めた人たちは、里に住むものの知らない彼らだけの道を使って、この国土を自由に往来し、ときどき生産物をもって村里へ交易に現われたし、山伏・修験者などの宗教家の歩いた道も、これに類する性格をもっていた。首都とよばれる中央の都府のありかたをみれば、その国の全体がほぼ推測できるほどに均質化され、画一化されている今日の社会に住むものにとって、近代以前の社会の有した重層構造と、その底の深さとは、まことにはかりしれないものがある。

凹型村落と凸型村落

京都府船井郡和知町の細谷は、山陰線和知駅のある同町本庄から、由良川支流の上和知川の谷を溯った丹波山地の典型的な山間集落である。

丹波一帯は株講とよぶ同族団の先祖講が分布している。細谷でも過疎化する前は四十戸の家が八つの株（同族団）を構成し、それぞれ本家を中心に株講を営んできた。なかでも今西姓を名乗る今西株の五軒は、本家の次に隠居《いんきょ》、新宅《しんたく》、閑居《かんきょ》、新家《あたらしや》と分立順に家号をもち、上和知川左岸の小さな袋谷のいちばん奥に本家があり、以下、古い分家から順に本流筋に向けて屋敷が段々に低く並んでいる。墓地は古く本家の屋敷の裏手にあり、株内のものはみなここに埋葬した。これ以外に詣り墓の石碑を建てることはなく、昔から単墓制であったらしい。もっとも、墓地のそばに以前は「今熊さんの碑」とよぶ株講の石碑があり、正月一日、本家に株内一同が集まって株講を営んだのち、この碑に詣った。その意味では埋葬した場所に個人ごとに石碑を造立するようになるまでは、この今熊さんの碑が株内全体の詣り墓的な機能を果たしていたと考えられなくもない。

『丹波志』によると、この地は戦国末、とくに明智光秀の侵攻をきっかけに大変動を重ねたらしい。本流筋の主要盆地はともかく、それから奥の支流沿いの山間の小集落ほど戦乱の余波や飢饉に対する抵抗力が弱く、住民の退転と流浪、入住が繰り返された。上記の細谷の今西株の一門が、本家を袋谷のいちばん奥に住まわせ、そこから谷口にむけて古い分家から順に出城のように屋敷を構えているのは、動乱の終熄したあとこの地に入植した人たちが、苦難の体験を踏まえて新たに永住の地を設定したときの、入住の初心というべきものを今日に伝えている。

同族本家の屋敷につづき、その裏手の斜面に墓地をもったのは、細谷では今西株だけではない。もとは八つの株がすべてそうであった。今西株はその傍に「今熊さんの碑」というのをもっていたが、ほかに稲荷などの小祠を祀っている例もある。それらは細谷という上和知川の谷間の段丘や、その先の小さな袋谷に、それぞれ永住の本拠をみつけた同族団の、団結の核心になってきた。近年、福井市東南郊の一乗谷での戦国大名朝倉氏の居館址が発掘され、その全貌が明らかにされつつあるが、足羽川支流の一乗谷という袋谷の中央部、河流とそれのつくりだした小盆地を見おろす山脚部に、朝倉本宗とその一族、家臣たちの居館が営まれ、本宗の館の裏手の斜面に、守護の斯波氏を追ってここを朝倉の本拠と定めた孝景（敏景）の墓がある。規模の大小はあるけれど、細谷での同族団の居地の占めかたとおなじ形をとっている。

封建領主の構えた居館とか要害というと、平野にのぞむ高台を利用し、領内全域を睥睨できるような、たとえば播州姫路城のようなものが典型とみられている。朝倉氏の一乗谷の本拠地は、これとは正反対で、姫路城を凸型とすれば凹型というほかない。見張りの砦や番所は、谷をはさんで屏風のように連なる峰々に設けられていたが、本拠は谷あいに隠れるように営まれている。外部に通じる道は流れにそって谷を溯り、谷奥から峠の険阻を越えるか、流れにそって川下の足羽川本流筋に出るよりない。領民の眼からも遮蔽された隠れ里のようなたたずまいである。

後世の常識では、これでも越前一国を武力で従えたものの本拠かと疑われるが、この種の凹型の隠れ里的要害は、一乗谷だけとかぎらない。たとえば源平の昔、平家の一の谷の陣営は、「北は山、南は海、口は狭くて奥広し」と表現されている。その狭い口に木戸を構えた姿は、朝倉氏の一乗谷そっくりである。源氏の本拠の鎌倉も、由比ケ浜にそそぐ滑川の袋谷に設営され、小袋坂や化粧坂、極楽寺坂の切通しなどで外部につながっていた。前者は義経が鵯越えの険路を突破したとき、後者は義貞が稲村ケ崎から浜づたいに進撃したとき、勝敗決して陥落した。摂河の平野を一望におさめるように築かれた大坂城が、外濠を埋められたときに命運つきたのと、要害としての構えの相違はおのずと明らかである。

山河襟帯のことばどおり、自然の防壁にたよってその陰にかくれる凹型の本拠は、人工の防塁によってみずからを外界に誇示する凸型の城郭にくらべ、明らかに一時代前のものであった。そして、これとおなじ偏差は、一般村落のたたずまいのなかにも存在している。先にあげた和知の細谷のような隠れ里的な村は、戦国末、近世初頭の動乱が終熄したのち、二度と流離の辛酸をなめなくてもすむよう、一族がよりそって本拠を定めた古い生活意識の再生版である。そうしてみずからを自然の懐にあずけた凹型の村落といえる。これに対して平野部には、外部に向けてみずからを主張する凸型の開かれた村が、かなり早くから現われていた。惣の自治組織による村々がそれである。

中世から近世にかけての惣村から郷村への展開は、もちろん全国一斉になされたのではない。もっとも豊かな地域の、なかでも条件にめぐまれたところから、少しずつ出現した。そこでは村落民は横に連合して諸権限を外部にむけて主張し、そのけじめと村の境界は、あらゆる意味で繰り返し確認された。そして近世に大河川のデルタが干拓され、肥料とか薪炭以下、生産と生活必需品を多く村外に依存してみずからは主穀生産に専念する新田村落が現われると、隠れずに開かれた村、みずからを外にむけて主張する凸型の村落は、ひとつの完結した姿をもつようになった。

凹型

凸型

支配者たちの本拠が多様であったように、村落のたたずまいもまた一様ではない。現在の農村はどこもおなじ姿をしているが、内部はけっしてそうでない。村の個性は村人の生活意識のありように対応し、ときには祖先の遺した田を祖先とともに耕す独特の農民的宗教心意までふくめて、複雑な展開を示している。墓地の形式などもこの種の問題と密接につながり、その多様さのなかに祖先の歩んできた歴史の跡が隠されている。

道切りの呪術

佐渡の真野町倉谷では、村の入口に一メートル半ほどのワラ草履が下がっている。正月に村の若者がつくることになっていて、毎年すこしずつ形が変わり、だんだん小さくなるようだと、宮本常一氏が著書のなかで記していられた。以前に行ったときはもう少し小さかったと記憶するが、このあいだ行ったらずいぶん大きく、案内の看板まで立っていた。ふるさとをみなおす運動のたかまりで、すたれかけていたのが復活したらしい。

村の入口にワラジや草履を下げるのは、村に災厄が入ってこないための道切りの一種である。この村にはこんな大きな草履をはく荒神さんがいるから入ってくるなといって、外からくる悪霊を威嚇するのだといわれる。しかし、ワラジなどの履物を山の神に供える風は広く分布し、これは沓掛信仰とよばれ、履物を供えることで遠来の神をもてなし、歓待の意を表するのが本来の趣旨といわれる。

村境での行事というと、勧請縄もそのひとつで、村境に注連縄を張り、災厄の侵入を遮断しようとするものである。こうした道切りのため、魚のコノシロを埋めるという例もあるが、いずれにしても村境の行事は、現在ではすべて道切りの意味に解され、沓掛信仰のように本来は遠来の神をもてなす作法であったものまで、そのように解釈されている。遠来の神ならば、当然、良い神と悪い神があるはずで、善神は歓待し、悪神は拒絶する両様の作法があるのが自然の姿である。にもかかわらず、現行の民俗はすべて後者の、悪神・悪霊拒絶の行事のほうに片寄っている。このことは、歴史的な理由がなければならない。

先に、古い時代の凹型村落という表現を使ったが、かつて未開の山林原野、沼沢に囲まれ、ひっそりと自給自足をむねとする生活を営んでいた村々は、いずれも一筋の細い道によってようやく外界につながっていた。日本語でヒトというと、本来は他人のことであった。ヒトの気も知らないでとか、ヒト見知りするというときのヒトは、ワレに対するヒト、したがって他人のことである。いっぽうで、日本には英語の folk、ドイツ語の Volk にあたることばがない。民俗とか常民、民族というのは、folk, Volk ということばのもつ意味のなかから特定の部分を抽出し、漢字をあてはめた訳語にすぎない。folk とか Volk というのは結局のところ、言語をはじめ日常の生活文化をひとしくする民群のことである。日本でもそうしたいくつかの民群が、久しいあいだ並存したはずである。にもかかわらず、その事実を flok とか Volk のように平明な、日常用語としてあらわすことがなかった。

文献史料をみるだけでも東北日本にエゾがあり、西南日本に朝鮮半島からの渡来者と、薩南のハヤト族があげられる。これに山間に残留した狩猟採集者や海辺の漂泊漁撈民を加えれば、生業や言語の相違を基底にもろもろの生活文化を異にする民群は多数存在してきた。であるのに、この事実を背景に語られたことばは、帰化とか帰順といった政治支配の次元にとどまる。もしも異種族、異民族の混住と交渉が庶民の日常の次元で水平に頻繁に反復されたら、相互の政治的帰属関係とはべつに、たがいに異種の生活文化を保持する事実を客観的に認識しあったことを示すようなことば、英語の folk、ドイツ語の Volk に類することばが生まれていたはずである。

未開の山林原野や沼沢に囲まれ、文化的にも一種のタコツボのようないわゆる凹型の村落にあっては、外界との接触は村はずれから細々と未知の世界につづく一筋の道にかけられていた。そうした環境では、自分たちの村が置かれている世界を客観的にみわたし、生活文化を異にする民族相互の拮抗と共存によってこの世界が構成されているという認識は得にくいだろう。外界を代表するものは一筋の道をたどって村にやってくるワレとちがうヒトであり、そのような主観的な他者認識の範囲にとどまりがちであった。

一筋の道にかけられた外界は、村の外に拡がる実際の外界が、村に住むものの主観によって一点に凝縮されたものであるから、そこには人々のあらゆる願望と幻想もまた、同時にこめられていた。死者の行くあの世も、はなやかな幻の都も、常世の郷も浄土も、すべてが一筋の道の先に想念された。したがって、この道を通って村々を訪れるものは、この世のこととあの世のことが不分明のまま、良きにつけ悪しきにつけてさまざまな霊物をあわせて帯同したから、おのずとこれらを村はずれで迎えて歓待し、拒否し、ないしは慰撫して送る作法が数多く工夫された。

そして、久しいあいだこうした状況にあったのち、村々は可能な条件を獲得したところから、前にのべたように凹型から凸型へと移行しはじめた。山野のかげに隠れるのではなく、村の外にさまざまなもののあるのを知ったうえで、それと交渉をもつのを前提として開かれた村の出現である。村ごとの自給自足をむねとしていた時代は、それだけに村で自給不能の必需品を村外にもとめる熱意は熾烈で、それにともなう幻想も大きかった。その村が外部にむけてみずからを開くと、村はずれの一筋の道の先に託されてきたイメージは、すべて過去のものとなる。しかしその反面、これまで知らなかった外界のおそろしさは、現実の力をもって身に迫ることになったし、それを抑えて村の自存をはかるため、村はずれでは以前にもまして熱心に、多くの呪術がこころみられるようになった。

かくて、もとは本当に村にやってくると信じられていた霊物を歓待し、あるいは拒絶する呪術であったのが、こんどは村の人たちの脳裡に浮かぶ外界への畏怖とか、心の不安を払うための呪術に転化することになった。村はずれの沓掛けに新しい意味がつけ加わったのもこのためであり、見ようによっては、それはもっとも素朴な呪術から、ある種の宗教行事へ一段上昇したといえるかもしれない。

はじめにのべたように、村境での行事がすべて道切りの呪術として理解されている現行の民俗は、いずれもこうした歴史過程を通じて成立した。日本の村落の経てきた歴史が、その背後にあるといえよう。

本源的二重構造 大正十五年に早稲田大学の講義録として公刊された柳田国男の『日本農民史』は、その後の中世社会経済史の研究を、前もって見通しているかのようにみえる。

たとえば、「日本の現在の実状から推測して、古来久しく小農の国であったかの如く説かんとする者は失敗する」といい、「地方に由って若干の例外はあるが、家長が家族と沢山の下人を指図して大きな手作りをしたのも古いことで無い」とのべている。かつての日本農業は大経営でなければ安定した再生産のできなかったことの指摘である。中世荘園史の研究が次第にその内部構造を問題にし、いわゆる名田経営の実態の究明がはじまったのは、このころからであった。しかも柳田国男はおなじ書物のなかで、「水呑百姓の多きは村方の利得なり、日雇やすければなり」と近世の地方農書にある個条を引用し、

「その村方といふのは地持百姓の利益のことであった。其理由から特に若干の余分を初から見込んで、村には新百姓を有附かせる工夫をしたのである。一つ違へばすぐに非人の境涯に落ちる程度の貧民が、偶然に出来たと謂ふよりも、元はわざ〳〵こしらへて置かうとしたのである」

とのべている。

山村では明治の末、大正初期までみられた農民の短期間の移住や古い形の出稼ぎは、冬のあいだ他国の食糧で生きのびるのを目的にしたようにみえ、行った先では物乞い同然にみられた。それは彼らの郷里では、農繁期という年間特定の時期だけに入用な労力を、強

いてその村に住ませていた結果という。米作りは集約化するほど、特定の時期だけに莫大な労力を必要とする。村方ということばであらわされている自作農や手作り地主たちは、いわば正規の村落員であって、彼らは家族や下人など直属の労働力以外に、農繁期にかぎって雇用する零細農を、周辺に再生産していた。村方の仲間にいれてもらえないような、正規の村落員とみなされない水呑層の存在は、けっして偶然のものではなかった。村方の米作りを維持するための補助員として、わざとこしらえておかれたというのである。

この事情がより貧困な中世の、出稼の利便も裏作や副業の手段もとぼしかった時代に、よりきびしい形で存在したであろうことは、容易に想像できる。近年、中世史の分野で、荘園村落における名主・百姓以下、その下人所従までをふくむ村落定住者と、非人・乞食と賤称された非定住流浪民との中間存在である間人《もうと》層について、その歴史的性格が論じられている。『日本農民史』における柳田国男の指摘が、文献史学のなかで稔りをもちはじめたわけである。

ともあれ、「年貢さへすまし候へば百姓ほど心易きものはこれ無し」という有名な「慶安の御触書」は、この時期(十七世紀中葉)に小農経営安定の条件がととのい、今後は米作りに依拠する小農を中心に農村支配を実施するとの徳川幕府の宣言であったという。しかしそのような小農の村も、裏作や副業の条件が整わなければ、農閑期は出稼か短期間の移住、ないしは巡礼・物乞いの旅に出ないと、かつかつ村内での生活がおぼつかないような零細民の存在を、依然として必要とした。こうした村方のなかに数えてもらえないような人々の労力を農繁期だけは雇わないと、地主手作りはもとより、小農の米作りもできない構造になっていた。個々的には勤倹力行のすえ、水呑層から自作農に上昇したものはあっても、全体として彼らの数は少しも減少しない二重構造を、米作りの村ははじめから内包していた。日本は瑞穂の国で、米作りさえ満足にできたら村々は安定した小宇宙を構成できたというのは、米作りをいささか過大評価しすぎている。事実はそんなに甘くはない。

信越地方で翌年の春に播く種モミをスヂといい、その俵をスヂ俵とよんで正月に年神を祭る。おなじことは北九州にもあるが、柳田国男は晩年の著作『海上の道』のなかでこれに言及し、「この種神の信仰と人間の血筋家筋の考へ方とは、多分は併行し、且つ互ひに助け合って、この稲作民族の間にも成長して来た」とのべている。血筋とか家筋というときのスヂ（ジ）は、たんに系譜とか系統といった抽象的な観念ではなかった。累代にわたってその地に定住し、稲を育て、種モミを伝えてきたという事実を踏まえて、スヂとよんだというのである。とすると、このことばの背後には、逆に村にはそうした筋目をもたぬもののあったことが示されている。いわゆる水呑であり、新付・新参の百姓として筋目あるものから年ごとに種子農料を給与されて農耕にしたがい、村方の正規の成員である筋目のものの米作りに農繁期だけ臨時の労力を提供したものが実際に存在したことで、血スヂとか家スヂという表現が具体的な意味をもっていた。

民俗信仰の根幹部をなしている葬送儀礼や死者供養の習俗をみると、死者の遺骨を丁重にあつかい、埋葬した墓所を子々孫々まで明瞭に記憶して墓前の祭祀をつづける風と、反対に故人の遺骸に対する関心が薄く、位牌その他の霊魂のよりしろを対象にする祭りだけを重視する風とが混在している。後者はいわゆるオキツスタへの葬法で、こうした習俗の定着には死を穢れとする神道系の教説が関与した部分は大きい。だが、ことはそれだけではないだろう。遺体を埋葬した場所に故人の霊がとどまるとするのは自然の人情であっても、村に住んでも筋目なく、親や肉親を埋めた場所に永住できる保証がなければ、それはむなしい感傷にすぎなくなる。米作りを通じて定住を保証された人と、かならずしもそうでない人たちのあいだに存在した緊張関係が、葬送儀礼や死者供養の習俗に微妙に反映していたのではないかと考えられる。

非定住・非農耕民群

近年、民俗学に対する関心がたかまるにつれ、水稲耕作に依拠する定住農耕者に対し、非定住の非農耕民群のありようが注目されつつある。とくに現代社会の急激な都市化にともない、自ら進んで、ないしは時代の勢いに流されて定住性を喪失した人たちは、自己の対極に位置する定住そのものとしてのふるさとの文化と、自分自身とのかかわりについて反省し、民俗学によって過去に実在することが明らかになった非定住の漂泊民群の、定住農耕民に対する関係の回想されることが多くなった。

　非農耕の漂泊民群というと、農業以外の諸職に従事するものであり、「商工医巫之徒」をさすといわれた広い意味での職人である。たとえば、金屋とよばれたのは民間の鍛冶、鋳物師のことで、彼らはキャラバンをつくり、定期的に村々を巡回した。行った先で注文を聞き、臨時の仕事場をつくって製品を供給した。関東地方では、彼らの姿は十七世紀末ごろまでみられたという。良材はあっても材木にして搬出する方途のないような深山の原生森を相手にして、木地椀をはじめとする木工品をつくった木地師たちも、一年から十数年までの範囲で一時の仮住まいを重ね、全国の山森地帯を遍歴した。彼らの姿は、明治の末ごろまで各地でみられた。

　これらの手工業者にくらべ、さらに素朴な業態を維持していたのが、漂泊の遊芸人であり、民間巫覡《ふげき》と総称される人たちであった。山林原野や水辺そのものを生活源とし、狩猟採集や漁撈に従う民群も、古くは少なくなかった。山人《やまびと》とか、海人《あま》とよばれる人たちである。半農半漁の定住村落をいとなみ、農業のかたわら沿岸漁業に従事してきた漁業者たちの前身は、季節ごとに変動する魚群の回遊を追って漁場を変更し、泊地を回帰的に移動させていたと推測されている。

しかし、こうした漂泊民群を定住民に対置して、両者のあいだの非連続性と差違性のみに着目する二項対立の認識では、歴史の実態に迫ることはむずかしい。前に指摘したように、ふつうは定住生活としてなんの疑いもなく、一括して考えられてきた水稲耕作の社会そのもののなかに、古くは間人、のちには水呑とよばれた人たちの存在によって暗示されているような、半定住的農耕補助民の姿が含まれていた。彼らは累代にわたってその村に定住する筋目の家から種子農料を支給されて農耕に従うほか、筋目の家の手作りに臨時の労力を提供するような、現実にはその村に住み、村の一員でありながら、正規の村方には数えてもらえない新規の入住者であった。こうした新参の零細農は、筋目のものの手作りに必須の労力の提供者でありながら、状況が変わるといつ村から離れて出て行くかわからないような、性根の知れないものとみられていた。

必然的に、村落社会の縁辺部を遍歴していた非農耕の民群は、村落内に居住していたこれら半定着の、農耕補助者の縁類として捕捉されていた。水稲耕作の社会が本源的に孕んでいる二重構造の発動である。けれども、この現象が顕著になったのは、水稲耕作を主軸とする定着農耕の社会がある程度以上に成熟し、この列島社会の過半を制した中世以後のことであった。その間の経過は先に凹型村落への移行という形でとらえたような、村落社会の充実に対応していた。それぞれの村が、外部にむけて完結した世界であることを主張できるほどに実力を蓄える以前は、村々は自然の懐に自らをあずけ、その恩恵にすがることでかつかつ生計がなりたつほどの、ひよわな存在であった。

豊年満作ということばがある。現在では忘れられているけれども、満作とは村中の田のすべてが稔ったという意味である。以前は少しの天候不順でも、すぐに耕作放棄しなければならないほどの未完成の耕地が、村には数多く存在した。当然の帰結として、その耕地の外側には広大な未開地が手つかずのまま残っていた。水稲耕作は全社会の生産の中心にはなっていたが、そのいっぽうで、山林原野や湖沼海辺そのものに生活源をもとめる非農耕の民群が、定着農耕を横目でみながら独自の生活圏を維持する余地は、十分に残っていた。『今昔物語』など古代後期の説話集のなかで、クグツとよばれた漂泊の芸能民が、彼ら自身の神を奉じて遊歴していた話など、この状況をもっともよく示している。

地方在地から抬頭し、村落社会内部に直接に根を張った武家の政権が出現するまでは、漂泊非農耕民群の自立度は、後世とは比較にならないほど高かった。彼らの生きた世界と彼らの奉じた神々は、定着農耕民に対して強力な霊威を発揮した。そしてこのことは、古代から中世にかけての宗教史の展開に、大きな意味をもっていた。あらためて説くまでもないが、古代の仏教教団は律令政府とよばれる世俗の権力に従属し、その安寧を祈る呪術宗教の教団にとどまっていた。行基の行脚をはじめ史上に名の残る宗教運動は、したがって仏教教団の世俗の権力からの自立という問題を、つねに避けがたく孕んでいた。奈良末、平安初期からの山岳修験も、平安後期からの別所の仏教も、結局はこの点をめぐって展開した。山中につくられた修験の霊場はもちろん、遁世聖たちの拠点として人の顧みない荒蕪地につくられた別所も、この国土に残されていた余白部分としての非定住民群の生活圏を借りて宗教の王国をつくり、そこが農業世界に対して有していた伝来の霊威に依拠しながら、世俗の権力に左右されない魂の王国をつくりだす意味をもっていた。古代後期から中世初期にかけて、説話集に登場する修験者や遁世聖たちの多彩な活躍ぶりの背後に、このころまで自立性を保持していた非定住・非農耕民群の生活圏のありようが彷彿する。

暮らしの中の文化財

昭和五十五年三月二十七日の講演要旨記録

文化とか文化財という言葉は、第二次大戦後、次第に内容がふくらみ今日では二通りの意味で日常使われてます。一つは、戦前からの古典的なもので、物質文明に対する精神文化という形で使われる。人間のつくり出したもののうち芸術にしても宗教・哲学にしても、その中にある人間の精神の高さとか豊かさを文化という言葉であらわしてきた。従って、書画、骨董をはじめとする美術品が文化財という言葉で古典的な意味をもって今日まで使われています。ところが、もう一つの文化というのは、たとえば、古代中国文明とか古代エジプト文明とかあるいは西ヨーロッパに成立した近代文明とかいう文明に対して文化というものである。私たちは前後の文脈から、物質文明に対する精神文化としての文化と、エジプト文明とか中国文明に対する日本の文化という意味での文化と、日常使い分けて生活しています。そして第二のほうの中国文明とかインド文明に対する文化というのは、なんと申しましても、戦後使うようになりましたので、まだその問題点のはっきりしない面もあるのでないかと思います。

中国文明とか、インド文明に対する文化というのは、私たち日常における生活文化というものがその文化の内容です。中国文明とか、エジプト文明とかは、周辺の諸民族に輸出され大きな影響をあたえてきました。日本人は古くから中国文明を輸入し、私たちの日常生活の中に、中国文明はいっぱい重なっています。明治になり日本の近代化が始まると、ヨーロッパ文明を輸入し、今日、ヨーロッパ文明ぬきで私たちの日常生活はなりたたなくなってます。

ところが、そうした文明の奥にある文化は輸出も輸入もできないものです。たとえば、日本人の様々な生活習俗は、日本人ならお互いに説明しなくても理解できます。ところが日本人の習俗とか日本人らしさというのはお互いに生活をいっしょにしていなければ理解できない。これは日本ばかりではない。世界の四大文明はナイル流域、チグリス・ユーフラテス流域、インダス・ガンジス流域、黄河・揚子江流域と人間の動きが最もはげしかったところで人間の知恵が次々と蓄積され文明がつくりだされました。そうするとこの文明は周辺の未開人にとっては学ばなければならない普遍的な性格をもっている。反対にアラスカベーリング海峡に住むエスキモーは生活狩猟採取のシステムとして、世界最高水準の技術をもっている民族といわれる。エスキモーの技術はエスキモーだけのものであり、周辺の者がまねることができない秘伝というか極意という形で今日まで伝わっています。

近代ヨーロッパ文明は私たちも採用しているが、エスキモーの狩猟技術はエスキモーの外に出ない。ここに文化と文明の大きな違いがあると大ざっぱに考えられると思います。文明は普遍的な性格をもっており文化は特殊なものである。こうした文化を同じくするものを私たちは民族と呼んでいる。民族の中でしか通用しない文化の上に、世界に通用する普遍的な文明というものが重なり合っている。これを文化の重層構造と呼んでいます。例えば、暦は文字暦と自然暦とがある。自然暦の上の文字暦は明治五年以来採用している太陽暦、その裏に旧暦があり、その下に私たちの祖先が自然につくった人間の最も基本的な知恵としての自然暦が重層構造になっている。最も抽象的なのは、太陽暦で、ご承知のように一年を三百六十五日五時間四十八分四十六秒で計算して割り出し、十二月に配当して一年のシステムをつくり上げ、五時間四十八分四十六秒という端数を四年毎に閏年とし、二月二十八日を二十九日にして、毎年季節に狂いがないようにし、日曜から土曜までの七曜を配当します。これは世界中通用する。明治五年、日本の近代化にあたり最初に暦に手をつけ、日本人の生活を世界に直接結びつけるため、太陽暦を採用しなければ、われわれの生活は世界化しないというわけで否応なしに採用したわけです。われわれの生活が太陽暦によって、世界各地と交通し生活の近代化が成り立っています。その一つ裏をめくるとその奥に明治五年まで使われた太陰太陽暦があります。これは中国から輸入した暦です。六世紀ごろから日本で使われました。これはそれなりに論理性をそなえ、自然暦とははるかに普遍的な性格をもち、これを採用することによって、日本も中国文化圏に参加したといえます。われわれの祖先にとり、かなり大きな飛躍と考えられます。というのはもう一つその奥にある自然暦と比較すると太陰太陽暦のもつ意味は、文化から文明へのステップがもう少しはっきりするかと思います。

もともと暦・コヨミは日を数えることで、日は六日（むいか）七日（なぬか）というように、一個、二個と数えます。ヨミはヨムで今も数をよむと申します。こうした暦は一体どうしてつくっていくかといえば、毎月一ばんよく分かるのは、月の満ち欠けで、今日は何日の月か十五夜の満月の夜にどうするとか、世界中どこでも原始民族の一番簡単な目印です。たとえば蒙古の部族の集会は満月の夜であり、日本でも重要な祭は満月の夜行なわれる。盆は、初秋、立秋の過ぎた最初の満月の夜で、太陰太陽暦では秋七月の十五夜です。立春に一番近い満月の夜が小正月で、今でも元旦より、小正月に古い正月の行事がたくさん残っています。盆の送り火と同じく小正月の朝、正月さんをお祭りして送るのがとんどの火といわれている。初春の満月の夜と初秋の満月の夜が日本人にとって最も基本的な目印です。その次が上弦と下弦である。ところが困ったことに一日は、月の見えない夜でいつなのか分からない。月が出発するのがついたち（つきたちの訛）ですが、最初に月が見えるのは三日月です。こういうことをわれわれは忘れています。自然現象がわれわれからどんどん離れていく。

つまり文明化するというのは、自然から離れるということです。ですから文化というのは自然と密着している生活の様体ということになります。漢字で三日月を朏と書くのは月初めにはじめて見える月だからで、一日を朔日と書くのは三日月をめじるしにその三日前と遡って数えるからです。月の形をみれば何日か分かるのが自然の暦の原理です。その暦の上についたちからつごもり（月こもり―月がかくれる）までを一月間とする。そして太陰太陽暦では、大の月（三十日）と小の月（二十九日）というふうに計算して一年をつくる。つまり太陰太陽暦は、今日の太陽暦と自然暦の中間で両方の性格をもっている。立春とか立冬で一年の大ワクをつくっていくことは、太陽暦と同じ実験的な観測を基礎にしてます。太陽暦ほど精密でなく、自然暦的なものが残ってます。とにかく月を数えることを重視しており、月齢を切り捨てることはできない。たとえば、有名な額田王の歌「熟田津に船乗せんと月待てば潮もかなひぬ今は榜ぎ出でな」の中の月を待つとは、船出の時間を待つことです。昔、船の小さい時代、満潮のとき、船を浜に引き上げ泊るから港のことを泊といった。逆に舟を出すのは満潮時にひっぱり下ろした。その満潮は月の出るころ八割になるから、月の出は船出の重要なめじるしでした。今日でも月の出、潮の満干は神秘的な意味をもっており、引潮のときに病人は息をひきとるなどといいます。

暦は抽象的な約束事でなく、自然現象と日常生活に密着しました。人々は具体的な月の姿を見て生活のリズムの基礎にし、月の満ち欠けを数えることを基礎にして一年を数えてきました。旧暦では十一月が「子」の月でこれから子丑寅と数え、最後の十月が「亥」の月で、いわゆる亥の子のお祭りがある。何故十一月を基準とするかですが、一年のうち一番目の短い冬至の日が観測しやすく、棒を立てて日の陰が一番長いのが冬至、一番短いのが夏至です。夏至に比べると冬至の方がより分かりやすい。影の動きが冬至前後の方が大きいからです。

冬至のある月を十一月にして、月の満ち欠けに従って二十九日、三十日の月をつくると太陽暦とちがって多くの余りができます。それで年によって閏年を設定するのが太陰・太陽暦で、月齢を勘定に入れるという点で一段と自然との結びつきが強い。自然暦とよばれるものはさらに自然と密着してます。日本は南北が長く、春三月に南では菜種や桜の花が咲きますが、桜前線が北上し北海道に行くには五月までかかり、前後二ケ月の落差がある。日本は非常に小さい国でありながら、季節が東西で大きな違いがあり、そのため自然の目印が今日なお民間伝承の中に生きている。その中に残っている自然の暦ですが、例えば、つつどりの初啼き、あるいはまた山の残雪が馬の形になると苗代ごしらえを始めるという伝承が各地に残っている。そのような目印を集めていくと、それを聞いたときは、なる程と思いますが、ほんとにそうなのかと考えますと頼りない面があります。残雪が馬の形になっているといわれればなっていますが、なっていないといえばなっていない。判断の基準が主観的です。文字暦の方は判断の基準が客観的ですが自然暦の方は主観的です。結局、その村に住む人みんなの心の中に春が訪れ、みんなで山の雪が馬の形に見えると承認する。そこには判断の客観的基準を示しているようで、実態はそうでなく、その村に住む人々の主観的なもの、生活を一緒にしているグループの心の中に春がそだつということです。その上で馬の形とかつつどりの初啼きという手がかりがでてくる。このように主観の混じった知識は、他国に輸出できません。客観的な知識の体系である文明は輸出できますが、自然とか、その土地に住みその中で生きているものは輸出できない。何故なら客観化できないからです。

近代文明とか、中国文明、エジプト文明などに対して文化とよばれるものは、文字暦、太陽暦に対する自然暦のように、客観的な知識の体系になっていないので他国に輸出できない。それは生活を共にし、文化を共有しているもののあいだでは、なんの説明もなしに通用しますが、それだけにそのままでは他国に通用しない。これが文化の大きな特色の一つであると思われます。たとえば、日常生活の中で衛生的ということと汚いということとの違いです。衛生的とは、万国共通の言葉で、一cc中、大腸菌が何個以下だから海水浴ができるという形の世界中どこでも通用する言葉で現わされます。ところが汚いということは、主観の問題で、汚いと思うから汚いので、私たちは科学的な基準だけで生活しているわけでなく、衛生という言葉の内側にある汚いとか汚くないとかは衛生以前の主観的な習慣です。

あるいはまた、人間の基本的人権は世界どこでも客観的な論理で証明できる。ところが基本的人権という近代的な論理だけで、われわれの自我というものが存在しているのでなく、むしろそれ以前から存在している日本人のいう一寸の虫に住む五分の魂は理屈ではない個人の意地でその人自身の基本的な実在そのものです。これが私たちのエゴの中核にあり理屈はその上にかぶさっているわけです。日本人は自分の茶碗、湯呑、お箸など日常の食器類を大切にします。明治以来、西洋から入ってきたコーヒー茶碗とかの洋食の食器類などは、家庭でもどこでも共通に使います。湯呑や茶碗は家庭だけでなく職場でも自分の湯呑でお茶を飲み、人の湯呑には絶対口をつけない。私たちのエゴの中核にあるものは、理屈でその存在を説明できないものであるために、このようなシンボルであらわす以外にないわけです。葬式のとき出棺にあたって故人が生前に使った湯呑を割るのも、戻ってこないようにという心を表わすシンボル的な行為です。それらはつつどりの初啼きや、山の残雪が馬の形になるのを春の訪れとし、春のシンボルとする心意とおなじといえます。

もう少し別の例をあげますと、たとえば主婦権という言葉は一家の主婦のもつ責任と権限を意味しますが、昔の人はこれをシャモジであらわしました。主婦がつけてくれたごはんについては亭主といえども、文句をつけられないのは、シャモジが一家の秩序を示す聖なるシンボルであったからです。人の湯呑に口をつけることをタブーとしているように、シャモジという形で主婦権がシンボライズされているからです。私たちの二代前くらいの老人たちは、米櫃から米を量り出すとき、何デシリットルとかグラムに人数をかけるという抽象的な計算をしないで、米櫃の中にある枡やお椀で一杯ずつ量り出す、最初の一杯はおじいさん、次はおばあさん、それから亭主というように、いちいち具体的に個人の顔を思いうかべてサジかげんをする。万国共通の計算とは全く違うやりかたです。その時と場所によって動いて行くその一つ一つの存在に対してシャモジとか椀とかが作用する。それは抽象的、分析的な論理とは違うシンボルの論理です。こうしたシンボルの体系を私たちの生活の中でほり下げていくとまさしく伝統的な私たちの生活文化の具体相があらわれてきます。それはいわゆる文明とは異質の文化そのものであり、文化財という名であらわしうるものといえます。そしてこの種のものを、たとえば教育の面でみてみると、近代的教育は分析的な論理により、精密なカリキュラムを組み、クラスごとに到達目標を決め、客観的な基準に従い教育が行なわれる。ところが老人から聞く教育はそういう集団教育でなく、必ず一対一の師匠と弟子、親と子の徹底した個人教育です。そこにはお手本があり、徹底的にお手本どおりやることが要求される。お手本というのは、なんパーセントできたらよいというような努力目標といったものではなく、神聖にして侵すべからざるシンボルでお手本どおりやらなければ間違いなのです。徹頭徹尾お手本どおりやることを要求され、ある日突然お手本どおりできるようになるというような教育です。要するに分析的な論理の世界以前のシンボルの世界です。ですからわれわれの生活を奥まで探って行くと、シンボルの体系があらゆる部分に存在することに気がつきます。

民間伝承とか、民衆の知恵とかいうFolk-lore《フォークロア》という言葉は、生活の中で伝えられてきたシンボルの体系という言葉に翻訳してみなおすこともできます。祖先から伝えられている一つ一つの言葉なり、行事なりに重い意味を感じるのも、論理以前のシンボルの世界だからである。もちろん、それはわれわれがびっくりするような困ったものもたくさんありますが、一方では、得難い知恵を感じるのも、民俗のもつ意味ではないかと思います。

日本は一つの独特の歴史をもっています。たとえば、日本の国という言葉は複雑な意味をもっており、英語で翻訳すると幾通りかの意味になる。役人が「国の予算措置をします」というときは、英語でいうステート、国家の権力機構という意味であり、国立博物館、国立大学、国有鉄道といえば、本来ナショナル即ち「国民の……」という意味です。それから「あなたのおくにはどこですか」というときのくにはもっとせまい範囲で生まれ故郷をいいます。京都の町で尋ねられたら「綾部です。福知山です」と答え、東京での返事なら「京都府です」というふうになり、所により大きくなったり小さくなる。狭い例では、三重県の多気郡多気町弟国《おおくに》ですが、直線距離二キロのところに多気町大字兄国《えくに》というところがある。弟国《おおくに》は大国と書いたこともありましたが、兄国に対する弟国であり、これは恐らく、原始時代酋長に率いられた国が、互に兄弟関係を結んだ部族同盟の名残りと思われる。ここでいう国は互いに二キロしか離れていない小さな国です。日本語の国は実に複雑な意味をもっており、町や村の大字のような小さな国から、日本の国というときの国まで各種の国があり、また「国家機関」、「国民の……」もみな国というように、国という言葉一つで、こと程さように複雑な使い方をするのは日本しかないようです。これは私たちの国は、海を渡ってきた渡来人もいちどに沢山きたのではなく、大陸諸国のように大規模な民族移動を経験することが少なかった、そのため自分たちのもっている文化について、深く反省する機会に乏しかったからのようです。

われわれは、文明の生活の内側に文化というものをもっている。そういう文化の違いに気づく機会が少ないのではないか、たとえばイギリスでは、スコットランド、イングランド、アイルランドみなそれぞれ言葉も習俗も違い、folk《フォーク》という言葉が日常的に使われるが、日本ではfolkもまたお国ぶりといい、国という言葉で表わします。一つの言葉で様々な意味で使ってきたのは、そういう日常生活に気づくチャンスが少なかったからです。それはそれだけ恵まれた豊かな穏やかな歴史をもった一つの幸せであることの証拠である。

しかしその歴史の幸せさは、一方では、自分自身を反省し、あるいは理解する点において、むしろ短所となって表われているということです。私たちの日常の生活部分にまで文化を確認して理解するということは、私たちの日本らしさの根本をさぐることである。そういう意味において民俗文化財をお互いに考えてまいりたいと思います。

解説

谷川健一

一

高取正男氏が私に語った言葉で今も記憶に残っているものがある。それは明治政府が神仏分離令を下して、神宮寺を破却してしまったことについての批判であった。高取氏によると、神社の境内に寺院が建てられたのは、人間の心の構造を空間化したものであって、神道の強調する清く、明るく、直き心と、仏教の指摘する濁って、暗く、ねじまがった心の双方をあわせたものが人間の心のありのままの姿である。その二つのどちらかを欠いてもそれは半面の人間でしかない。神道の明るいが、乾いたものへの強調だけでは、人間は満足させられない。仏教の暗いが、湿り気のある、うるおいが必要である。その双方をみたすものとして、神社と神宮寺とがおなじ場所に建てられ、双方を補完する機能を発揮していた。その神宮寺を破壊してしまったことは、大きな損失であった、と高取氏は述べた。

私は高取氏の卓説に敬服した。そのときのことを思い出しながら本巻を読んでいくと、さらに啓発される箇所にしばしばぶっつかる。

神宮寺が設けられたのは、結果としては右の通りであるが、そもそもの原因は何であったかについても高取氏は答えている。神宮寺が神仏習合の思想の所産であることはたれしも分っていることだが、さて、その歴史的動機というものを知ることはたやすくないのである。

「神仏習合」（本巻二四八ページ）の中に次のような注目すべき記述がある。

「日本の神は、自己の分身を若宮とか御子神というかたちで派出し、でなければ強力な霊威神を外部から迎え、それにより、習合することでみずからの再生をなしとげてきた。その過程はつねに当事者の夢想や霊告・託宣などの奇蹟を伴い、それを媒介として新たな事態を生み、信仰の再生と展開をなしてきた。唯一絶対神の霊威にすべてを収斂させることで信仰の高揚をはかるのとは正反対の筋道で、日吉山王が二十一社となり、内外百八社を擁するにいたった過程など、その典型である。外来の勧請神が若宮などと並んで伝統的に重視されてきたのは、このことを表わしている。これからみると、仏教もまた外来神の信仰に通じるものがあり、神仏習合の事象も論理の筋道は同じである。であるから、神仏習合とか本地垂迹などとよばれるものは、仏教がこの国土に受容されるため仏家の側から

説かれたといわれるけれども、それによって伝来の神々がいっそう神威を高めた点を見逃してはならない。」（傍点谷川）

高取氏はここで仏教を強力な霊威をもった外来神という立場で捉えている。それは『日本書紀』などに、仏を蕃神、他神、客神、仏神などと呼んでいた（一六ページ）ことや「元興寺縁起」の、「仏神ハ恐シキ者ニアリケリ」（六七ページ）という言葉を踏まえているのである。

そうしてみれば、物部・蘇我氏の間におこなわれた排仏・崇仏論争というのも、つまりは在来神と外来神のどちらが強力な霊威をもっているかの論争にほかならなかったことが理解できるのである。蘇我氏が在来神よりも強烈な霊威を必要としたのは、それをもって宗教圏を再編できる神性としての仏を奉戴する意図を抱いていたからである、と高取氏は説く（六五・六六ページ）。

すなわち「仏はなによりも、まず荒ぶる神を鎮めるより高い神性として迎えられ、神々もそれをうけいれ、仏法によって苦悩をまぬがれたいといったきわめて人間的な託宣を発しつつ、いわゆる神仏習合とよばれる事象が一段と進展したと考えられる」（八八ページ）。

このことを具体的に説明するために高取氏は辻善之助氏の所論を紹介する。それによると、八世紀の中期以後になると「神は仏法を悦び、仏法を擁護する」という消極的なものから「神も一個の衆生であり、仏法によって苦悩を免かれようとする」といわれるようになった。すなわち、奈良末期から平安初頭の延暦ごろにかけて、八幡大菩薩とか多度大菩薩といって神に菩薩号をつけて呼び、神前でさかんに読経がおこなわれるようになった。こうして、どの神の本地はどの仏であるという垂迹説が成立した、という。

だが、神が仏法の擁護者であるという立場から、神は仏法によって苦悩を免かれようとする、という立場への進展には大きな飛躍がともなうと、高取氏はいう。前者は、仏教が日本の神々の後裔と自称する中央貴族の手ににぎられていた段階であり、後者は仏教が地方民間の生活の深部に定着していく段階を物語っている。つまり本地垂迹説の成立の過程には、仏教の第二次受容というべき地方民衆への滲透が問題になるというのである。

こうしてみれば、神仏習合といい、本地垂迹説といい、それが日本の風土に定着するには、地方民衆の介在を抜きには考えることがむずかしいことを知らされるのである。それはまた神宮寺成立の起源を物語るともいえるのである。

二

神宮寺の初例は、藤原氏の『家伝』によると、不比等《ふひと》の長子の武智麻呂《むちまろ》が、越前国の気比《けひ》神のために建立した寺院であるという説がある。武智麻呂は、蜂になって妨害した山の邪神を排して伊吹山にのぼり、比叡山にも滞在した。「こうした武智麻呂の事跡は、比叡山や伊吹山をめぐって存在してきた伝来の信仰をふまえ、その神々の助力を得て仏道を成就しようとする信仰が、奈良時代もかなり早い時期からあったことを示している。それはのちに修験道となるものの始まりで、外来宗教である仏教と、伝来の神祇信仰の出会いの先端部分である」（二五四ページ）。

つまり従来の山岳信仰と仏教の結合がここに見られるのであるが、そのばあい、先住する山の神をたえず意識しなくてはならなかったことは、武智麻呂が伊吹山にのぼったとき、山の邪神が蜂となって妨害したというさきの挿話からも推察される。比叡山のばあいは、その東の尾根にあたる牛尾山とも八王子山ともよばれる標高三八〇メートルの円錐形の山が土着神をまつる山であった。それを東本宮と呼んでいる。

それに対して西本宮と呼ばれるのは大宮以下の勧請神で、大和三輪山の三輪明神、聖真子権現と呼ばれる宇佐八幡宮と、客人宮といった白山宮である。冬のよく晴れた日、大比叡山頂の北に向かう尾根道の辺りから、氷雪にとざされた加賀白山の山頂をみることがあるというが、白山ははやくから比叡山の翼下に入っていた（二五六ページ）。

土着神と勧請神とが更に本地垂迹説によって、本地をそれぞれ釈迦・薬師・阿弥陀の三如来、あるいは千手観音もしくは十一面観音と見なすようになると、これらの神々は神威をいっそう強め、天台一宗の守護神として崇敬されることになったという（二六七・二六八ページ）。

つまり日本の神々は土着神の上に外来の勧請神が加わることでその霊威をたかめ、更に仏教と提携することで、その霊威を完璧なものにしようとする道をたどっているのである。それは仏教のもつ聖典や儀礼や寺院や装具などが神道に欠けているという自覚のためでもあったろうが、それだけではなく、やはり民衆の心をみたす役目を仏教に求めないではすまなかったからであろう。

そうしてみるとき、さきに述べた「神の苦悩」すなわち、「我レ神身ヲ禀《ウ》ケテ苦悩甚ダ深シ。仏法ニ帰依シテ神道ヲ免レンコトヲ思フ。」（若狭比古神願寺の比古神の託宣）といった言葉も甚だよく理解できるのである。この神身は結局のところ「一個の衆生」すなわち、庶民の「人身」と何ら変りがないと考えてさしつかえない。

従来、神仏習合とか本地垂迹説とかは、神道の仏教化であると共に、仏教の日本化であると論じられてきた。もとより、そうした面も否定できない。伝来の仏教行事の中には、仏教の外被を借りた固有信仰がまじっていることはたしかであり、それは柳田国男が指摘してやまなかった点でもある。春秋の彼岸や盆の行事などが、仏教以前の祖霊信仰にもとずくものであることを柳田は強調した。しかし高取氏が神仏習合や本地垂迹説に触れている論述をよむとき、仏教を神道的な側面から把握するとしても、それを日本固有の信仰に還元しようとする柳田国男の方法だけでは甚だ不充分であることが納得されるのである。

三

柳田は仏教に対して否定的であったが、それでも例外的に仏教を評価する点もあった。それは、阿満利麿氏がその著『中世の真実』の中で引用している柳田の文章からうかがうことができる。

「仏法が日本国民の生活に及ぼした恩沢が、もし唯一であったとするならば、其は我々に死者を愛することを教へた点である。供養さへすれば幽霊も怖くは無い事を知って、我々は始めて厲鬼駆逐の手を緩め、同じ夏冬の終りの季節を以て親しかった人々の魂を迎へる日と定め得たのである」(『雪国の春』)。

これに対して阿満氏は説明を加え、死者の中には正統な子孫の滅亡などによって「マツリ」を受けることができないものが生じ、それがいつまでも浄化されず、他の霊の浄化を妨げるということがあるが、このような荒れる霊に対して力を発揮したのが仏教であったと柳田は考えたという。

仏教渡来以前の固有信仰を考えてみると、もっと荒々しく、畏怖にみちた死者の霊が想定されていたにちがいない。しかし柳田の祖霊観は、死者とその子孫とが慈しみの心と敬愛の念をもってむすばれている点に特徴をもっている。そこには死者と生存の対立、あるいは生者の死者に対する恐怖といったものが見当らない。つまり柳田の祖霊観は浄化された祖霊観である。そうした祖霊観の成立する根拠を柳田は日本人の稲作りに置いているように思われる。しかし、亡霊鎮魂が仏教の唯一の功徳であるという柳田の考え方から推測すると、それだけでなく、仏教の影響をぬきにすることができない。

仏教によって日本人の祖霊観は浄化されたのである。その浄化された祖霊観をもって、柳田はあたかも日本の常民の祖霊観であるかのように説いている。しかしそうした祖霊観は仏教に触発されて生まれたものにちがいないのである。

話が脇道にそれたが、高取氏は柳田のように仏教に対して否定的な言辞を弄しない。仏教への挑戦的な文章を書いてはいない。それでいて、護教論的な立場からでは一切なく、あくまで民俗学徒としての立場から、仏教の歴史的な役割を正確に把握している。その文章はおだやかであるが、余人の追随を許さぬ見事な分析がいたるところに躍動している。それはみずみずしい感性が備っていなければできる業ではない。

これは柳田の果し得なかったところである。柳田にある仏教への対抗意識が、仏教を民俗学の立場から把えるという作業をおこたらせ、また裏の理解を、妨げたのである。柳田民俗学を超えた高取民俗学の功績は、本巻だけでも動かしがたく存在する。そのことに私はあらためて驚嘆し、尊敬の念をいっそう深くした。そうした業績を残しながら夭折した亡友への愛惜と痛恨が今なお長く尾を引くのはやむを得ないのである。

初出一覧

大陸文化の受容　『講座日本文化史』二巻　日本史研究会編　三一書房　昭和三一年二月
御霊会と志多良神　『京都の歴史』1　京都市史編纂所　昭和四五年一〇月
貴族の信仰生活　『京都の歴史』1　京都市史編纂所　昭和四五年一〇月
聖と芸能　『京都の歴史』1　京都市史編纂所　昭和四五年一〇月
今様の世界　『京都の歴史』2　京都市史編纂所　昭和四六年一〇月
神仏習合―比叡山と園城寺　（原題「神仏習合」）『新修大津市史』第一巻　大津市史編纂室　昭和五三年一〇月
米作りの幻想　「本」一〇月号　講談社　昭和五一年一〇月
地域差　（原題「地域差について」）「日本史研究」七九（歴史万華鏡）昭和四〇年一月
畿内の境域神　『古代の日本』5（近畿）月報Ⅰ　角川書店　昭和四五年一月
暮らしの中の文化財　「文化財報」二九　京都府文化財保護基金　昭和五五年五月
近代が崩壊させた重層社会　月刊「エコノミスト」八月号　毎日新聞社　昭和四八年八月
日本文化と民俗学　「日本文化季報」Ⅱ・Ⅰ～Ⅱ・Ⅳ　角川書店　昭和五一年五月～昭和五二年二月

＊「御霊会と志多良神」・「貴族の信仰生活」・「聖と芸能」・「今様の世界」に掲載の図版は、京都市史編纂所より借用させていただいた。

文庫版解説

林　淳

一

高取正男が一九八一年に亡くなってから時をおかず、遺稿の論文集『民間信仰史の研究』（一九八二年）と著作集全五巻（一九八二―八三年）が編まれて刊行された。研究者仲間が早すぎる逝去を惜しみ、遺稿を広く公開したいと願った企画だったと思われる。彼のまわりには研究者仲間のみならず、熱心なファンもいて、高取が書いたものであれば何でも読むという人がいた。ファンにとっては、高取の繊細な文章は彼にしか書けないものであり、文章と文章との間に垣間見られる洞察は魅力的であった。

高取の学問の魅力の一つに、歴史の深部に横たわる言語化されない無意識を言葉にしていく点がある。主著『神道の成立』（一九七九年）では、称徳朝の時に律令貴族が、僧侶の拍手を目撃して感じた忌避感に焦点をあてる箇所がある。その説明に際して、自分が生まれ育った地方の言葉を都会の人が上手にまねると言いようのない不快感を感じる経験に、高取は言及する。自分の方言がまねされた時に感じる忌避感に身の覚えのある人であれば、いきなり時空を超越して、奈良時代の律令貴族の心情を追体験することになろう。過去の歴史と現在の私たちの感性が交差する瞬間が用意されている。このような高取の着想と文体を高く評価するか、歴史記述の方法として逸脱していると憤慨するかで、高取の評価は大きく揺れる。

高取の経歴について、一瞥しておきたい。高取は、京都大学文学部史学科で日本史学を学び、一九五一年に卒業している。当時の京都大学の日本史学には文化史学の流れがあり、西田直二郎から教えを受けた人たちが先輩にいて、教養部では柴田實が教鞭をとっていた。敗戦直後に西田は教職追放になっており、文化史学の流れを汲む研究者の結節点はなくなっていたが、かつての門下生には肥後和男・三品彰英・柴田實・石田一良・平山敏治郎・村山修一・竹田聴洲など、文化史・宗教史・思想史・民俗学の分野で活躍した人が多くいた。戦前には京都大学において西田を中心として民俗談話会が開かれ、柳田国男の民俗学の影響が西田門下に流れ込んでいた。そうした流れのなかで高取は、西田や柳田の学問を土台にしながらも、「高取学」としか形容できない誰にも模倣できない独自な学風を築いた。研究者仲間には恵まれていたが、こと彼が書いたものの評価に関して高取は孤高の人であった。

二

本書の概要を紹介しておきたい。古代の宗教史を扱った論文がⅠ部に収められている。京都市史編纂所編『京都の歴史』のために寄稿された四篇の論文が収録されており、平安貴族の信仰と生活に関しての一連の作品として読むことができる。Ⅱ部には、さまざまなテーマを扱った長短の文章が配置されている。

Ⅰ部の劈頭には、「大陸文化の受容」という長大な論文がある。柳田の祖霊信仰論を歴史的に位置づけた試みである。祖霊信仰は族的世界の産物であり、アニミズム、ナチュラリズムという原始信仰の段階とは異なったものであった。古墳時代に族長の支配が拡大して、族長の霊能をもとに祖霊信仰が形成され、原始信仰を脱皮しつつも完全には克服できなかった。族長が律令制官人に転化するのに際して、伝来の族長支配の権威が衰え、仏法を受容していく過程があったという。

「御霊会と志多良神　京都の歴史と民俗1」では、平安時代に御霊という非業の死を遂げた人物の怨霊が疫病を流行らせて畏怖され、祭礼が行われた歴史が取り上げられる。高取は、中央政治の失脚者の怨霊が、中央政治に無関係な一般庶民にまで畏怖された理由を問う。下級役人と一般庶民とのつながり、巫女による天神の託宣、威力ある牛頭天王を使った御霊の鎮送などが、一般庶民を御霊信仰に巻きこんでいく契機となった。

「貴族の信仰生活　京都の歴史と民俗2」では、平安貴族は祖父の墓所すら知らないほど死穢を避け、そのことにきわめて過敏症であったことが論じられる。死穢だけでなく、現人神である天皇に対して責任をもつゆえに、あらゆる穢れを避けなくてはならなかった。国家が建立した官寺がありながらも、内裏の神祭りに際しては僧侶を参内させないという禁忌意識もあった。やがて上皇の居室であった仁和寺のように寺院が墓所をもつようになると、死穢の禁忌意識が変化したという。

「聖と芸能　京都の歴史と民俗3」は、十世紀以降、聖とよばれる民間遊行の僧徒が無数に活躍したことの意味を考察する。空也は諸国を遊行して、道路の修理、貧者・病者の救済、念仏興行を行いながら、野原に遺棄された死骸を集めて焼き、念仏で回向した。聖が新しい葬法をもたらし、新しい霊魂観を説いたことが指摘される。

「今様の世界　京都の歴史と民俗4」では、催馬楽の後に院政期に登場する今様歌の世界が描かれている。遊女・傀儡女・歩き巫女・琵琶法師・瞽者・猿楽の徒が今様の担い手となって、諸国に伝播し、京の宮廷貴族の間にも広がった。今様は、仏への讃嘆から始まっており、単なる世俗的流行歌謡ではなく宗教性を帯びていた。

「神仏習合――比叡山と園城寺」は、比叡山の日吉社では平安初期に大比叡神、小比叡神が祀られたが、山王七社となり、さらに山王二十一社となった。小比叡神は小比叡峰に住む土着の神であった。園城寺では山の尾根に宿る神を祀った三尾社、早尾社が土着の神であって、南院で新宮大明神、北院で渡来神の新羅明神が祀られるようになった。日吉社と園城寺の事例をふまえ、日本の神は強力な霊威神を外部から迎えて習合することで自らの神威を増したという。

つぎに、Ⅱ部に収められた論文の紹介に移ろう。

「米作りの幻想」は、日本人は米作りを中心に自給自足でやってきたという常識に属する説の批判を目的に書かれている。農繁期に莫大な労力を必要とする以上、農繁期にのみ雇用する零細農をわざとこしらえてきた。高取は、この問題を日本社会の二重性であって、日本文化全般にかかわることだと論じている。

「地域差」は、先進地域と後進地域という見方の背後にある、単一の種族とその文化が広がって民族社会を形成したという前提を批判する。民族学が教えるところによれば、諸種族の文化が混淆した多系多元の累積構造として民族社会の組成が把握されるという成果が近年出されている。歴史研究は民族学の成果を受けとめるべきだと主張される。

「畿内の境域神」は、畿内の人々にとって東国への「境」はどこであったかを問う。越前の気比神、尾張の熱田神、北伊勢の多度神、南伊勢度会の伊勢神がそれにあたる。「境」の神々は、「境」の内の人々にとって重要な神とされた。西国に対しては、交流が早くからあったため「境」の意識は薄かったことも述べられる。

「近代が崩壊させた重層社会」は、近代以前では重層構造の社会であったのが、近代は重層構造を崩壊させて均質化した社会を作り上げた問題点が鋭く抉りだされる。製塩法、ハイヤ節、隠れ道などの例を通して、近代化がいかに生活文化を変容させたかが論じられている。

「日本文化と民俗学」では、隠れ里的な凹型の村から、外部に自らを誇示する凸型の村へ移行することで、人々の他者認識が変化したことが述べられる。村には本源的二重構造があって、地持百姓と農繁期にのみ必要とされる貧民が併存していた。近年は農民と非農民との二項対立が論じられるようになったが、それよりも村のなかの二重構造に目を向けるべきだという。

「暮らしの中の文化財」では、文明と文化との違いが説明され、文明は輸出・輸入ができるが、文化は輸出も輸入もできないものである。湯呑茶碗、シャモジの話を通して、基本的人権という近代的な論理だけでは説明できないシンボルの世界があるという。

三

本書のなかで、Ｉ部に収録されている平安時代の宗教・芸能を扱った一連の論文は、高取の専門の時代でもあって、細部の記述にも力がこもった、安定感のある宗教史・芸能史の記述になっている。平安時代の文化史をまとまりのある流れとして描くことは、西田直二郎以来の文化史学の研究者が頻繁に行ってきたことであった。そこに高取特有の視点を見ることは難しい。しかし、「貴族の信仰生活」で着眼された死穢や禁忌意識は、高取の独自な関心であって、後の『神道の成立』に結実する。

神事において仏教や僧侶を忌避する禁忌意識があり、神仏隔離という慣行ができて、神道という独自な宗教が成立したと論じた『神道の成立』は、一部の神道史研究者に支持されて、神仏隔離の研究が盛んになった。この本は高取の主著というべきものであるが、顕密体制論から議論された黒田俊雄の神道論に対するアンチ・テーゼとして提示されたものであった（林淳「高取正男の神仏隔離論」『人文学報』一一三号、二〇一九年）。黒田説に反発した研究者が、高取説に共感したのは無理もないことであった。しかし、神仏隔離の慣行が朝廷で行われたとしても、中世宗教史は神仏習合が社会のなかで多元的に発展した歴史であった事実を覆すことはできない。高取の神仏隔離説は、黒田の神道説の欠落部分を補うことはできたが、顕密体制論に取って代わるものではなかった。

最後に、高取が好んで使う「重層性」について検討してみたい。ここでは、さしあたり本書に出てくる「重層性」を考察の対象とし、高取が「重層性」によって何を課題にしたかという問いに迫りたい。

高取が使う「重層性」を整理すると、三つのタイプがあることがわかる。第一に、文明と文化の二重の構造にわれわれが生きているとするもの。高取はこれを「暮らしの中の文化財」で、「文化の重層構造」と呼んでいる。文化が民族に特殊であるのに対して、文明は普遍的な性格をもって外部に輸出されていく。「文明」という言葉より、「文明化」という言葉が適切だというのが私の意見である。第二に、近代は均質化した社会であるが、近代以前には重層構造があったとするもの。このことは、「近代が崩壊させた重層社会」で詳論されている。第三に、「日本文化と民俗学」の「本源的二重構造」や、「米作りの幻想」の「日本社会の二重性」のように、村のなかにある地持百姓と零細農との差別的構造をさすもの。

整理すると、①文明化／文化の重層性、②近代の均質／前近代の重層性、③村のなかの地持百姓／零細農の重層性となる。③は、②に包摂されうる。それでは、①と②はどのような関係になるのか。①は広く、文明化／文化を取り上げるが、②は文明化の一つである西洋近代化のことなので、①に含まれると考えられる。このように高取の「重層性」の議論を整理していくと、最も包括的な課題は文明化／文化であったことが浮かび上がる。文明の中心の影響が周辺地域に及び、土着の文化が文明化の恩恵を受けるとともに、その内側では葛藤や抑圧が起こる。本書の論文から例をひくと、土着の政治を担う族長貴族が、内部の葛藤を抱えながら仏教を信奉していく過程が描かれていた（「大陸文化の受容」）。また『神道の成立』では、律令貴族が、普遍的仏教世界を表象する僧侶の行為を忌避する場面があった。隋・唐帝国の文明を受容した土着の統治者が感じる葛藤・抑圧や忌避感こそ、高取が一貫として描こうとしたテーマであった。もう一つの文明化である西洋近代化が、伝来の土着文化をいかに変容させ破壊したかについても、土着の視点から高取はこだわり続けた。その場合、近世の庶民生活における地域的な個性と地域間の交流が具体的に描かれていた。

西田直二郎以来の文化史学は、京都に首都があった平安時代から室町時代までの文化・宗教・芸能の歴史を叙述してきたが、高取は、国内的に発展をしてきた日本文化史の始まりと終わりに光をあて、文明化がもたらす土着側の危機を見ようとした。唐の影響を脱した国風文化こそが長く日本文化史の基底を作り上げた、と多くの研究者が考えていた時代に、文明化という契機を導入して文化史・宗教史・生活史の書きかえに挑戦しようとしたのは、高取ただ一人であった。それは、文化史学の抜本的な革新を意味したはずであった。土着の視点から文明化がもたらす危機を捉えるという、高取の着想と課題は、その早逝によって未完のプロジェクトになってしまった。しかし、逝去から四十年あまりが経った現在も、高取の志は色あせることはない。なぜなら、文明化がもたらす危機を根源的に問うことは、二十一世紀を生きる私たちにとっても未完のプロジェクトであるからだ。高取正男を読み続けることの意味はそこにある。

（愛知学院大学客員教授）

高取正男（たかとり　まさお）
1926年愛知県に生まれる。京都大学文学部史学科卒。京都女子大学教授などを務める。専門は日本文化史・民俗学。1981年没。主な著書に『仏教土着』（日本放送出版協会）、『日本的思考の原型』（講談社現代新書〈のち、平凡社ライブラリー、ちくま学芸文庫〉）、『神道の成立』（平凡社選書〈のち、平凡社ライブラリー〉）、『民間信仰史の研究』『高取正男著作集』全５巻（以上、法藏館）などがある。

民俗《みんぞく》の日本史《にほんし》

二〇二四年一月一五日　初版第一刷発行

著　者　高取正男
発行者　西村明高
発行所　株式会社 法藏館
京都市下京区正面通烏丸東入
郵便番号　六〇〇-八一五三
電話　〇七五-三四三-〇〇三〇（編集）
〇七五-三四三-五六五六（営業）

装幀者　熊谷博人
印刷・製本　中村印刷株式会社

ISBN 978-4-8318-2658-9 C1121

法蔵館文庫既刊より

価格税別

さ-3-1
ブッダとサンガ
〈初期仏教〉の原像
三枝充悳著

一人のブッダから多くの仏が生まれたのはなぜか。サンガはどのように成立したのか。仏教の根本問題を論旨明快な叙述で解きほぐす、恰好のインド仏教史入門。解説＝丸井　浩

1100円

し-1-1
ポストモダンの新宗教
現代日本の精神状況の底流
島薗進著

一九七〇年代以降に誕生・発展した「新新宗教」の特徴を読み解き、「新新宗教」を日本・世界の宗教状況とリンクさせることで、現代宗教論に一つの展望を与えた画期的試み。

1200円

や-2-1
〈方法〉としての思想史
安丸良夫著

安丸史学が対峙し、目指したものとは――。自身の研究や経験を回顧した論考・時評等を中心に収め、その思想的格闘の軌跡を示した歴史学徒必読の名著。解説＝谷川　穣

1300円

ア-2-1
英国の仏教発見
フィリップ・C・アーモンド著
奥山倫明訳

19世紀の英国人らによる仏教表象を分析し、西洋近代において、仏教が称賛や蔑視を交えながら「創造」されていく過程を、オリエンタリズムと宗教をめぐる観点から解明。

1300円

か-1-2
改訂
祇園祭と戦国京都
河内将芳著

創作物を通じて戦国期の祇園祭に託された「権力に抵抗する民衆の祭」というイメージは実態に合うものなのか。イメージと史実を比較し、中世都市祭礼・祇園祭の実像に迫る。

1000円

ブ-1-1

儀礼と権力　天皇の明治維新

ジョン・ブリーン著

日本の「近代」創出に天皇がはたした身体的役割とは何か。天皇はいかにして「神話の体現者」となったのか。従来とは異なる儀礼論的アプローチから迫ったユニークな試み。

1300円

も-1-1

梁の武帝

仏教王朝の悲劇

森三樹三郎著

皇帝菩薩と呼ばれた武帝の餓死、王朝の滅亡は、仏教溺信が招いた悲劇だったのか。類い稀な皇帝のドラマチックな生涯とその時代の精神を描出した不朽の傑作。解説＝船山　徹

1000円

む-1-1

天平芸術の工房

武者小路穣著

正倉院や東大寺をはじめとする花やかな天平芸術の創造にたずさわった工人たちの盛衰を明らかにしていくなかで、古代国家の文化の形成基盤の全体像を考察。解説＝山岸公基

1200円

た-3-1

改訂

歴史のなかに見る親鸞

平雅行著

数少ない確実な史料を緻密に検証することで、歴史研究者として親鸞の事蹟の真偽を究明する一方、民衆の苦難と自らの思想信条とのはざまで悩み苦しむ親鸞の姿をも描きだす。

1100円

す-1-1

東洋の合理思想

末木剛博著

インド仏教、中国仏教、中国古典に形式論理を見いだし、西洋思想とは異なる、非自我的な「楕円思考」を東洋の合理思想の根幹として解明する。野矢茂樹氏の解説も再録。

1200円

か-3-1

増補

菩薩ということ

梶山雄一著

迷いと悟りの世界を生きる菩薩の存在は、大乗仏教の真髄である。大乗仏教がめざした人間像を探究しつづけた著者が最終的に到達した菩薩像と、その生き方とは。解説＝桂紹隆

1000円

キ-2-1

ウィトゲンシュタイン・文法・神

アラン・キートリー著
星川啓慈訳

ウィトゲンシュタインの「文法」概念を宗教研究に応用し、自然主義・相対主義・還元主義をのりこえる視点を提供。そして「本物の宗教」に迫らんとする、宗教哲学の好著。

1200円

か-4-1

死と運命

中国古代の思索

金谷治著

「こののっぴきならない生命とはいったい何なのか」。孔孟、老荘、荀子等の言葉をてがかりに、中国古代における死、運命、欲望に関する思索を討尋する。解説＝中嶋隆藏

1100円

よ-1-1

劉裕

江南の英雄　宋の武帝

吉川忠夫著

劉裕は微賤な武人に生まれながらも、卓越した行動力と徹底した現実主義によって皇帝となった。だが、即位後その生彩に翳りが――。南朝の権力機構の本質を明らかにする好著。

1000円

か-5-1

一遍語録を読む

金井清光
梅谷繁樹著

一切を捨てた「捨聖」一遍。その思想的背景と生涯を法語から読み解き、巻末では一遍の和讃「別願和讃」を『節用集』『日葡辞書』などを駆使して詳論する。解説＝長澤昌幸

1200円

な-1-2

祭祀と供犠

日本人の自然観・動物観

中村生雄著

動物を「神への捧げもの」とする西洋の供犠との対比から、日本の供養の文化を論じ、殺生・肉食の禁止と宗教との関わりに新たな光を当てた名著が文庫化。解説＝赤坂憲雄

1500円

さ-4-1

ラジオの戦争責任

坂本慎一著

戦前最強の「扇動者」、ラジオ。その歴史を五人の人物伝から繙き、国民が戦争を支持し、また玉音放送によって瞬く間に終戦を受け入れるに至った日本特有の事情を炙り出す。

900円

は-1-1

明治維新と宗教 羽賀祥二著

近代「神道」の形成と特質を仏教までもを含んだ俯瞰的な視野から考察し、「国家神道」に止まらない近代「神道」の姿をダイナミックに描いた、日本近代史の必読文献。

1800円

か-6-1

禅と自然 唐木順三著

近代という無常が露わになった時代をどう乗り越えるか。その克服の可能性を、逆に無常を徹底させる中世の禅思想のなかに見出した卓異の論考を精選。解説＝寺田透・飯島孝良

1100円

ひ-1-1

無神論 久松真一著

「絶対的自律」へ至る道を考究し続けた稀代の哲人・久松真一。その哲学の核心を示す珠玉の論考と自叙伝的エッセイ「学究生活の想い出」を収録。解説＝星野元豊・水野友晴

1000円

た-4-1

聖武天皇 瀧浪貞子著

「天平の皇帝」とその時代

高い政治力を発揮し、数々の事業を推進した聖武天皇。「天平の皇帝」たらんとしたその生涯と治世を鮮やかに描写。ひ弱、優柔不断といった旧来の聖武天皇像に見直しを迫る。

1300円

し-1-2

精神世界のゆくえ 島薗進著

宗教からスピリチュアリティへ

なぜ現代人は「スピリチュアリティ」を求めるのか。宗教や科学に代わる新しい思想を網羅的に分析し、「スピリチュアリティ」の興隆を現代精神史上に位置づけた宗教学の好著。

1500円

よ-2-1

日本人の身体観の歴史 養老孟司著

日本の中世、近世、そして現代哲学の心身論から西欧の身体観まで論じる。固定観念を揺さぶり、常識をくつがえし、人と世界の見方を一変させる、養老「ヒト学」の集大成。

1300円

ぎ-1-1

現代語訳
南海寄帰内法伝
七世紀インド仏教僧伽の日常生活

義浄 撰
宮林昭彦
加藤栄司 訳

唐の僧・義浄がインドでの10年間にわたる留学生活で見た7世紀の僧侶の衣・食・住の実際とは。戒律の実際を知る第一級資料の現代語訳。原書は、鈴木学術財団特別賞受賞。

2500円

と-1-1

文物に現れた北朝隋唐の仏教

礪波護 著

隋唐時代、政治・社会は仏教に対していかに関わり、仏教はどのように変容したのか。文物を含む多彩な史料を用いスリリングに展開される諸論は隋唐時代のイメージを刷新する。

1200円

こ-1-1

神々の精神史

小松和彦 著

カミを語ることは日本人の精神の歴史を語ること。竈神や座敷ワラシ。酒呑童子、ものくさ太郎に、山中の隠れ里伝承など、日本文化の深層に迫った妖怪学第一人者の処女論文集。

1400円

み-1-1

江戸のはやり神

宮田登 著

お稲荷さん、七福神、エエジャナイカ——民衆の関心で爆発的に流行し、不要になれば棄てられた神仏。多様な事例から特徴を解明し、背景にある日本人の心理や宗教意識に迫る。

1200円

さ-5-1

信仰か、マインド・コントロールか
カルト論の構図

櫻井義秀 著

社会はカルトやマインド・コントロールの問題にどう対処すべきか。九〇年代以降のメディアや裁判記録などの分析を通じて、これらの問題を考えるための基礎的理論を提示する。

1100円

う-1-1

日蓮の女性観

植木雅俊 著

仏教は女性蔑視の宗教なのか？ 仏教史における男性観、女性観の変遷、『法華経』における提婆達多と龍女の即身成仏を通して検証し、また男性原理と女性原理について考える。

1300円

お-1-1

寺檀の思想　大桑斉著

近世に生まれた寺檀の関係を近代以降にまで存続せしめたものとは何か？　家を基本構造とする幕藩制下の仏教思想を明らかにし、近世社会の本質をも解明する。解説＝松金直美

1200円

や-3-1

藤原道長　山中裕著

道長の生涯を史料から叙述すると共に、人間関係を詳しく説き起こして人物像を浮かびあがらせる。既存の図式的な権力者のイメージをしりぞけ史実の姿に迫る。解説＝大津透

1200円

た-5-1

安倍晴明の一千年　田中貴子著

「晴明現象」を読む

スーパー陰陽師・安倍晴明はいかにして誕生したのか。平安時代に生きた晴明が、時代と世相にあわせて変貌し続ける「晴明現象」を追い、晴明に託された人々の思いを探る好著。

1200円

ふ-1-1

江戸時代の官僚制　藤井讓治著

一次史料にもとづく堅実な分析と考察から、幕藩官僚＝「職」の創出過程とその実態・特質を解明。幕藩官僚制の内実を、明瞭かつコンパクトに論じた日本近世史の快著。

1100円

た-6-1

宗教民俗学　高取正男著

民俗学の見地から日本宗教史へとアプローチし、日本的信仰の淵源をたずねる。高取正男の真骨頂ともいうべき民間信仰史に関する論考12篇を精選。解説＝柴田實／村上紀夫

1400円

み-2-1

天狗と修験者　宮本袈裟雄著

山岳信仰とその周辺

修験道の通史にはじまり、天狗や怪異伝承、修験者の特性と実態、恐山信仰などを考察。入手困難な記録や多様な事例から修験者の固有信仰を幅広く論じる。解説＝鈴木正崇

1200円